区域创新生态系统

对长江三角洲和粤港澳大湾区区域创新的解构

Regional Innovation Ecosystems

Deconstruction of Regional Innovation in
the Yangtze River Delta and
the Guangdong-Hong Kong-Macao Greater Bay Area

阎豫桂 ◎ 著

Regional
Innovation
Ecosystems

经济管理出版社

ECONOMY & MANAGEMENT PUBLISHING HOUSE

图书在版编目（CIP）数据

区域创新生态系统：对长江三角洲和粤港澳大湾区区域创新的解构/阎豫桂著. —北京：
经济管理出版社，2022.8
ISBN 978-7-5096-8668-3

Ⅰ.①区… Ⅱ.①阎… Ⅲ.①长江三角洲—区域经济发展—研究 ②区域经济发展—研
究—广东、香港、澳门 Ⅳ.①F127.5 ②F127.6

中国版本图书馆 CIP 数据核字（2022）第 145514 号

组稿编辑：赵亚荣
责任编辑：赵亚荣
一审编辑：李光萌
责任印制：黄章平
责任校对：蔡晓臻

出版发行：经济管理出版社
　　　　　（北京市海淀区北蜂窝 8 号中雅大厦 A 座 11 层　100038）
网　　址：www. E-mp. com. cn
电　　话：（010）51915602
印　　刷：北京晨旭印刷厂
经　　销：新华书店
开　　本：720mm×1000mm/16
印　　张：16
字　　数：270 千字
版　　次：2023 年 1 月第 1 版　　2023 年 1 月第 1 次印刷
书　　号：ISBN 978-7-5096-8668-3
定　　价：78.00 元

序一

从 2015 年开始，阎豫桂同志在职攻读中国人民大学应用经济学院博士学位。其间历经大疫三年，豫桂同志锲而不舍，修成正果，并将博士论文及相关研究资料整理成专著出版，这是一份宝贵的、可喜的成果，值得祝贺！邀我作序，欣然答应。

我任国务院参事五年，豫桂同志和我一起工作。2016 年，我牵头承担国务院参事室关于新经济、新动能的研究课题，豫桂同志是课题组成员之一，我们深入京津冀、上海、广东、四川、武汉、西安 8 个全面创新改革试验区进行专题调研，报送的 8 份研究报告得到国务院领导同志多次批示，出版的专著《驱散增长的迷雾——新常态下的新动能》三次加印。2019 年，我带着新基建课题组到长江三角洲地区、粤港澳大湾区开展实地考察，与政府部门、重点企业面对面座谈交流，由调研成果形成的专著《新基建：数字时代的新结构性力量》入选"2020 年中国好书"，豫桂同志是该书执笔者之一。

这些考察、研讨活动，使豫桂同志领略到创新的奇妙魅力和无尽空间，对创新的研究产生浓厚的兴趣，他把博士论文的选题方向定位于创新。2019 年 2 月，我们参加北京大学光华管理学院与斯坦福大学商学院联合举办的"全球领创者"培训项目，实地走访美国的创新之都——旧金山湾区硅谷的高科技、创新型企业。在此过程中，豫桂同志深切感受到，创新不是孤立、静止的，而是一个系统、一个生态。他从旧金山湾区的创新实践联想到长江三角洲地区、粤港澳大湾区的创新愿景，最终确定聚焦国内这两个最具代表性的城市群，深入开展区域创新生态系统研究。

从某种角度讲，工业时代的主要特征是产品经济，基于生产线，以产品为中心；信息时代的主要特征是平台经济，基于互联网，以平台为支撑；而如今进入数字时代，我们要重新认识、定义生产要素、生产力与生产关系，数字时代的主要特征是生态经济，基于创新生态，以伙伴关系为根基。

豫桂同志的研究提出，创新格局越来越呈现出区域化、网络化、集成化的特点，城市群是区域创新生态系统得以有效形成、良好运行的主要空间载体。长江三角洲地区、粤港澳大湾区正在朝着构建国际科技创新中心的目标迈进，可以借鉴旧金山湾区、东京湾区城市群成熟的区域创新生态系统的经验，壮大以企业为主、产学研用深度融合的创新主体，推动人才、技术、数据、资本等创新要素自由流动、优化配置，发挥有效市场、有为政府的双重创新作用，营造鼓励探索、宽松包容的创新环境。

学贵有恒，笃行不辍。创新已经成为新时代高质量发展的第一理念、第一动力。希望豫桂同志把所学的知识运用于实践，在实践中不断深化对创新的认知，在这个创新变革的年代，在"知行合一"的路上，有新的收获、新的成就。

徐宪平

（国务院原参事、国家发展和改革委员会原副主任）

2023 年 1 月 10 日

序二　将创新进行到底

　　创新是当今时代的高频热词，但并不是一个新生的概念。就我国而言，创新的思想由来已久，鼓励推崇创新的睿语哲言可谓层出不穷。而一部中华文明发展史，同时也是一部创新史。不仅限于中国，创新可以说是整个人类社会的一种必然行为和普遍现象。没有创新，人类社会就难以延续发展；没有创新，人类日益增长的美好生活需要就难以满足。

　　但是从人类社会的发展进程中，我们也能清晰地看到，并非所有的创新主体都具有同等的创新能力；同一个创新主体在不同时期所拥有的创新能力也会表现出明显的不同。这种创新能力之差，带来了各个主体间的发展之差，从而使各个主体面对着这样一个严酷的事实：不进则退，不得则亡。不思谋创新，不推进创新，就必然落到后面，最终避免不了被淘汰的命运；在激烈的生存与发展的竞争中，创新一刻都不能停止，必须调动一切能量，最大限度地形成创新能力。

　　我国的发展进入了一个关键时期，推进创新具有特殊的意义。新中国自成立以来，经过数十年的持续努力，摆脱了"一穷二白"的落后面貌，创造了世所罕见的发展成就。今天，我们正充满信心推进中华民族从站起来、富起来到强起来的伟大飞跃，向着全面建成社会主义现代化强国的宏伟目标昂首挺进。面对着外部日益激烈的国际竞争环境，稳健地走向世界舞台中心，我们需要创新；化解内部改革发展稳定面临的深层次矛盾，推动高质量发展，我们需要创新；抓住新的科技变革和产业变革的机遇，全面打造经济科技的国际竞争优势，我们也需要创新。毫不夸张地说，创新与否直接决定着中国式现代化的进程，从而影响着中华民族伟大复兴的前景。正因为如此，党和国家高度重视推进创新，党的十八大正式提出"实施创新驱动发展战略"，十八届五中全会把创新发展放在新发展理念的首要位置，党的十九大进一步提出"创新是引领发展的第一动力"，党的二十大重申"坚持创新在我国现代化建设全局中的核心地位"。为了中华民族的美好未来，我们必须矢志不移地把创新进行到底。

但真正的创新并非一件易事。创新要形成创新力并尽可能以最好的状态呈现，必须以科学的思路、良好的体制和适宜的载体做支撑。借此，不仅能够有效地集聚创新资源，而且能全面激活这些资源的创造能量。遵循创新一般规律并从我国实际出发，推进创新应当把握这样一些关键方面：

（1）坚持以根本性创新推动各领域全方位创新。创新是分层次的，而那些处于基础地位，为其他创新提供引领和支撑的创新是带有根本性质的创新，在整个创新体系中，它们发挥着"牵一发而动全身"或纲举目张的作用。思想创新、制度创新和科技创新当属此类。思想创新体现思想认识的高度和思想解放的深度，是对已有思想观念、思维模式、思辨方法等的突破与更新。思想是行为的先导，想不到必然做不到，思不透则往往做不深。对于创新而言，第一位的往往是"解放思想，开动脑筋"。制度创新体现制度建设的先进性与包容性，是支配人们行为和经济社会关系之规则的完善与变革。良好的制度不仅提供行动的方向与路径，也提供行动的动力与保障。科技创新体现为科技进步的水平和科技运用的能力，是对自然规律与客观事物内在联系的深刻揭示与崭新呈现。科技创新不仅直接推动社会生产力发展，而且能为其他方面提供有力支撑。就三者关系而言，一般地说，思想创新带来制度创新，而制度创新推动科技创新。反过来，科技创新水平检验思想创新和制度创新状况，也进一步推动思想创新和制度创新。创新力的展现从根本上来自于思想创新、制度创新和科技创新的深度，在任何时候，都应把这样三个带有根本性质的创新放在突出重要位置，并据此推动其他层次的各领域全方位创新。

（2）围绕构建协同创新体系下力用功。创新是创新资源和要素驱动的结果，越是关键核心形态的创新，越需要强有力的创新资源和要素做支撑。相对于西方一些发达国家，我国总体创新资源不足，基于本位利益形成的竞争又导致了创新资源运用的高度分散和相互掣肘。因此，要在千方百计吸引各类创新资源进入的同时促进其充分利用，有效途径是整合资源、提高协同创新水平。应立足于发挥比较优势，围绕整体提升创新生态效能和水平，统筹科技资源配置和地区分工，推动各领域各环节的精深拓展和有机配套；打破体制阻隔，打造高水平协同创新平台，促进科研院所、高等院校和企业科研力量紧密合作与资源共享，形成产学研间科技攻关、成果转化等的无缝对接；按照一体发展、互利共赢的原则，基于现实基础和发展潜力，联合打造一批现代产业集群，协同推进跨区域科技走廊建设。

（3）优化制度生态，激发创新能量。创新的活力来自于体制机制的活力，应立足于实现创新资源高效配置与全面激活、推进相关体制机制创新。破除一切妨碍创新资源自由流动的体制与政策屏障，建立平等对待、公正使用、有效保护、周到服务的良好创新生态；实行严格的知识产权保护制度，严厉打击各种侵权行为，加大损害赔偿力度，让投机取巧、不劳而获者付出沉重代价；完善人才评价和激励机制，真正形成以创新能力、质量、实效、贡献为导向的科技人才评价体系，构建科学体现知识、技术等创新要素价值的效益分配机制；进一步健全新型举国体制，聚集优势资源攻克关键核心技术瓶颈；优化重大科技项目立项与组织管理方式，积极实行技术总师负责制、"揭榜挂帅"、"赛马"等有效制度，充分调动各类创新主体的活力与能量。

（4）发挥战略功能平台引领带动作用。创新不仅涉及欲望和意愿，也关系模式与路径，科学的引领与带动不仅会增强创新者的信心，也会降低创新的风险，提升创新的效率。应多途径、多类型开展典型示范，推动各项创新持续务实进行。过去几十年来，为深入实施重大发展改革战略，以新区、开发区、自贸区、合作区等形式呈现的一批批重大平台相继建立，遍布各个区域，发挥了显著效果。这些战略平台既是新生事物的策源地，又是先进思路的试验田，是开展各类创新的理想场所。应与时俱进赋予这些战略平台先行先试权利和新的发展改革使命，使其在引领推动思想创新、制度创新和科技创新中体现更大的担当。与此同时，应围绕攻克关键核心技术、推进产业基础高级化和产业链现代化等特殊任务，实施打造一批专业化、特色化的创新平台，使其成为化解突出矛盾与问题、实现崭新目标的攻坚手与排头兵。

（5）全面打造鼓励支持创新的政策环境。良好的政策环境不仅能为推动创新提供坚实支撑，也能营造争先恐后创新的社会氛围。要在优化相关体制机制的同时，进一步健全创新的政策支持体系。应强化创新的顶层设计，通过战略性规划和专项方案为相关创新指明方向；应以包容的胸怀和开放的态度实施政府管理与服务，坚决遏制用禁止代替管理、用不让干事来防止出事、用封堵办法履行职责等消极行为或不负责任的做法；应通过诸如研发费用加计扣除、高新技术企业税后优惠、知识产权质押融资等方式进一步强化财政、金融等重要政策对创新发展的支持力度；还可以通过设立专项基金、特色投资等对特殊创新项目进行定向扶助。中小企业量大面广、机制灵活，对满足人民日益增长的美好生活需要发挥着特殊作用，其创新活力强盛并构成了国家整体创新的基础，应着力构建面向中小企业创新发展的政策支持体系。

（6）夯实推动创新驱动的基础技术支撑。创新是迭代进行的，科技突破既是迭代创新的主要标志，又是迭代创新的关键支撑。推进创新，必须及时利用已有的先进科技成果，不断提升共性基础技术支撑能力。应充分把握新一轮技术革命的机遇，高水平建设信息网络基础设施，加快建设数字经济、数字社会、数字企业、数字政府，以数字化转型整体驱动生产方式、生活方式和治理方式等的变革，尤其应着力打造普惠性公共网络平台或技术服务体系，为中小企业发展和大众创新创造有利条件；应大力推动国家科研平台、科技报告、科研数据等向社会开放，鼓励将符合条件的财政资金支持形成的科技成果许可给中小企业使用；还应进一步加强产业基础能力建设，加快补齐基础零部件及元器件、基础软件、基础材料、基础工艺和产业技术基础等瓶颈、短板。

创新所面临的环境是不断变化的，换个角度看，任何具有创新力的创新都不过是紧密契合环境要求而形成的化解矛盾与问题的新模式与新方法。将创新进行到底，不仅需要依据过往的实践经验和事物的逻辑联系创造良好的支撑条件，也需要深入揭示环境变化及其对创新的要求，为推进各类创新实践及时提供理论指导。从这个意义上说，任何关于创新的理论探索都是有价值的。

阎豫桂同志所著《区域创新生态系统：对长江三角洲和粤港澳大湾区区域创新的解构》是关于创新理论探索的一个新成果，它基于区域发展的视角，以相关城市群的实践为支撑，提出了关于区域创新的一些新认识与新思路。

过去一些年来，全球创新发展格局和创新组织模式发生了深刻变化，产业间相互渗透、区域间相互协同的生态化创新系统已现雏形，原有的单个组织封闭性创新的模式被打破，逐渐演变为多边复杂、彼此合作、开放共生的系统。在现代区域经济格局中，城市群和都市圈的集聚能力强、空间产出效率高、规模效应明显，在创新资源集聚规律的作用下，思想创新、制度创新和科技创新在一定空间范围产生、交换、分享、发展与再创造，催生了一大批创新活力强、创新体系健全、创新效率高、创新效益好、辐射带动作用强的区域创新高地，成为带动本地乃至全国经济发展的动力源。美国的旧金山湾区、日本的东京湾区都是本国乃至世界科技创新和经济发展极为重要的增长极。因此，从另一个角度来说，支撑创新不断向前发展，本身也需要一部分资源集聚、体系健全的区域引领带动。目前，国家科技创新中心、国家自主创新示范区等区域创新发展战略深入推进，而长三角一体化和粤港澳大湾区建设，瞄准世界有影响力的国际科创中心，在加快新旧动能转换、提升综合创新能力、改革科技创新体制机制方面已经取得了明显成效，成为新一轮科技创新、制度创新的排头兵。

区域创新生态系统是伴随数字技术发展，创新系统演化在空间布局中的一种新形态，特别强调创新主体之间、创新主体与外部创新环境之间的有机联系，特别强调系统的整体运行效率。本书以区域创新生态系统作为研究对象，基于逻辑与实证的一体，对涉及区域创新的一些重要问题做了较为深入的分析。留给我深刻印象的有这样几点：一是把探索视角框定于城市群，特别选取在我国区域创新中最具代表性的长江三角洲城市群和粤港澳大湾区（珠三角）城市群作为研究样本。城市群不同于产业园区或者单一城市这类"小"区域，"大集聚、大协同、大网络"的特征决定了其具有创新要素在更广范围、更大维度、更高层次的"生态系统"结构，选取这两个城市群作为研究样本具有典型意义，也具有推广价值。二是较为完整地梳理出了一个由创新主体、创新要素、创新环境三大部分构成的区域创新生态系统分析框架，并剖析了该系统得以良好运行的三个内生机制——多样性共生、开放式协同和自组织演化，这是结合数字时代新特征对创新发展规律的进一步揭示。三是对"生态系统"所蕴含的多样性共生、开放性协同等"生态属性"进行了较为深入的理论分析和实证研究，以不同来源的数据对长江三角洲和粤港澳大湾区（珠三角）两大城市群进行了测度和论证，并考察了区域创新生态系统对本地创新效率和创新绩效的提升作用。此外，本书将生态学、科学学与经济学、管理学有机融合，很好地契合了创新领域多学科、多领域交叉融合的特征，使相关的分析更加深入和准确。总之，本书围绕"区域创新生态系统"所做的探索，为深化国家创新体系建设、有效提升区域创新力提供了一个新视角，是顺乎创新潮流、体现区域实际的富有价值的努力。

阎豫桂同志是我在中国人民大学所带的一位品学兼优的在职博士生。作为供职于国家综合部门的公务员，他很好地处理了繁忙的本职工作和繁重的学习任务的关系，勤勉自律，几乎把所有业余时间都运用到课程学习和课题研究之中，创造性地完成了攻读博士学位所要求的各项任务。特别值得一提的是，本书也是他深入调研、向实践学习的结果。他很好地把握了工作出差的机会，在长江三角洲地区和粤港澳大湾区与数十家政府部门、企业和专业人士进行了座谈交流，在完成特定调研任务的同时，也为本书的写作积累了丰富的一手资料。本书在分析研究中所体现的理论与实践、规范与实证、国内与国际等的结合，也一定程度上反映了他视野宽广、基础扎实的良好素质。

但我也要说，创新是一个永恒的常议常新的话题，就区域创新而言，蕴含着大量的未知领域，也潜藏着丰富的发展图景。对阎豫桂同志来说，本书只是关于创新研究的一个起点，要再接再厉、契而不舍、不断进取，以取得更加富有创见性的成果，为国家现代化建设和满足人民美好生活的需要做出积极的贡献。果如此，作为他的老师，自然是由衷感到快慰的。

是为序。

王恒山

（著名经济学家、国家发展和改革委员会原副秘书长）

2023 年 1 月 10 日

目 录

第一章

导论

创新是经济社会发展和人类文明进步的动力源泉。近两百年来的经济发展史有力地表明了这样一个事实：世界经济发展中心总是随技术创新中心的转移而转移。各国（地区）都在寻找科技创新与经济可持续发展的新动能，同时寻找支撑科技创新和产业发展的新的发展方式。近年来，以数字技术为代表的新一轮科技革命不断突破，逐步颠覆传统生产工艺和产业组织体系、空间组织体系，新技术催生出大量的新产业、新业态、新模式，全球创新发展格局和经济发展方式也因此发生深刻变化，学科交叉更加紧密、主体分工日益模糊。从区域发展的视角看，创新资源流动加快，区域加速集聚，区域协同发展的态势加快，区域创新成为区域转型发展的主旋律和新特征。哪个区域创新能力强、创新主体协作好，哪个区域就更容易赢得经济发展的主动权，科技创新已成为提升区域核心竞争力的最重要因素。

2016 年 5 月，中共中央、国务院印发了《国家创新驱动发展战略纲要》，其中提到，"要建设各类创新主体协同互动和创新要素顺畅流动、高效配置的生态系统，形成创新驱动发展的实践载体、制度安排和环境保障"，并明确规划"构建跨区域创新网络，打造区域协同创新共同体"。从中可以看到，"创新生态系统"和"区域创新网络"是国家明确的战略导向，两者相结合而成的"区域创新生态系统"，将成为聚焦国家区域发展战略，推动区域创新能力和竞争力整体提升的重要抓手。本书将从区域创新生态系统的理论基础、发展现状、国际经验、形成机制、运行机制、运行效果等不同角度入手，力求建立一个既具有理论普适性又具有中国特色的区域创新生态系统的研究框架，通过理论分析和实证分析，深入解析区域创新生态系统的发展现状和主要规律，提出建设和完善我国区域创新生态系统的构想和启示。

一、研究背景和意义

（一）研究背景

1. 我国进入从"要素驱动、投资驱动"转向"创新驱动"的历史阶段

加入世界贸易组织以后，我国东部沿海地区凭借劳动力、土地等资源要素的比较优势加入国际大循环体系，而中西部地区的发展则主要依靠资源要素投入和扩大投资规模。这两类发展模式属于"要素驱动"型或"投资驱动"型，虽然都在一定时期实现了区域经济的高速增长，但也造成了产业整体"大而不优"、资源过度开发、核心竞争力弱等一系列问题。随着要素供给条件趋紧、边际投资回报率下降、资源环境代价过高，我国转变经济发展方式迫在眉睫：高投入、高消耗、低效率的区域发展模式难以持续，相应的产出也难以适应日益升级的市场需求。特别是2008年金融危机爆发后，全球经济进入动能转换、结构调整、版图重构的大变革时代，并呈现出新旧动能交替"冰火两重天"的场面：一方面，传统动能不断弱化；另一方面，随着技术革命和产业变革的加速发展，以科技创新引领的新动能成为区域经济发展的主要引擎。如何摆脱对要素驱动、投资驱动的过度依赖，实现以创新驱动发展模式带领我国区域经济走向高质量发展之路是需要解决的第一个问题。

2. 城市群成为推动区域发展的主体形态

经济全球化加快了经济要素的流动，使经济要素在全球范围内寻求发展空间，实现要素资源的优化配置。从世界区域和城市发展布局看，城市群是科技、产业发展到一定阶段的重要标志，既是城市发展到成熟阶段的高级空间形式，又是经济发展的主要增长极和参与全球竞争的战略区域。区域内的城市由于在发展层次、发展阶段以及固有资源和属性上有许多共性和竞争的因素，因此可以通过组团发展的方式实现区域发展的规模效应和集聚—扩散效应。相对于单体城市，一体化、集约化的城市群形态能够降低生产成本、运输成本、运营成本和管理成本，能够进行科技创新和产业的分工协作。以旧金山湾区、东京湾区为代表的世界级城市群发展经验

表明，技术创新链条形成和带动的城市群可以优化区域和产业发展格局，带动经济整体发展质量的提升。从我国区域经济发展形势看，经济和人口重心向城市群和中心城市集聚的趋势十分明显。我国已形成以京津冀、长江三角洲（长三角）、粤港澳大湾区三大城市群为引领的区域经济发展态势，这三大城市群也成为支撑和带动我国经济发展、体现国家竞争力的重要空间载体。如何发挥城市群在区域经济发展中的重要作用，以城市群创新之力提升整体运行效率是需要解决的第二个问题。

3. 区域生态化共生协同发展是提升创新能力的关键

伴随着信息技术迅猛发展、经济全球化不断推进、消费者需求日益多样化和复杂化，创新主体之间的行为特征及活动现象正不断被创新生态理论推演和证明，原有的单个组织封闭性创新的模式被打破，逐渐演变为多边复杂的网络动态性合作方式，并逐步形成一个多元分工、彼此合作的系统。系统中主体间的这种关系如同自然界中各种生物物种之间的"生态关系"。同时，系统内部成员间信息交互的过程以及系统内外部物质流通的过程，都体现出生物群落的特征。在科技创新发展进程中，任何城市都不是封闭的，各城市创新主体的互动日益紧密，城市间的相互依赖性逐渐增强，人才、技术、资金、数据等创新要素在产业链价值链结构下趋于空间集聚，城市群创新能力的提升越来越取决于城市群共生和协同的程度，不仅需要城市内政产学研用的纵向共生协同，还需要城市间的横向共生协同，实现资源融合互补、知识共创共享、产业互惠共赢，促进区域经济社会的可持续发展。在区域创新生态系统建设方面，旧金山湾区、东京湾区已经形成良好的经验，如何借鉴国际经验，结合我国区域创新的实践，建设和完善我国的区域创新生态系统是需要解决的第三个问题。

（二）研究意义

1. 理论意义

美国经济学家约瑟夫·熊彼特（Schumpeter）是最早研究创新驱动经济增长的学者。他在《经济发展理论》（1912）一书中提出，创新是企业家抓住市场机会，对生产要素进行重新组合的过程。他把技术创新置于经济增长的首要核心位置，认为资本主义经济发展过程中之所以出现经济周期，与创新有很大关系，经济由于技术创新而得到发展。索洛（Solow，1957）等新古典学派经济学家研究表明，经济增长率取决于资本和劳动的增长率、资本和劳动的产出弹性以及技术创新。

美国管理学家迈克尔·波特在对几十个国家的竞争优势进行详细分析的基础上，提出国家或者区域经济发展有着自身客观的规律，大体经历四个阶段：生产要素驱动（Factor-Driven）阶段、投资驱动（Investment-Driven）阶段、创新驱动（Innovation-Driven）阶段和财富驱动（Wealth-Driven）阶段，是一个渐进式的过程。前三个阶段是国家竞争优势的主要发展路径，一般伴随着经济上的繁荣，而第四个阶段基本上是财富运作，并非理想发展阶段，最终还要靠科技创新和制度创新来实现新一轮价值创造与繁荣发展。在创新驱动阶段国家和企业持续的创新能力成为源源不断的经济增长动力，竞争优势从生产成本转至生产效率，创新驱动阶段是经济发展模式演进、由单纯从经济规模增长转向高质量内涵式发展的阶段，没有进入创新驱动阶段也是很多中等收入国家没有迈入高收入国家的重要原因。

许多学者研究表明，空间地理的邻近对区域创新有重要的影响，创新更容易集中在某些特定区域（Feldman，1999），创新在空间分布上存在着不均衡的特点，表现为区域之间创新水平的差距，进而发展成区域发展潜力的差距。区域创新系统（Regional Innovation Systems，RIS）是由英国卡迪夫大学社会科学高级研究中心创始人菲利普·库克（Philip Cooke）在1992年首次提出的，他认为："区域创新系统是研究特定时空范围内的创新问题，以求通过创新求得区域内经济的协调发展。"

之后，区域创新领域的研究得到了广泛重视，一个重要的原因是美国硅谷的崛起。随着硅谷创新实践的发展和理论研究的深入，学界提出了区域创新生态系统的概念。关于美国硅谷持续创新发展研究的两本著作，产生了区域创新生态系统的思想萌芽：《区域优势：硅谷与128号公路的文化和竞争》一书指出，硅谷的优势在于其以地区网络为基础的工业体系，鼓励协作和竞争（Saxenian，1996）；《硅谷优势：创新与创业精神的栖息地》指出，要从生态学的角度解释硅谷的创新模式，其最大特点是创新创业精神的栖息地，如果要建立一个强有力的知识经济，就必须建立一个强有力的知识生态体系（Lee et al.，2000）。

区域创新生态系统如同自然生态系统一样，从要素的随机选择不断演变到结构化的社群。从商业生态系统的角度看，某一家企业不再是单个产业的成员，而是横跨多个产业的生态系统的一部分。在生态系统中，企业通过合作与竞争进行创新和产品生产，满足客户需求，周而复始，循环演进。区域创新生态系统与之类似，是某一区域地理单元间的创新生态系统，这个概念提出以后，得到了经济学、管理学、科学学、生态学等领域学者的广泛关注，这也体现了创新研究范式的转变，具有很强的理论指导意义。

2. 现实意义

我国科技创新已取得了举世瞩目的成就，但总体来看，区域创新能力提升空间仍然较大，要实现区域"创新驱动"发展仍然面临诸多挑战。我国区域创新生态发展具有独特性，不同区域之间产业发展演化方式和路径存在很大的差别，导致创新生态运行的方式有所不同。各区域的创新活动还存在分工不明确、发展不均衡、创新系统结构趋同、区域之间创新资源不流通，以及大部分地区科学、技术与市场需求结合不够紧密等问题。此外，科技创新资源配置目前仅局限于小区域的小块分割布局，高校院所在政府的推动下进行科研创新，企业根据市场发展前景进行研发创新，人才、技术、资金等要素流动还不够顺畅，创新主体之间出现"孤岛"现象。需要强调科技创新面向经济社会发展的基本导向，围绕产业链价值链部署创新链，提升国家创新体系整体效能。

当前，创新已经进入到创新要素集成、创新生态营造的新阶段，其竞争已不再是单要素的竞争，而是一个创新生态综合系统的竞争（孔伟、张贵和李涛，2019）。区域创新生态系统作为创新系统演化和发展的高阶状态，特别强调系统整体运行效率与创新物种之间、创新主体与外部创新环境之间的有机联系，因此，对科技创新而言，治理能力现代化及国家创新体系效能的提升，本质上就要求加强区域创新生态治理、提高区域创新生态系统的运行效率。区域创新生态系统的构建，是提高创新链整体效能、优化科技资源配置的有效途径，有利于构建创新型社会，促进国家和区域经济社会的可持续发展。

二、主要研究内容

目前空间视角的创新生态系统研究主要分为三个层面：国家创新生态系统、区域（城市群）创新生态系统、城市创新生态系统。国家创新生态系统更多考虑行政的主导因素，城市创新生态系统缺乏空间的概念，而且难以刻画日益增长的城市间创新要素的联结和流动情况。本书将区域创新生态系统的空间范畴聚焦于城市群，既考虑各城市子系统的内部结构，又考虑各城市子系统之间形成的区域大系统的整体情况，同时注意强调"生态"特性，分析区域创新生态系统与此前所提区域创新、区域创新系统等概念的区别，形成兼顾局部和整体、当前和历史的立体式分析框架。

本书结合国内做法和国际经验，研究区域创新生态系统的一般规律，在分析区域创新生态系统的现状做法、国际经验的基础上，通过理论和实证分析，深入研究区域创新生态系统的形成机制、运行机制、溢出效应、存在的问题和启示建议。本书选取我国长三角城市群和粤港澳大湾区城市群①作为研究对象，借鉴旧金山湾区、东京湾区的经验启示，揭示区域创新生态系统的形成动因、组成结构、运行机理和运行效果，构建一个既有宏观视角又有不同区域类型特征的我国区域创新生态系统研究框架，为国家培育和发展区域创新生态系统提出有针对性和可行性的政策建议。

按照"提出问题、认识问题、梳理现状、分析问题、解决问题"的思路，本书具体分为九章。

第一章是导论。通过分析现实背景，提出问题，说明其理论意义和现实意义，在此基础上确定本书的主要研究对象、研究思路和内容框架，并介绍本书的研究方法和创新点。

第二章是理论基础与研究综述。对创新与技术创新、创新系统与创新生态系统、区域创新系统与区域创新生态系统、城市创新生态系统和城市群创新生态系统等概念和内涵进行了梳理；回顾知识溢出理论、生态系统理论、协同创新理论、创新"三螺旋"和"四螺旋"理论、新熊彼特增长理论和演化经济学、城市群和区域一体化理论等理论基础；总结并评析国内外关于创新主体（物种）与结构、创新要素（资源）及其配置、创新环境及其营造、创新的空间效应、城市群和城市群协同创新以及区域创新生态系统的相关实证分析的研究成果，从理论和经验两个层面为研究提供理论框架和研究基础。

第三章是我国区域创新生态系统的发展现状。首先，回顾并分析我国区域创新驱动发展的变迁和演化特征，分析世界和我国主要创新区域的发展状况；其次，从宏观的角度分析我国区域创新驱动发展的实践与经验；最后，重点从长三

---

① 本书把我国粤港澳大湾区城市群作为研究的出发点，但是在第六章、第七章的实证分析中，囿于香港、澳门数据的可得性和口径一致性，大部分的实证检验数据是基于珠江三角洲城市群完成的。

角城市群和粤港澳大湾区城市群入手，分析我国区域创新生态系统的发展现状以及取得的成果和经验。

第四章是区域创新生态系统的国际经验。以旧金山湾区和东京湾区为例，重点分析国际上区域创新生态系统的建立、特点、形成对我国建设区域创新生态系统的启示。从全球主要创新前沿国家的发展历程看，不论是以自然市场力量形成的旧金山湾区，还是以政府规划引导形成的东京湾区，建设一个运行良好、协同开放的区域创新生态系统是一个殊途同归的"路径"。

第五章是区域创新生态系统的形成机制与组成结构。首先，本章从"企业组织创新—产业链创新—产业创新生态—空间多主体创新生态"的演进过程出发，利用知识溢出模型和系统动力学模型，提出区域创新生态系统的形成机制理论模型。其次，本章分析区域创新生态系统的组成结构。综合已有研究成果，可以将区域创新生态系统分为创新主体、创新要素、创新环境三大组成部分。最后，通过以上分析，提出了"区域创新生态系统的星系结构"，并分析了区域创新生态系统的空间形态——城市群创新生态系统。

第六章是区域创新生态系统的运行机制：共生、协同、演化的视角。本章通过研究区域创新生态系统的功能和运行特征，建立起区域创新生态系统运行机制的分析框架。根据区域创新生态系统多样性共生、开放式协同、自组织演化的三大特性，本书建立了基于生态学常用的 Lotka-Volterra 模型、复合系统协同度模型以及演化影响因素的分析框架，对长三角和粤港澳大湾区城市群区域创新生态系统的运行机制进行实证检验。

第七章为区域创新生态系统对创新效率的影响研究：基于两大城市群的测度与分析。本章测度区域创新生态系统通过多样化共生、开放式协同和自组织演化等内生运行机制，是否能够提高区域创新效率。本章运用三阶段 DEA 模型对 2009~2018 年长三角和珠三角地区 20 个城市的创新效率进行分析，特别是通过在二阶段引入区域创新生态系统生态属性特征因素，构造相似 SFA 模型对创新投入松弛变量进行修正，一方面使对区域创新效率的测评更为贴近实际，另一方面也检验了两个城市群区域创新生态系统的建立对区域创新效率的影响作用。

第八章为区域创新生态系统对区域创新绩效的影响研究及空间溢出效应分析。除了关注区域创新效率，还应关注区域创新生态系统能否促进创新绩效的提升以及相应的空间溢出效应。本章首先建立空间面板回归模型，测度区域创新生态系统对区域创新绩效的影响以及生态系统的多样性共生机制和开放式协同机制对这种影响的调节效应。进一步地，本章突破样本空间独立性假设，考虑空间溢出作用的情况下，采用面板数据空间杜宾模型（SDM），检验区域创新生态系统对区域创新绩效的影响及其空间溢出效应。

第九章是完善中国区域创新生态系统的启示与展望。基于前文系统性的分析和研究，得出基本结论，在此基础上，从宏观至微观层面，回答我国要构建什么样的区域创新生态系统、如何建设这个区域创新生态系统等问题。

本书研究思路框架如图 1-1 所示。

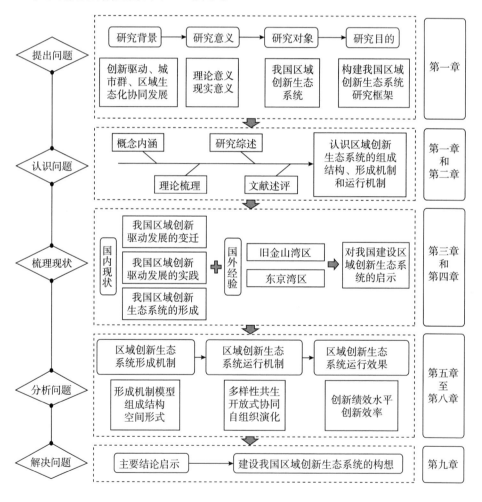

图 1-1 本书研究思路框架

资料来源：笔者自绘。

本书采用了理论与实践相结合、历史与现实相结合、定性分析与定量分析相结合、理论研究与实践检验相结合的研究方法，运用理论分析、经验分析、实证分析、比较分析等手段，系统梳理我国区域创新生态系统的形成机制、运行机制、协同机制和相关空间效应。本书不做现实的现象归纳，也不拘泥于纯粹理论推演，力求多维度、宽视野、广度和深度并重，力求有所创新。

第一，理论与实践、历史与现实相结合的方法。2017～2020 年，笔者通过实地调研、走访、座谈，得到大量关于区域创新生态系统的一手资料。本书把"区域创新生态系统"这一主题置于理论与实践、历史与现实的双重维度中进行考察，从实践中出发，在理论中升华，梳理区域创新生态系统的指导思想、逻辑脉络。

第二，国内外比较的方法。通过对国外区域创新生态系统建设的对比研究，立足丰富的资料和开阔的视野，为我国区域创新生态系统的建构与完善提供可供参考的借鉴与经验。

第三，文献分析与理论推演的方法。通过收集、查阅、梳理相关资料，总结区域创新生态系统进展成效与存在的问题；通过构建理论模型和数理推演，提出区域创新生态系统的形成机制。

第四，数据分析与实证检验的方法。通过搜集市级颗粒度指标数据，借助Stata、R、Mapinfo 等数理分析和空间模拟工具进行统计分析和空间计量研究；联合灵犀科技等大数据平台企业对微观数据进行整理分析和深入研究，能够更好地完成区域创新生态系统运行机制和空间溢出机制画像。

与已有的研究相比，本书可能存在的创新点主要体现在以下方面：

其一，将生态学、科学学的思维和方法运用到经济学、管理学中。从当前实践看，自然科学和人文社会科学之间的"跨界""融合""交互"成为新的时代特征。创新领域是学科间交叉融合的地带，本书融合经济学、管理学、科学学、生态学的研究成果，也借鉴运用不同学科研究方法，进行了多角度、多维度研究。

其二，较为完整地构建出区域创新生态系统分析框架。聚焦城市群范畴研究区域创新生态系统，并对其组成结构、生态特征、运行机制、运行效果、空间效应等进行研究，形成一个比较完整且较为清晰的体系化分析框架。此外，选取我国长三角和粤港澳大湾区（珠三角）两个最具有典型性和代表性的城市群作为区域创新生态系统一以贯之的分析场景，并对现实意义和实践价值进行探讨，进而形成贴近实际的启示建议。

其三，拓展了现有区域创新生态系统的范式研究、理论和实证方法。本书对以城市群为代表的区域创新生态系统展开了多角度、体系化的研究。在理论建模方面，通过类比自然生态系统，创造性地构建了一个"区域创新生态系统的星系结构"概念模型；结合前人贡献综合提出了区域创新生态系统的三个内生机制：多样性共生、开放式协同和自组织演化。在实证检验方面，建立基于生态学 Lotka-Volterra 模型、协同学复合系统协同度模型以及基于基于 Logistic 模型的演化影响因素的分析框架，分别考察了两大城市群区域创新生态系统的共生、协同、演化机制；将创新种群共生度、城市系统协同度等"生态属性"纳入计量回归模型的解释变量，通过建立三阶段 DEA 模型和面板回归模型，分别考察区域创新生态系统对本地创新效率和创新绩效的影响作用，对现有区域创新生态系统的范式研究、理论和实证方法进行了丰富和拓展。

第二章
理论基础与研究综述

一、相关概念与内涵

　　创新，既是结果，又是过程；既是完成的事实，又是实施中的行动。创新的结果，来自对新理念、新技术的成功应用，是大量不同主体、不同要素、不同资源的有机组合，需要多元化背景的人员通过分工协作完成。每次科技革命和产业变革都伴随着技术经济范式的调整，新旧技术经济范式变迁的过程是破旧立新的过程，也是经济增长新旧动能转换的过程。一方面，新的技术带来经济范式的变迁往往能够产生提高全要素生产率的潜力，创造出大量新增投资和新增市场机会；另一方面，新技术新范式也会带来组织模式、管理方式的改变，能够从微观出发影响整个经济体系。

（一）创新与技术创新

　　创新是一个管理学和经济学跨界的概念，最早由约瑟夫·熊彼特（1912）提出。他在《经济发展理论》中首次使用了"创新"（Innovation）一词，提出技术创新处于经济增长的首要位置，形成了以"创新"为基础的独特理论体系。熊彼特认为，创新是对生产要素"重新组合"的改造过程，包括生产一种新的产品，采用一种新的生产流程，开拓一个新的市场，取得一种新的要素来源，实现一种新的产业组织方式或管理方式的革新等。创新活动是"创造性破坏"，是解释经济周期波动的基石。创新包括技术创新、产品创新、工艺创新、市场创新、组织创新和制度创新六大类，其中技术创新处于主导地位。

在经济增长理论的研究中，技术创新被广泛认为是经济长期波动（增长）的主要起因。以索洛（1957）等为代表的新古典学派，论证经济增长率取决于资本和劳动等要素投入的增长率、资本和劳动的产出弹性以及不断革新的技术创新，创新在生产率提升过程中发挥了至关重要的作用。

技术创新的定义在一开始的研究中并不一致，最后走向了统一。曼斯菲尔德（Mansfield，1968）将技术创新定义为，首次引进一个新产品或新过程，包含技术、设计、生产、财务、管理和市场等方面。弗里曼（Freeman，1988）提出，技术创新包括与新产品的销售或新工艺、新设备的第一次商业性应用有关的技术、设计、制造、管理以及商业活动。经济合作与发展组织（OECD）认为，技术创新包括新产品和新工艺，以及产品和工艺的显著变化。如果在市场上实现了创新（产品创新），或者在生产工艺中应用了创新（工艺创新），就意味着实现了技术创新。文献检索后发现，大多数学者对技术创新有类似如下表述：一种新的思想和技术发展到实际和成功应用的过程，就是技术创新。

（二）创新系统与创新生态系统

伦德瓦尔（Lundvall，1988）率先使用创新系统（System of Innovation）这一名词，并将其描述为创造、储备和转让知识、技能和新产品的相互作用的网络系统。弗里曼（1988）研究日本的产业政策和绩效时，首次提出国家创新系统（National Innovation System，NIS）的概念，并将其界定为，一个由公共部门和私人部门中各种机构共同建构的网络，这些机构的活动和相互作用促进新技术和组织模式的开发、引进、改良和扩散。弗里曼详细阐释了创新所具有的系统性，以及政府（如日本通产省）指导创新的重要性。Nelson（2002）在观察欧洲经济后提出，国家创新系统是一组创新的组织机构，其相互作用决定了国家的创新绩效。

创新系统又可分为区域创新系统、产业创新系统（Sectoral Innovation System，SIS）以及研究微观的企业创新系统（Enterprise Innovation System，EIS）。区域创新系统由菲利普·库克提出，其主要内涵和外延将在后文中单独阐述。

当今，全球科技创新引领的产业的数字化、网络化步伐明显加快，一些大型的高科技企业形成了类似自然界的"创新生态系统"。创新生态系统（Innovation

Ecosystem）是用生态系统做隐喻，用来描绘一些相互交织的组织之间的价值创造和关系网络。这个隐喻将创新产业或创新区域类比为一个自然生态系统，对创新物质（要素）和能量的流动进行了概念化。如 Shaw 和 Allen（2016）所述，沿着由生态子系统组成的创新路径循环"养分流"，实现能量和养分在生物子系统和非生物子系统中的循环。

创新生态系统最早是 20 世纪 90 年代在商业领域提出来的。詹姆斯·摩尔（Moore，1993）首先提出了商业生态系统。他认为，一个公司不仅可以被看作一个给定的产业中的成员，还可以被看作一个"商业生态系统"的组成部分，这个生态系统由一个核心企业或平台构建，在产业链的基础上形成生产商、销售商、客户和投资商等利益相关者群体的网络结构。Adner（2006）在《哈佛商业评论》发表的一篇文章中提到，企业具有生物物种类似的遗传、变异特征，创新生态系统是通过协作安排，公司将各自的产品组合成一个一致的、面向客户的解决方案。

目前来看，创新生态系统的内涵是：以知识创造和技术创新为核心，与创新活动有关的个体、组织、物种、种群、群落共同作用与影响，形成自我循环的动态、共生、可持续发展的"生命"系统。有效的创新生态系统既可以是一个基于产业链和价值链的合作体系（如某一大型企业建造的产业链、创新链上的创新生态体系），又可以是一个地理空间范围内不同主体形成的创新协作网络。

我国对创新生态系统这一概念高度重视，逐渐从学界转向政府和企业。2011年，科学技术部专门讨论"创新生态系统"议题；《2012 年深圳市政府工作报告》中提出"构建充满活力的创新生态体系"；2013 年在夏季达沃斯论坛上，代表们强调在新一代科技革命时代，治理体系、技术和管理都需要不断创新，成为一个开放、吐故纳新、动态的系统，一个有强健生命力的"生态系统"。辜胜阻等（2018）总结了创新生态系统的核心内涵：创新生态系统本质上是由协同联动的创新主体、充裕且流动自由的创新要素以及良好的创新环境有机融合形成的动态系统。

从创新到创新系统再到创新生态系统，创新已经从"孤立创新"向"创新系统"和"创新生态"转变，可以将创新范式的演化脉络总结为创新 1.0（封闭式创新）—创新 2.0（创新系统与开放式创新）—创新 3.0（嵌入式共生式创新）三个阶段，分别是基于内生增长理论的线性范式创新（创新 1.0）、基于开放式创新理论的创新系统（创新 2.0）、基于协同创新理论和演化经济学的创新生态系统（创新 3.0）（见表 2-1）。

表 2-1 创新范式的演化历程

发展阶段	创新主体	组成概念	理论架构	战略重点
创新 1.0 （封闭式创新）	企业内部	线性单向、 双向回路	内生增长模型、 封闭式创新	自主研发
创新 2.0 （创新系统与开放式创新）	产学研融合	场、空间、 流、源	知识溢出理论、 开放式创新	合作开发
创新 3.0 （嵌入式共生式创新）	政产学研用 共生演化	网状、种群、 一体化	演化经济理论、 协同式创新	营造环境

资料来源：笔者整理。

（三）区域创新系统与区域创新生态系统

区域创新系统是在国家创新系统概念的基础上演化发展而来的，最早由菲利普·库克在《区域创新系统：全球化背景下区域政府管理的作用》中提出。Cooke 等（2009）基于对欧洲地区的研究，进一步深化了区域创新体系的内涵。他认为，地理上相邻且分工合作的企业、高校、研究机构等创新实体在创新行为中循环互动的区域组织体系，即区域创新系统。区域创新系统包括"区域""创新""网络""学习""交互式学习"五个层面，同时受到区域特定创新资源、文化、环境的共同影响。Wiig（1995）等学者丰富了区域创新体系的概念。从基本的组织结构出发，他们认为一个完整的区域创新体系主要具有生产和供应创新产品的生产企业、教育机构、研发机构以及政府机构，另外还包括金融和商业等服务性机构。

区域创新生态系统是在区域创新系统、生态系统等理论基础之上发展起来的，受 Moore（1993）使用的商业生态系统的启发，同时更强调空间内主体与外部环境相互影响、相互促进的有机整体。关于区域创新生态系统的内涵，综合多数学者看法，大体是借鉴多样性的自然生态系统的共生演化规律，聚焦"知识生产模式"中刚起步的新兴企业和成立已久的大中型企业、研究机构、金融机构等创新服务机构和政府组织等各类行动者组成的创新生态网络。

关于硅谷创新模式的研究，形成了区域创新生态系统的思想萌芽。大量分析硅谷创新成功密码的研究基于生态学的角度，最重要的一条经验就是必须建立一个强有力的知识生态体系，形成集成、跨界、融通的良性互动循环。在我国，黄鲁成（2003）第一次提出了区域技术创新生态系统的概念。他认为，"区域技术创新生态系统"具有一般系统的共同属性与运动规律，包括整体性、层次性、耗散性、动态性、稳定性、复杂性。张淑谦和傅建敏（2014）认为，区域创新生态系统是指在一定时空范围内的创新主体与其所处的创新环境，通过物质循环、能量交换和信息流动等方式相互作用而形成的开放的动态平衡系统。邱苏楠（2018）认为，区域创新生态系统是集合了政、产、学、研、资、介等关键创新主体和要素，政府、企业和用户等主体相互作用、有效协同，形成良性循环、不断动态演化的系统。

（四）城市创新生态系统与城市群创新生态系统

区域创新生态系统主要衍生出两种空间结构：一种是具有本地根植性的区域创新生态系统——单体城市的创新生态系统；另一种是以大城市带动城市组团为构成单元的城市群创新生态系统。这两种空间结构既具有构成上的相似性，又具有层次上的差异性。

曾国屏等（2013）指出，创新生态是衡量城市创新活力和核心竞争力的重要指标。城市创新主体与科技、知识、人力、文化、体制等创新驱动要素、环境的关联决定着城市创新的效率与品质。城市创新生态系统按照空间结构大致可以划分为生产型城市创新生态空间、生活型城市创新生态空间、融合型城市创新生态空间和服务型城市创新生态空间。其中，生产型城市创新生态空间主要包括科技类产业园区、高新技术开发区、经济技术开发区、科创走廊等；生活型城市创新生态空间主要包括创新社区、智慧社区等；融合型城市创新生态空间主要包括大型科技城、具有科技创新功能的特色小镇和大学科技园等；服务型城市创新生态空间则主要包括各类创新服务平台，如孵化器、加速器、重点实验室、众创空间及其他研发办公室、非正式交流场所、服务场所等。城市创新生态空间不是一成不变，而且大小不一、层次不同，空间的分布特征代表了城市创新功能的连接和联系紧密程度，并没有定式可寻，单一城市中不同类型城市创新生态空间的排列组合构成了城市创新生态系统的骨架枝叶。

城市群创新生态系统是建构在城市群中起到极核枢纽作用的几个大城市创新生态系统之上的网络式组合和协同链接，是处于单一城市和区域空间结构之间的中观层面的创新生态系统。王兴平（2014）总结归纳了城市集聚区域"创新要素多区位、创新活动多区域、创新主体多层次、创新链条多环节"的"多尺度、跨政区协同"的空间布局特征。创新要素、创新活动、创新主体、创新链条等在城市群内部的集合和协同，能够极大地促进城市群涵养创新生态并提高创新能力，为区域创新提供强大的动力源。城市群创新生态系统按照空间结构大致可以划分为综合平台型城市群创新生态空间、极核枢纽型城市群创新生态空间、共建共创型城市群创新生态空间。一般而言，城市群创新生态系统是一个开放空间的概念，它既能够整合集聚城市群内部的创新资源，又能够联系城市群外部的创新元素，空间载体更为多样，且具有多个单体城市创新生态系统支撑，与城市创新生态空间相比，空间结构更为稳固，优质的创新生态空间能够积极发挥辐射和带动作用，促使城市群创新生态系统更好地为区域创新发挥效力。

二、相关理论基础

（一）知识溢出理论

知识溢出（Knowledge Spillover）理论源于知识的外部性。1890 年，英国经济学家马歇尔（Marshall）在其名著《经济学原理》中最早提出了外部规模经济和内部规模经济的概念，并提出了知识溢出对规模经济的重要作用。阿罗（Arrow，1962）在"干中学"模型中将技术创新内生化，认为在工作中积累的知识可以提高生产效率。罗默（Romer，1986）认为知识具有一个特殊的属性——溢出效应，知识的外部性是经济增长的主要动力。知识溢出可以克服边际收益递减的问题，从而实现规模报酬递增的可能。卢卡斯（Lucas，1988）在人力资本溢出模型中认为，知识的溢出主要来自专业化人力资本，而且具有规模报酬递增的性质，人力资本是实现知识溢出的决定因素。

从集聚经济和外部性的研究视角来看，产业集聚（Industrial Agglomeration）是导致知识溢出和创新产出地区差异的主要原因。马歇尔（1920）认为，产业集聚的本质是实现建立在外部性基础上的规模经济。波特（1990）提出了"产业集群"的概念，认为产业集群中不仅包括相同行业的企业，还包括具有竞争和合作关系的企业以及可以为企业服务的组织。王辑慈（2002）认为，产业集群是一组在地理位置上相靠近的具有相互联系的公司和机构，由于具有相似性或互补性而联系在一起。

结合区域创新研究，Hippel（2009）提出知识溢出与创新的空间分布理论：由于知识和技术在空间的传播时滞以及传播过程中的损耗，知识溢出具有随距离增加而衰减的特性。由于知识溢出存在空间局限性，产业集聚为此提供了便利。Lundvall（1988）指出，知识创造处于高度复杂、不断变化的形成过程中，这类知识的使用和传播是创新成功的前提，而产业集聚和市场应用起到了积极推动的作用。Glaeser（2007）将产业集群促进知识溢出和创新产出的机制描述为大量产业汇聚到同一地理空间，构建一个能够使知识迅速传递的环境，从而促进当地产业创新。因此，产业集聚通过促进区域内的知识溢出进而推动了当地产业创新，各地创新产出也因产业集聚得到发展。

（二）生态系统理论

创新生态系统除了拿生态系统进行概念"隐喻"外，重要的是应用生态系统理论研究创新生态系统的内涵、结构与功能。德国动物学家 Haeckel 将生态学定义为"研究动物与有机体和无机环境相互关系的科学"。生态系统是指共同栖居生活的所有生物群落与其自然环境之间基于物质循环、能量流动、信息传递而形成的相互作用、相互依存的统一整体。

生态系统一般由生物群落和无机环境组成（见图 2-1）。生物群落分为生产者、消费者、分解者三大生物群；无机环境包括生物生长所需的材料、水分、能源、热量，以及生物生存的物质基础和媒介。生产者在生物学分类上主要是固化能量、转化能量的植物，它们利用光合作用以及某些物质氧化还原反应合成有机物。消费者指以动植物为食的异养生物，消费者包括了几乎所有动物和部分微生物，它们通过捕食和寄生在生态系统中转化和传递能量。消费者分为初级消费者、次级消费者，其后还有三级消费者与四级消费者。分解者以各种细菌、真菌等微生物为主，将生态系统中的有机质分解成二氧化碳、水、盐类、其他有机物等可以被生产者重新利用的物质，完成物质循环。无机环境是生物栖息的所有外部环境，条件的好坏决定了生态系统的组成、运行状况和其中生物群落的多样性。无机环境与生物群落相互作用，生物群落在生态系统中既需要适应环境，又改变着环境的面貌，使其向适应生物群落生存发展的方向演化。

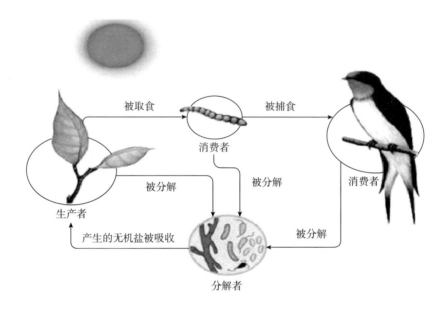

图 2-1　生态系统示意图

资料来源：笔者整理。

生态系统具备物质循环、能量流动、信息传递三大功能。物质循环是物质中的有机组成元素形成的周期循环。能量流动是生物群落在生存和发展中与无机环境形成的能量交换。信息传递是生物群落信息的交换、遗传和变异，从而引起生物做出的适应性变化，信息传递的过程伴随着一定的物质转化和能量消耗，同时也是生态系统均衡、运行、演化的重要部分。生态进化是一种协同进化，如果一个物种发生了进化性改变，先会影响直接相关物种的进化，进而不断拓展，引起相关物种的进化。

（三）协同创新理论

创新范式被划分为"创新 1.0、创新 2.0、创新 3.0"三个阶段，协同创新对应的是"创新 3.0"阶段。协同效应这一概念出自物理学，又被称为增效作用，是指两种或两种以上的元素或组成部分混合调配在一起所产生的作用大于各元素或组成部分单独应用时的作用总和。1971 年，德国物理学家赫尔曼·哈肯（Hermann Haken）与格拉汉姆（Graham）发表第一篇关于协同学（Synergetics）的文章。协同论之后被引入经济管理领域，认为经济社会的各个系统间存在着相互影响而又相互合作的关系，能够产生协同效应，简单地说，就是"1+1>2"的效应。

协同创新既包括开放式创新破除边界、资源渗透的开放属性，又包括封闭式创新对知识的保护和流动。Persaud（2005）提出，协同创新包括战略研发、控制管理、知识管理、创新能力的协同。Tian 等（2010）认为，协同创新能实现资源的整合优化。陈光（2005）认为，协同创新是企业发展中核心要素（技术与市场）与支撑要素（战略、文化、制度、组织、管理、资源等）的协同。陈劲和阳银娟（2012）认为，协同创新是为了实现重大科技创新，创新涉及不同主体开展的大跨度整合的创新组织模式。协同创新基于协同理论，不仅包含一个整体系统，还包括从无序、低级向有序、高级的演化过程，目的是将组织内各主体资源进行整合和互动，增加整体性的系统效能，以组织化形式产生源源不断的创新产出。

（四）创新"三螺旋""四螺旋"理论

遗传学家列万廷（Lewontin，1977）在研究基因和进化时，提出使用"三螺旋"的模型代表基因、组织和环境之间的关系，他提出生物体不仅适应环境，而且选择、创造和改变它们的生存环境，这种能力写入了基因。因此，基因、生物体和环境的关系，是一种"辩证的关系"，这三者就像三条螺旋缠绕在一起，基因和环境都是生物体的因，而生物体又是环境的因，因此基因以生物体为中介，又成了环境的因。受此启发，埃茨科威兹和雷德斯道夫（1997）提出了"大学—产业—政府"（University-Industry-Government，UIG）创新三螺旋模型（Triple Helix Model），即大学、企业、政府三者之间紧密协作，但又维持自己独立的地位和特色，协同推进创新绩效的螺旋式上升。

三螺旋模型由三个部门组成（见图2-2）：大学、科研机构等研发部门；高科技企业、大型企业集团等产业部门；政府部门。这三个部门不仅创造知识、经营生产、积累财富和政策协调，各部门之间的互动还衍生出一些新的作用和效能，最终建立起以知识为基础的创新型社会。在这一理论模型中，大学、企业、政府跨界融合的部分是创新系统的核心单元，是推动知识生产和传播的重要因素。

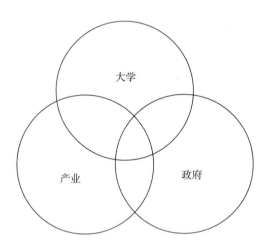

图2-2　"大学—产业—政府"三螺旋关系

资料来源：笔者整理。

创新模式随着技术发展不断演化，组织边界日趋开放，知识密集型企业加大了对更多多元化知识资源的需求。Leydesdorff 和 Etzkowitz（1998）将以用户群体为代表的"公民社会"引入创新模式，将"大学"扩展为"学术界"，形成了"学术界—产业—政府—公民社会"四螺旋创新生态系统模型。通过引入用户、社会力量参与创新过程，以"多元性""异质性"特点，促进形成私人利益和社会公共利益的新平衡，形成创新触发机制、可持续性竞争优势。

Hippel（2009）将"四螺旋"创新结构概括为"用户导向型创新"，消费者不再被动接受产品和服务，而是参与产品设计和生产，共同创造新的产品和价值。Carayannis 和 Campbell（2009）提出了以知识集群、创新网络、分形创新生态系统为核心组织模式的思想体系，并提出四螺旋模型的动力核心是"研究共同体"（见图2-3）。研究共同体更多考虑创新的整体社会价值，减少知识生产的价值观束缚，推动形成组织结构的"多节点""多形态""多层次""多主体"的多维聚合。

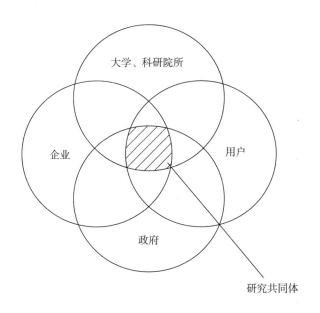

图2-3 创新四螺旋与研究共同体

资料来源：笔者整理。

（五）新熊彼特增长理论和演化经济学

新熊彼特增长理论创立于20世纪80年代，以熊彼特创新理论为基础，涉及创新管理学多学科的理论体系。新熊彼特经济增长理论将知识以及知识的形成、学习、溢出、重组过程中的内在机制作为区域发展的动力源泉。新熊彼特经济增长理论对新古典经济理论忽视的技术变迁、产业演化、竞争本质等问题进行深入思考论证，将传统静态生产要素的异质性、生产要素的动态集聚和产业结构关系的动态调整进行整合研究，强调区域、产业、企业的多样性和异质性，以及企业家的创新作用和创新管理的规模报酬效应，在更广泛和深入的层次研究区域经济的变化和增长。

Nelson（2002）将熊彼特的创新理论思想和达尔文的进化论结合起来，建立了经济演化模型，开创了演化经济学。"演化"（Evolution）一词的英文解释是一种事物向另一种更高级、更复杂、更好的事物渐进的过程。演化经济理论可解释为由创新及其所有效果产生的经济过程的变化以及经济系统对于变化的响应。经济演化沿着三条路径发展：技术演化→制度演化→文化演化。

近10多年来，经济地理学也不断引入以创新为基础的演化模型，形成了演化经济地理学（Frenken，2006），基于动态思维提出了区域产业演化路径、区域新发展模式的形成机制、区域协同演化和区域可持续化发展等新的领域。演化经济地理学重点观察微观企业，从经济空间的差异性和动态、历史的视角出发，分析技术与制度、企业发展与企业环境、经济系统与生态系统的空间演化规律。

（六）城市群和区域一体化理论

城市群和区域一体化理论都来自中心地理论。克里斯泰勒（Christaller，1933）首次提出了中心地理论，并系统分析了多个城市形成的城市群体的空间组织结构。戈特曼（Gottmann，1957）首次提出了"大都市带"的概念，并用"Megalopolis"来表示。大都市带以一个或若干个中心城市为核心，周边次中心城市和中小城市组成一个经济关联度较高的区域，具有经济枢纽和产业孵化器两大功能。城市之间的空间联系程度是城市群研究的重点领域之一，主要探讨城市群内外空间相互作用机制。

在城市群发展过程中，空间系统边界会发生变化，进而形成区域经济的一体化。弗里德曼（1966）是区域一体化理论的代表，其基本思想是经济增长并非同时出现在所有地方和部门，而是首先集中在某些具有创新能力的行业和部门，这些主导行业和部门通常集聚在大城市中心。弗里德曼（1966）将区域一体化分为四个阶段（见图2-4）：第一阶段是独立的地方中心阶段；第二阶段是单一强中心阶段；第三阶段是唯一强中心和边缘次级中心阶段；第四阶段是区域空间一体化阶段。区域经济空间一体化是一个系统演化过程，主要表现为空间形态一体化、市场一体化、产业一体化、信息一体化和制度一体化。

第一阶段：独立的地方中心

第二阶段：单一强中心

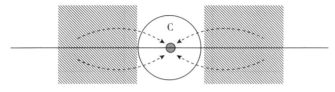

第三阶段：唯一强中心和边缘次级中心

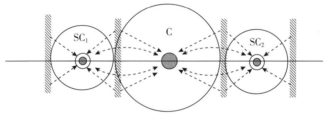

第四阶段：区域空间一体化

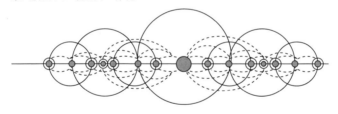

图2-4　区域一体化四阶段

资料来源：陈秀山，张可云．区域经济理论［M］．北京：商务印书馆，2010.

　　20世纪90年代以来，多中心城市区域（Polycentric Urban Regions）主导着欧洲的区域政策和空间规划。城市群越来越被视为构成全球科技创新和经济产业布局的主要载体，而非国家层面或单体城市层面（Porter，2003）。此外，随着交通、信息基础设施的发展，城市群之间不再是传统"中心—外围"模型的等级构成，而表现为功能互补、协同共生的网络化、生态化体系。

三、相关研究文献综述

（一）创新主体（物种）与结构

区域创新系统的概念提出以后，国内外学者普遍认为该系统包含企业、高校、科研机构、政府和服务机构等多个创新主体，各创新主体在创新过程中发挥了分工协作、取长补短的作用。

从创新结构上看，国内学者王昌林（2018）提出了"双创"生态系统分析框架，他认为创新生态系统是由创新机构、要素、结构、运行机制和环境构成的统一整体，可以形象地表述为创新创业生态系统＝机构/要素＋结构＋机制＋环境。黄鲁成（2003）提出，区域创新系统由若干子系统构成，包括创新主体子系统、创新基础子系统、创新资源子系统（人才、知识、技术、信息、资金等）和创新环境子系统（政策法规、市场和服务、管理体制等）。杨荣（2014）提出创新生态系统包括核心层、中间层和外围层三个层级。其中，核心层由创新主体组成，又分为创新的生产与扩散子体系和创新知识应用与开发子体系，分别由高校、科研机构和核心企业、用户等构成；中间层主要是创新支持机构，包括政府、金融机构、中介组织等；外围层类似于创新环境，包括基础设施、创新文化和创新激励机制等。

（二）创新要素（资源）与其配置

创新要素即区域创新生态系统中的"创新资源"，是物质循环、能量流动、信息传递三大功能的载体。根据最新的要素市场划分①，创新要素应包括人才、技术、资本、数据等方面。

人才是创新的第一要素。刘兵等（2019）认为，人才作为生产知识和技能的源泉，其合理配置对于区域创新生态系统具有关键作用。人才配置是指在经济发

---

① 参见 2020 年 3 月颁布的《中共中央　国务院关于构建更加完善的要素市场化配置体制机制的意见》。

展阶段、物力以及财力资源状况的基础上，使人才资源的需求和供给相协调的管理活动。何舜辉等（2017）研究了我国287个地级以上城市，运用莫兰指数和基尼系数分析创新在地理空间的集聚情况，并探析影响城市创新能力的影响因素，研究表明城市间人力资本对创新的影响作用最大。

技术是创新的核心要素。赵昌文等（2009）认为，科学技术具有公共性、效益外部性、不确定性和风险性，社会效益大于私人效益。陈伟等（2010）提出，从创新链的研究出发，可以将区域科技创新系统分为技术研发和技术应用两个子系统。

以风险投资、股权融资为代表的创新资本为创新活动提供了资金支持和科技成果转化保障。Saridakis（2017）详细调查了不同类型的风险投资家与创新生态系统其他参与者（如大学孵化器、研究机构和商业支持组织）之间的关系。结果表明，两个看似相似的专业群体（私人和公共风险投资家）内部存在显著差异，一个基金对公众的依赖程度越高，它与创新系统的其他参与者的互动就越多。

数据要素是区域创新构成生态系统的基础要素。范恒山（2019）提出促进区域创新发展新格局必须高度重视数字技术、数字经济的发展。数字技术、数字经济发展成为推动区域经济发展的新动能和有力支撑，能显著改变区域经济格局并促进地区智慧化转型，未来区域发展的状况，在很大程度上取决于运用数字技术的能力和数字经济发展的状况。应强化区域数字基础设施建设，形成先进、融合、开放、绿色的数字功能运行系统，实现数字产业化和产业数字化，通过融合发展形成新业态、新产业、新技术、新模式。

国内外关于创新要素（资源）配置机制的研究较少，目前的研究主要是宏观层面的科技资源配置。曾国屏等（2013）提出，创新系统研究应从关注要素构成和资源配置的静态分析，演变到更加强调各创新主体间动态的交互作用分析。目前关于创新资源配置机制的研究主要包括研发政策、科技计划、知识产权保护与管理、产学研合作等方面。研发政策方面，庄涛和吴洪（2013）提出，政府的补助对企业创新行为的影响是正面的，能够促进科学与技术的合作和转化，引导企业从事基础性但风险高的科研项目，特别是在一些关系国计民生的创新性研究项目中迫切需要发挥政府的主导作用；科技计划方面，葛春雷和裴瑞敏（2015）在借鉴分析德国科技计划后，认为科技计划体系是科技创新体系的重要组成部分，并对德国的创新起到了积极推动作用；知识产权保护与管理方面，美国早在20 世纪 80 年代就把知识产权作为国家发展战略的一项重点举措，并强调了专利密集型产业对美国经济增长的贡献。

（三）创新环境与其营造

创新环境是包含市场环境、法治环境、文化环境在内的宏观创新环境，也可以将创新环境与营商环境进行比较分析。

国外学者一般认为，创新环境包含了政府资金支持、政策引导、基础设施建设、金融自由度、人文环境、创新文化等多个方面，是一个包罗万象的概念，既会直接影响创新产出，又会通过影响创新主体间接影响创新产出。Yadav 和 Pav-lou（2014）认为，创新环境既有外部环境又有内部环境，外部环境主要包括市场环境与宏观环境。

国内学者对创新环境、创新制度因素进行了全方位研究。黄鲁成（2003）将区域创新系统分为创新复合组织和创新复合环境，其中创新复合环境包括了创新网络、基础设施、制度基础等内容。傅界芳和朱斌（2004）将创新生态环境细化为内部创新生态环境和外部创新生态环境两部分，其中内部创新生态环境是指一定地理单元内对创新活动有影响的条件，包括政府政策、创新基础设施和创新人文环境；然而外部创新生态环境是对集群创新活动有直接或间接影响的环境要素的总和，包括经济环境、科技环境和社会人文环境等。

（四）创新生态系统的空间效应

知识溢出及空间效应是区域创新系统形成的源泉。Anselin（1988）最早提出了关于知识溢出的空间相关模型，之后一些学者证实创新活动在地理空间上具有衰减性。Moreno 等（2005）在实证研究了技术创新的空间布局后发现，相邻区域的知识溢出对本地的创新绩效具有显著正效应，并提出知识溢出覆盖范围的半径是 250 千米。Lim（2003）通过分析 1990~1999 年美国都市圈专利数据，研究区域内部的知识溢出和区域之间的知识溢出对创新活动空间分布的影响，运用空间计量方法测算了对区域创新绩效的作用机制：创新活动集中在少数的几个都市圈内，这些都市圈存在知识溢出现象。

区域创新生态系统与自然生态系统是对应的，但也有差异。Bloom 等

（2008）认为，创新生态系统主要包括两部分：参与者与环境因素。参与者主要分为单个的企业个体、与企业相关的行业组织两类，环境因素则包括体制规范、法律的制约与市场活跃度等。Judy和Estrin（2008）则认为，创新生态系统分为两个层次，一是研究、开发、应用的核心产出创新的过程，二是影响创新产出的各类软因素，如文化、教育。

Collins等（2015）构建了一个澳大利亚本地设计和创业生态系统，抓住如何将"创造力"嵌入澳大利亚的中学和大学教育，推动下一步的产业创新和发展。Gamidullaeva等（2018）将创新生态系统概念与区域创新发展的中介方法相结合，在国际实践中，信息技术和数字技术的积极发展，促进了新型创新中介机构的逐步出现。国内学者赵黎明等（2002）认为，创新系统以城市为中心，包括各种创新要素和协调要素之间形成的制度和环境。苏方林（2006）和吴玉鸣（2007）也通过实证分析发现，空间距离是创新溢出的反向影响因素，在其影响下，创新溢出不仅有边界，还具有衰减特征。

（五）城市群和城市群协同创新

对城市群的研究最初来源于地理学，最先从空间角度探索，进而发展到结合经济学、科学学等领域，结合要素结构、发展模式等角度进行研究。Henderson（1974）基于Alonso的城市内部结构模型框架，建立了城市体系（城市群）形成的静态模型。国内学者最早是对我国各个城市群开展范例研究。阎小培等（1997）重点探讨了珠海、香港、澳门三角城市群的形成机制以及国际环境、区位条件、人才、资金优势和交通网络等。吴良墉（2001）认为，科技的发展和进步是推动区域工业化和城市化进程的主要力量。童中贤等（2010）认为，城市群的竞争力包括先天竞争力、现实竞争力、成长竞争力，这些竞争力是单个城市所缺乏的，可以在系统合作中不断发展。

进入21世纪，许多学者将协同创新与城市群发展相结合，关注对城市群协同创新的探索。Meijers（2007）以协同理论与经济网络理论为基础，研究发现城市群的本质是协同，能够产生"1+1+1>3"的协同效应，获得单体城市无法获得的规模优势。Bettencourt等（2007）分析指出，各类基础设施可以促进城市间创新要素流动，促进创新效应扩散，获得知识溢出效应。国内学者多从城市群协同创新的影响因素、构成、作用机理及评价方面进行研究。庄士成和朱洪兴

（2007）提出，要实现城市群的协同发展，以基础制度环境、规划和政策、制度实施机制等为主的区域合作机制是关键。李琳和戴姣兰（2016）认为，城市群协同创新的驱动要素包括创新比较优势、创新要素流动、创新网络形成，三者的协同交互作用形成了城市子系统的有序流动。

（六）区域创新生态系统的相关实证研究

Anselin 等（1997）在空间计量模型的改良中，引入空间滞后变量，用动态空间面板回归方式进行实证研究，结果显示知识溢出主要取决于创新主体。Funke 和 Niebuhr（2005）对 1976~1996 年西德功能区的数据进行实证研究，测度了区域研发投入强度和知识溢出对劳动生产率的影响，发现邻近区域的知识溢出对本地区的劳动生产率有显著提升作用。国内学者对知识溢出和创新空间联系的研究相对较晚，但近年来成为区域经济、经济地理领域的一个重要领域。

周青和陈畴镛（2008）实证研究了区域技术创新生态系统的适宜度，结果表明我国东部地区的技术创新生态系统适宜度较高，西部地区较低，中部地区居中。刘洪久等（2013）从创新群落、创新资源和创新环境三个方面构建了区域创新生态系统适宜度的评价指标体系；采用生态位评估模型，比较了苏州市与江苏省内其他主要城市以及长三角发达城市的创新生态系统适宜度，定量分析了适宜度、生态因子与经济产出之间的关系。

刘顺忠和官建成（2002）运用 DEA 方法分析我国各省份创新资源配置状况对创新效率的影响，提出应关注财政对创新投入的使用效率，注重创新系统内不同主体的信息交流，提高知识溢出效应。李佳颖（2019）基于密切值法构建了区域创新生态系统健康评价指标体系，对我国区域创新生态系统健康性进行评价：我国区域创新生态系统健康性发展不平衡，北京、广东和江苏位于前三名，东部地区明显好于西部地区，系统交互性差异较大。陈瑜和谢富纪（2012）在研究光伏产业发展中，引入生态学中的 Lotka-Volterra 模型，模拟分析了我国光伏产业生态系统的演化过程，推理得到系统的稳态平衡点。刘钒等（2019）基于改进生态位适宜度模型的区域创新生态系统健康评价研究，提炼出创新生态系统具有多样性、开放性、协同性、演进性、可持续性等特征，从特性角度构建了区域创新生态系统健康性评价体系，认为我国区域创新生态系统健康度不平衡状况仍在加剧。

四、相关文献述评

总体上看，目前大部分有关创新生态系统和区域创新生态系统的研究，主要集中于概念、内涵、组成结构、特征机制、绩效影响因素以及空间溢出效应，其组成结构、运行机制、动态演化路径、创新绩效差异也是很多学者研究的重点。创新主体之间、创新主体和创新要素之间、创新主体和创新环境之间的共生、协调（或协同）、自组织、演化等特征已经得到充分论证，这些相互作用关系、对区域创新能力和绩效的影响也在部分空间范畴得到验证。

然而，这些研究多从案例出发，理论基础较为分散，缺乏共同的系统性、权威性理论架构；现有研究对于区域创新生态系统的空间界定范围不够明晰——区域创新生态系统应该界定为单体城市、城市群还是一个微观的产业园区，学界对此没有统一；即使聚焦在城市群范畴的区域创新生态系统，其形成机制、生态特征、运行机制、运行效果、空间效应的研究尚未形成清晰的体系化。此外，关于区域创新生态系统的研究缺乏符合实际的具体分析场景，从而也缺少对我国城市群范畴的区域创新生态系统实践意义和实践价值的延伸，进而形成切合实际的政策启示。

数字经济的兴起在企业界形成了产业生态系统的研究范式，在新的技术背景下，区域创新系统也在向区域创新生态系统发生转变，那么这时候创新主体、创新要素、创新环境在创新生态系统中分别发挥什么样的作用？创新生态系统的特征机制或运行机制应该包括哪些方面？区域创新生态系统的建立能否提升区域创新效率和创新绩效水平？目前我国已经形成了以长三角和粤港澳大湾区（珠三角）为代表的城市群，在区域创新生态系统建设中存在哪些优势和短板？这些问题有待回答。

另外，由于实践产生的数据有限，对我国区域创新生态系统的经验研究、比较研究也较为有限，从而忽视了具体创新实践对区域创新生态系统形成、演化和成效的分析；在空间范畴上，目前主要以省域为计量单元研究全国范围的知识创新及其溢出效应，或者以地级市统计数据建立指标分析框架，角度要么过于宏观，要么站在政府的层面，难以反映微观主体的现实情况。而区域创新生态系统是由企业、高校等创新主体产生，联合产业链创新链上下游节点形成平台网络，进而对外界空间扩散形成的，其形成和运行的方式总体是由点及线带面的，将创新种群、创新要素、创新环境等纵向的创新生态系统组成部分放在某个具体的城市群单元中的研究目前还比较缺乏。尤其长三角和粤港澳大湾区（珠三角）是由微观主体自发形成的城市群创新生态系统，在新一轮科技革命特别是数字技术推广的新时代，区域创新生态系统会有哪些新的特征？其运行机制、运行效果、空间效应如何？这些问题，本书将在第三章至第八章试图解析回答。

第三章
我国区域创新生态系统的发展现状

新一轮科技革命和产业变革同我国提出的"以创新驱动推动高质量发展"历史性交汇，势必引起区域创新格局的重塑。从国内外创新驱动发展变迁和我国区域发展模式转变的现实情况看，遵循创新区域高度集聚的规律，形成具有科技创新策源功能、具有引领示范带动效应的区域创新高地，是我国区域经济发展的现实需要。区域创新生态系统是我国区域创新驱动发展到一定阶段的产物，结合我国已经形成的两个最成熟的创新城市群——长三角城市群和粤港澳大湾区的创新实践，构建我国区域创新生态系统，是解决区域创新发展问题的一把钥匙。

一、 区域创新驱动发展的变迁和演化特征

技术演进论领域的学者认为技术革新是经济长期波动的主要起因。每次科技革命和产业变革都衍生出经济范式的调整。新旧经济范式变迁的过程是打破常规建立新范式的过程，也是经济增长新旧动能转换的过程。一方面，新的科技革命往往会释放全要素生产率从而提升潜力，创造出前所未有的市场需求；另一方面，新的经济范式也会带来制度和管理的大幅改变，逐步扩散到整个经济体系。

根据迈克尔·波特国家竞争力的四阶段理论，区域经济会表现出一定竞争优势的发展阶段。波特提出，竞争优势分为生产要素驱动（Factor-Driven）阶段、投资驱动（Investment-Driven）阶段、创新驱动（Innovation-Driven）阶段和财富驱动（Wealth-Driven）阶段。其中，在创新驱动阶段国家和企业持续的创新

能力成为源源不断的经济增长动力，竞争优势从生产成本转至生产效率。根据波特提出的第二次世界大战后世界主要发达国家区域经济发展模式的演变路径来看，各国都正在进入或朝着创新驱动的发展模式转变（见图3-1）。

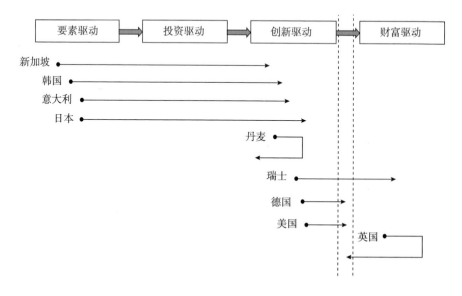

图3-1　"二战"后世界主要发达国家发展模式变迁

资料来源：参考迈克尔·波特. 国家竞争优势［M］. 李明轩，邱如美，译. 北京：华夏出版社，2002 制作而成。

以 2008 年全球金融危机的爆发为分水岭，世界经济进入了一个大调整、大变革、大转型的新时期。一方面，原有的经济动能趋于消退，传统产业步履维艰，世界全要素生产率（TFP）持续下降，引发全球经济的持续低迷；另一方面，技术创新引领的新一轮科技和产业革命加速发展，以下一代互联网、物联网、大数据、人工智能、区块链等数字技术，推进产业数字化改造，赋能工业互联网、智能制造、智能服务、智慧城市等新产业、新业态，加快发展数字产业等创新型产业；同时，生物技术、临床医学、新能源、新材料等领域技术进步带来产业的创新迭代，培育壮大经济发展新动能、抢占未来发展高地成为区域发展的优先选择。

尚勇敏（2016）在梳理分析我国 42 个典型地区区域经济发展模式（包括珠江模式、苏南模式、温州模式、深圳模式等）后，从要素、制度、关系（资源驱动与人力资本驱动、政府与市场关系、内生型与外生型）三个维度入手，探讨我国区域经济的发展模式演化与变迁。分析认为，1987～2012 年我国区域经济各典型模式总体由"资源—政府—内生型模式"向"人力资本—市场—外生型模式"演变。2012 年以后，我国大多数典型地区进入工业化后期阶段，长三角、珠江三角洲（珠三角）等地尤其是上海、深圳、杭州、苏州、东莞等经济发达的地区，体现出创新要素驱动而非传统自然资源驱动的特征，已经逐步从传统要素驱动、投资驱动发展模式转向创新驱动发展模式。这既是我国区域经济发展模式演变的客观反映，又是未来我国区域经济发展的方向，即加强技术、人力资本、知识、数字化转型在经济发展中的作用。我国典型区域发展模式的经济发展阶段演化如表 3-1 所示。

表 3-1　我国典型区域发展模式的经济发展阶段演化

时间	要素、投资驱动阶段			创新驱动阶段
	工业化初期	工业化中期	工业化后期	
2012 年	—	—	苏州、东莞、天津、西安、长沙、重庆、泉州	上海、深圳
2007 年	—	长沙、重庆、泉州、东营	上海、深圳、苏州、东莞、天津、温州、西安	—
2002 年	东莞、重庆、泉州	天津、苏州、温州、东营、西安、鄂尔多斯、长沙	上海、深圳	—
1997 年	东莞、鄂尔多斯、重庆、泉州、温州	深圳、天津、苏州、东营、西安、长沙	上海	—
1992 年	苏州、东莞、东营、温州	上海、深圳、天津、西安、长沙	—	—

资料来源：综合尚勇敏．绿色、创新、开放：中国区域经济发展模式的转型［M］．上海：上海社会科学院出版社，2016 等资料整理。

理论上讲，各地区同为依靠资本、劳动力、土地等传统生产要素投入驱动的工业化阶段，要素投入边际报酬递减使得各地区发展差距趋于收敛，但当发达地区进入后工业化时期和创新驱动发展阶段，高素质人才和创新要素聚集使得边际报酬递增，经济持续发展的动力加快。随着创新驱动和新旧动能转换在区域经济发展中的作用日益增强，我国区域发展差距将由硬件基础设施、居民收入、传统产业等领域转向科技创新、高新技术产业、公共服务等创新领域，发展差距主要由经济规模上的差距转变为发展质量和效益上的差距。在此背景下，实施区域经济转型、加速向创新驱动发展模式转变成为区域经济中重要的内容之一。

与传统工业化发展阶段比较，创新驱动发展模式有五个明显的演化特征：

第一，技术特征：从工业化到数字化。数字化、网络化、智能化进程的快速发展，以计算、连接、交互、安全为代表的信息技术在经济社会发展各领域、各环节深化应用。经济发展的创新驱动源于数字技术和新能源、新材料、智能制造、低碳、生物等新产业的全产业链推广运用、交叉融合。

第二，经济特征：从以规模扩张为特征转向以高质量发展为特征。新产业、新业态、新模式对 GDP 增长的贡献度越来越大，产品与产业也需要重新理解和定义，其中数字经济成为创新和生产力增长的主要动力。与工业经济的大规模标准化追求不同，以追求全产业数字化改造后的乘数效应为目标。

第三，要素特征：从传统生产要素到创新生产要素。转变过去人力、土地、资本三大生产资源的生产力要素结构，形成以人才、技术、知识、数据（信息）为主要创新要素的生产力结构。资源配置的重心从研发环节为主转向产业链、创新链多节点统筹配置，创新群体从以科技人员的小众为主向小众与大众创新创业互动转变，形成创新要素投入和创新产出迭代的良性循环。

第四，文化特征：从工业文明到信息文明。互联网时代拥有的开放、平等、协同、共享等文化特质，在创新驱动发展阶段中，创新文化对经济发展的推动作用将得到充分体现。

第五，发展模式特征：从价值链到生态圈。价值创造不再仅仅依靠每个环节的成本节约和产出比，而是通过多点交互的网络架构，通过平台化对接、定制化生产、精准化服务，实现创新资源的合理配置，形成完整的产业生态。这就要求革故鼎新，采取与过去单一化、规模化、粗放式发展模式完全不同的框架体系，构建企业为主体、市场为导向、政府为引导、科研机构为依托、社会公众全面参与的多元化、开放式、更富弹性的创新生态体系，充分发挥产学研用协同融合的创新生态系统优势。

二、我国区域创新驱动发展的实践与经验

2012 年，党的十八大提出实施"创新驱动发展战略"，强调科技创新是国家的战略支撑；党的十九大明确了实现社会主义现代化的目标和路径；党的十九届五中全会进一步确定把推动科技创新、实现高质量发展摆在了全国和区域发展的核心位置，转变经济发展方式、实现创新驱动发展成了我国经济社会发展的首要任务。

从全球角度看，在过去 20 年中，全球科技投资、教育投资和人力资本投资格局发生了重大变化。根据康奈尔大学、欧洲工商管理学院和世界知识产权组织发布的《2018 年全球创新指数》报告，全球研发支出持续上升，在 1996 年至 2017 年增加了一倍多。这 20 年，我国不断增加研发投入，经济创新能力持续增强，从 1996 年仅占全球研发支出的 10% 增加到 2017 年的 24%。以国际通用衡量创新发展的指标 PCT（Patent Cooperation Treaty）国际专利申请量为例，2019 年我国首次超过美国，跃居全球第一（见图 3-2）。《2020 年全球创新指数》报告中的全球创新指数榜单显示，在全球 131 个经济体中，我国在 2016 年跻身前 25 名，2019 年又大幅前进到第 14 位，是中等收入经济体中唯一进入前 30 位的国家。

对比我国与世界发达国家和地区的创新投入强度（一般用研发支出占国内生产总值的比重衡量），尽管近 20 年来我国创新投入强度有了很大提高，研发经费支出占 GDP 的比重从 2000 年的 0.89% 提高到 2018 年的 2.14%，接近经济合作与发展组织（OECD）成员国 2.38% 的平均水平，但是与美国、日本还有较大差距。特别是日本、韩国在 2000 年之后，纷纷建立产业复兴和面向未来的科技战略，创新投入强度迅速提高，与我国的差距明显拉开（见图 3-2）。尤其是韩国在 2010 年后发力科技创新，创新投入强度由 2010 年的 3.47% 提高到 2018 年的 6.07%，成为全球创新投入强度较高的国家之一，我国与韩国的差距也由 2010 年

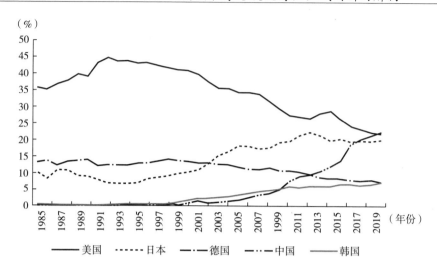

图 3-2　主要国家 PCT 专利申请数量占全球比重

资料来源：Wind 数据库。

的 1.76 个百分点拉大到 2018 年的 3.93 个百分点（见表 3-2）。

表 3-2　我国与世界发达国家和地区研发支出占国内生产总值的比重　单位：%

年份	中国	美国	日本	韩国	OECD 成员国
2000	0.89	2.62	2.96	2.18	2.10
2005	1.31	2.51	3.18	2.63	2.12
2010	1.71	2.74	3.14	3.47	2.25
2015	2.06	2.79	3.29	4.23	2.31
2018	2.14	2.83	3.44	6.07	2.38

资料来源：笔者根据《中国统计年鉴》以及 OECD 数据库整理。

空间形态上的集聚集群式发展符合科技创新发展的一般规律。《国家中长期科学与技术发展规划纲要（2006—2020 年）》中提出，要推进建设区域创新体系，目标是加速集聚区域创新资源、持续优化区域创新环境、稳步提升区域创新能力、发挥区域科技对经济社会的支撑引领作用，实现区域转型发展。2016 年《国家创新驱动发展战略纲要》中提出："聚焦国家区域发展战略，以创新要素的集聚与流动促进产业合理分工，推动区域创新能力和竞争力整体提升。"

"十三五"时期（2016～2020年），我国大力加强区域创新能力建设，充分发挥地方在区域创新中的主体作用，引导创新要素聚焦流动，充分发挥高校和科研院所密集的中心城市、国家自主创新示范区、国家高新技术产业开发区的引领作用，构建一批各具特色的区域创新高地，区域创新发展新引擎初步形成。

（一）建设科技创新中心

科技中心的转移是经济中心变迁的前奏，科技创新中心是建设创新型国家的先锋。我国提出将北京、上海、粤港澳大湾区等地建设成为具有全球影响力的国际科技创新中心，在重大科技基础设施、世界一流学科、创新型人才、产业创新链建设、体制机制创新改革等方面迈出坚实步伐。本书聚焦长三角和粤港澳大湾区两个区域，下面总结上海和粤港澳大湾区的主要做法。

1. 上海

国家对上海科技创新的定位是持续增强上海创新策源能力，加快创新链与产业链的融合，推进创新生态的优化，发挥在长三角区域一体化发展中的头雁作用。上海推动建设张江综合性国家科学中心，建设国家智能传感器创新中心、全国首个人工智能创新应用先导区等，推进建设集成电路、人工智能等高新产业协同创新网络；"科创板"于2019年6月在上海证券交易所开板，科技金融服务企业作用进一步发挥。截至2019年末，上海已累计引进跨国公司地区总部720家，研发中心461家；办理外国人工作许可证78632份；战略性新兴产业增加值6133亿元，占全市GDP的16.1%。

2. 粤港澳大湾区

粤港澳大湾区国际科技创新中心加速建设，共同建设开放型区域创新生态系统（具体分析将在后文展开）。粤港澳大湾区中心城市以外的区域也开始布局了一大批重大科技基础设施，位于东莞的散裂中子源基地于2018年8月投入运行；位于江门的中微子实验站按计划突进建设；位于惠州的强流重离子加速器于2018年开工建设。完成了综合性国家科学中心顶层设计和统筹规划，提前启动材料基因组、脑解析与脑模拟、合成生物学重大科技平台建设。2019年，广东R&D经费超过2800亿元，同比增长约15%，占GDP比重达2.8%。

（二）发挥国家高新技术产业开发区和自主创新示范区作用

1988年5月，国务院开始批准建立国家高新技术产业开发区，通过实施高新技术产业的改革发展政策，着眼于把科技成果转化为现实生产力，在区域经济新旧动能转换、新的区域增长极培育方面发挥了重要作用。"十三五"时期，我国大力推动国家高新技术产业开发区和国家自主创新示范区建设，截至 2019 年，我国已设立 19 个国家级新区，169 家国家级高新技术产业开发区（包括苏州工业园区）；先后设立 21 个国家自主创新示范区，包括北京中关村国家自主创新示范区、武汉东湖国家自主创新示范区、上海张江国家自主创新示范区、深圳国家自主创新示范区（以城市为基本单位）、江苏苏南国家自主创新示范区（以城市群为基本单元，由 9 个国家高新技术产业开发区组成，横跨南京、无锡、常州、苏州、镇江 5 个国家创新型试点城市）、天津国家自主创新示范区、湖南长株潭国家自主创新示范区（包括长沙高新技术产业开发区、株洲高新技术产业开发区、湘潭高新技术产业开发区）、成都国家自主创新示范区、西安国家自主创新示范区、珠三角国家自主创新示范区（含广州、珠海、佛山、惠州仲恺、东莞松山湖、中山火炬、江门、肇庆 8 个国家高新区）、郑洛新国家自主创新示范区、山东半岛国家自主创新示范区、沈大国家自主创新示范区、福厦泉国家自主创新示范区、合芜蚌国家自主创新示范区和重庆国家自主创新示范区等。经过多年发展，国家高新技术产业开发区和自主创新示范区成为创新驱动发展的空间样板。2018 年，国家高新技术产业开发区研发经费达 7456 亿元，研发人员达 258 万人，主营业务收入达 34.6 万亿元；国家高新技术产业开发区拥有高新技术企业 6.3 万家，技术收入 3.9 万亿元，占高新技术企业主营业务收入比例达 10% 以上。[①]

（三）推进全面创新改革试验

改革开放 40 多年来，我国的制度环境主要适应要素驱动、投资驱动的发展模式，要推动经济社会发展向创新驱动转变，需要进行一次系统性的改革调整。2015 年，《关于在部分区域系统推进全面创新改革试验的总体方案》印发实施，国家选择 1 个跨省级行政区域（京津冀）、4 个省级行政区域（上海、广东、安徽、四川）和 3 个省级行政区域的核心区（武汉、西安、沈阳）作为全面创新改革试验区域。其中，京津冀的改革试验主要着眼于协同发展，上海着眼于长三

角城市群核心区域率先创新转型，广东着眼于深化广东、香港、澳门创新合作。系统推进全面创新改革试验，是统筹产业链、创新链、资金链和政策链的关键举措，国务院授权 169 项改革任务，调动了相关区域主动推进创新改革探索的积极性，在市场公平竞争、知识产权、科技成果转化、金融创新、人才培养和激励、开放创新、科技管理体制等方面取得重大改革突破，在探索发挥市场和政府作用、促进科技与经济深度融合、激发创新者动力和活力、深化开放协同创新等方面迈出实质性步伐。

从我国区域创新驱动发展的实践看，顺应创新驱动趋势的产业、区域、企业加速发展，反之则遇到了空前的困境。在东部主要城市群和中西部的一些中心城市，以战略性新兴产业为主的高技术产业成为拉动经济增长的主要引擎。广东和北京高技术制造业对当地规模以上工业收入增长贡献率分别达到 55%、78%；深圳七大战略性新兴产业增加值占 GDP 比重从 2010 年的 28.2% 增加到 2019 年的40% 以上；上海新增就业主要来自新兴行业，新产业、新模式、新业态对长三角地区的辐射带动作用日趋明显。这些地区对全国乃至全球创新资源已形成较强的吸引能力，形成了世界级的集群效应。首都科技发展战略研究院和中国社会科学院城市与竞争力研究中心联合发布的《中国城市科技创新发展报告 2019》对我国 289 个地级及以上城市的科技创新发展水平进行测度与评估，北京、深圳、上海、广州、南京、杭州、苏州、武汉、西安、珠海位列前十。

根据吴贵华（2020）的研究，按照科技创新投入、科技创新产出、科技创新环境的评价方法，我国创新能力最强的 15 个城市分别为：北京市、深圳市、上海市、南京市、广州市、杭州市、合肥市、武汉市、西安市、苏州市、天津市、珠海市、东莞市、佛山市、中山市。这 15 个城市除西安市、武汉市外，均位于东部沿海地区三大城市群内，具体是 2 个在京津冀城市群、5 个在长三角城市群、6 个在粤港澳大湾区，形成了以三大国家级城市群为基础，上海、北京、深圳三大高创新水平城市群创新中心为核心，边缘城市环绕的"团簇型"区域创新空间格局。这种以极点城市辐射带动周边功能城市的空间形态，是典型的城市群发展模式。

三、长三角和粤港澳大湾区的区域创新生态系统发展现状

相较而言，京津冀城市群的市场化程度低于长三角城市群和粤港澳大湾区（珠三角城市群），其产业聚集与发展更多的是政府主导下以行政规划的方式形成的（张贵祥、文魁和祝尔娟，2016）。长三角城市群和粤港澳大湾区（珠三角城市群）具有较为完备的产业基础和较高的市场化机制，是我国经济最活跃的地区。从直观感受来看，在大量市场化的创新要素加速集聚的基础上，长三角城市群和粤港澳大湾区（珠三角城市群）正在形成国际级的科技创新高地，区域创新生态系统已经初具雏形。实际上，国内学界将长三角城市群和粤港澳大湾区（珠三角城市群）作为研究区域创新系统和城市群协同创新最多的对象，如王辑慈（2001）、刘洪久等（2013）、吕薇（2014）、蒋伏心（2015）、高欣（2017）、周灿等（2017）、辜胜阻（2018）、范恒山（2018，2020，2021）、许培源等（2019）、陈美玲（2019）、武翠和谭清美（2020）的研究。

下面本书将从长三角城市群和粤港澳大湾区（珠三角城市群）两个城市群出发，解构两大城市群区域创新生态系统的发展概况、主要做法，并与美国旧金山湾区、日本东京湾区两个国际上发展较为成熟的区域创新生态系统进行对比，试图从实践现状中寻找我国两大城市群创新生态系统发展中面临的共性短板。需要说明的是，尽管本书研究的长三角城市群和粤港澳大湾区（珠三角城市群）各具自身特色化优势，一定程度上不具有推广全国的普适性，但作为分析我国特色的区域创新生态系统，是最具有典型性和代表性意义的。

（一）长三角城市群

长三角地区是公认的我国区域经济最具活力、开放程度最高、创新能力最强、吸纳外来人口最多的区域。长三角地区三省一市（江苏省、浙江省、安徽省、上海市）地域面积35.8万平方千米，常住人口2.4亿人（2020年），拥有全国3.6%的土地面积和16%的常住人口（不包括香港、澳门、台湾数据），

2019 年贡献全国 24% 的国内生产总值。由于地域相邻、文化同源，加上便捷的交通网络，长三角地区合作开发较早，经济联系紧密，区域内主要城市间已经形成 1 小时经济圈，长三角城市群成为国际公认的世界六大城市群之一。

1. 长三角区域合作历程

长三角区域合作发展最早可以追溯到 1982 年，国家提出了"以上海为中心建立长三角经济圈"的概念和构想，但由于改革开放初期长三角地区发展很不均衡，这个构想没有很快成形。上海浦东开发开放的浪潮掀起后，1992 年，长三角地区建立了包括 15 个城市的经济协作办主任联席会议制度。进入 21 世纪，长三角的区域合作进入快速发展时期。2001 年，上海、江苏、浙江两省一市建立了"沪苏浙经济合作与发展座谈会"制度；2004 年，三地开启了"主要领导座谈会"制度，由长三角各省市轮流主办；2008 年，《国务院关于进一步推进长江三角洲地区改革开放和经济社会发展的指导意见》印发实施，从国家层面提出了全局性、战略性的发展原则、目标和要求，提出"进一步推进长三角地区改革开放和经济社会发展，有利于推进区域经济一体化，提高自主创新能力和整体经济素质；有利于增强对中西部地区的辐射带动作用，推动全国区域协调发展；有利于提高开放型经济水平，增强我国国际竞争力和抗风险能力；有利于推进体制创新，促进建立健全充满活力、富有效率、更加开放的体制机制"。

2018 年 11 月，习近平同志宣布，支持长江三角洲区域一体化发展上升为国家战略。2019 年 12 月，《长江三角洲区域一体化发展规划纲要》实施，规划范围包括上海市，江苏省南京、无锡、常州、苏州、南通、扬州、镇江、盐城、泰州，浙江省杭州、宁波、温州、湖州、嘉兴、绍兴、金华、舟山、台州，安徽省合肥、芜湖、马鞍山、铜陵、安庆、滁州、池州、宣城 27 个城市，将长三角地区定位为"一极三区一高地"："全国发展强劲活跃增长极、全国高质量发展样板区、率先基本实现现代化引领区、区域一体化发展示范区、新时代改革开放新高地"。

《长江三角洲区域一体化发展规划纲要》高度重视创新在区域发展中的引领作用，提出"着力推动形成区域协调发展新格局，着力加强协同创新产业体系建设，着力提升基础设施互联互通水平，着力强化生态环境共保联治，着力加快公共服务便利共享，着力推进更高水平协同开放，着力创新一体化发展体制机制，建设长三角生态绿色一体化发展示范区和中国（上海）自由贸易试验区新片区，努力提升配置全球资源能力和增强创新策源能力，建成我国发展强劲活跃增长极"；提出"推动科技创新与产业发展深度融合，促进人才流动和科研资源共享，整合区域创新资源，联合开展卡脖子关键核心技术攻关，打造区域创新共同体，共同完善技术创新链，形成区域联动、分工协作、协同推进的技术创新体系"。在主要任务中，明确提出"加强科技创新前瞻布局和资源共享，集中突破一批卡脖子核心关键技术，联手营造有利于提升自主创新能力的创新生态，打造全国原始创新策源地"。

2. 长三角区域创新生态系统的现实基础

（1）区域创新能力强，科技创新成果丰硕。长三角地区 2019 年人均 GDP 达 10.4 万元，相当于全国的 1.5 倍；2014~2018 年，长三角地区研发投入合计达 2.4 万亿元，占全国比重高达 30%；2020 年，长三角城市群研究与试验发展（R&D）经费投入超过全国的 30%，研发投入强度（R&D 经费占 GDP 的比重）达到 2.84%，比全国平均的 2.4% 高出 18%，约为 2018 年美国的水平；其中，上海、南京、苏州、无锡、杭州、合肥研发强度均超过 3%。从发明专利上看，2008~2020 年，长三角地区发明专利授权量快速增长，占全国比重从 12% 大幅提升至 28%，2020 年，长三角城市群共取得发明专利授权 115 万件，占全国 32.7%；获得国家科技成果奖 137 项，占全国 51.89%。从高新技术产业看，2020 年，浙江、江苏、安徽高新技术产业增加值分别占其规模以上工业增加值的 59%、47%、44%，位居全国前列；规模以上工业中，战略性新兴产业产值/增加值占其规模以上工业产值/增加值的比重分别达到 31%、38%、40%。

（2）科教资源丰富，科技创新优势显著。截至 2020 年，长三角城市群拥有上海张江、安徽合肥 2 个综合性国家科学中心，共拥有大型科研基础设施 17 个（占全国 44.7%），两院院士 391 人（占全国 22.6%），高校院所 459 所（占全国 16.8%），研发人员 167.5 万人（占全国 32.0%）；2020 年，长三角地区约有 507 万名本科、专科在校学生。全国共建设有 116 所"211 工程"院校，其中 39 所为"985 工程"院校，长三角城市群分别占到了其中的 27% 和 21%。除了数量优势，教育质量优势更为突出：根据 2020 年 QS 世界大学综合排名，中国大陆共有 6 所高校进入世界前 100 位，分别是清华大学、北京大学、复旦大学、上海交通大学、浙江大学和中国科学技术大学，除清华大学、北京大学外，其余 4 所均来自长三角城市群。

表 3-3　长三角地区重点高校分布

区域	"985 工程"	"211 工程"	"双一流"
上海	复旦大学、上海交通大学、同济大学、华东师范大学	上海财经大学、上海外国语大学、上海大学、华东理工大学、东华大学	上海海洋大学、上海中医药大学、上海音乐学院、上海体育学院
江苏	南京大学、东南大学	苏州大学、南京航空航天大学、南京理工大学、河海大学、中国药科大学、南京师范大学、江南大学、南京农业大学	南京中医药大学、南京林业大学、南京信息工程大学、南京邮电大学
浙江	浙江大学	—	宁波大学、中国美术学院
安徽	中国科学技术大学	安徽大学、合肥工业大学	—

资料来源：笔者根据教育部官方资料整理。

（3）产学研紧密融合，创新要素加速向企业集聚。长三角地区有着深厚的制造业基础，重工业、高端制造业领先全国。2020 年末，长三角地区拥有高新技术企业 73000 余家，国家级工程技术研究中心 80 个。第 21 届中国国际工业博览会上公布的数据显示，长三角是我国先进制造业 500 强企业最为聚集的地区，上榜企业数占 32%，其中大数据、云计算、物联网、工业互联网、人工智能等电子信息产业成为主导产业。长三角地区 2020 年集成电路产量达 1306 亿块，占全国的 52%，其中，上海和江苏合计贡献全国的 44%；计算机产量达 1.01 亿台，占全国的 26.7%；软件信息服务产业规模也约占全国的 1/3。上海人工智能发展联盟已拥有 300 余家会员单位，上海、江苏、浙江拥有的 5G 通信企业数量均排名全国前五。

（4）创新基地铺陈兴起，空间集聚明显。长三角地区的国家级高新区数占全国的 19%，国家自主创新示范区数量占全国的 23.8%，国家级科技企业孵化器数、众创空间数分别占全国的 33.6%、20.9%。自 2016 年起，全国分两批推出 120 家创新创业示范基地，其中的 25 家双创示范基地位于长三角地区，包括 10 家区域类示范基地、11 家高校和科研院所类示范基地以及 4 家企业类示范基地。此外，长三角地区在电子信息、智能制造、新能源、新材料、生物医药等领域形成了一批具有国际较强影响力的产业集群和工业园区。

（5）创新环境位居前列，公共服务体系相对完善。在粤港澳大湾区研究院、21 世纪经济研究院发布的《2020 年中国 296 个地级及以上城市营商环境报告》

中，2020 年营商环境得分前 50 名城市中，长三角有 14 个城市，是全国上榜城市最多的区域；截至 2019 年末，长三角地区依托高校成立了 4 家跨区域联合职业教育集团；建立了城市医院协同发展联盟，成员覆盖了 112 家三甲医院，长三角 41 个城市实现医保"一卡通"，看病可直接刷医保卡，无须在当地备案；养老服务协商协作机制初步建立，参保患者跨省异地就医直接结算近 23.6 万人次、结算医疗费用约 54 亿元。

3. 长三角地区跨行政区协同创新的现状

《长江三角洲区域一体化发展规划纲要》提出，提升上海服务功能，发挥江苏、浙江、安徽的比较优势，强化分工合作、错位发展，提升区域发展效率。长三角地区发挥上海科创中心的作用，加强与长三角地区城市合作，用产业链、创新链在周边地区的延伸，促进人才链、技术链、资金链向周边扩散。

为进一步提升长三角地区跨行政区协同创新能力，2020 年，长三角三省一市签订《共同创建长三角国家技术创新中心的框架协议》，共同筹建长三角国家技术创新中心，打造支撑长三角科技创新共同体建设的引领平台。一是上线长三角科技资源共享服务平台（试运行），截至 2020 年上半年，该平台已整合 2425 家服务机构的 3.1 万台（套）大型仪器设施，价值超 360 亿元。二是先后成立长三角汽车产业创新联盟、产业互联网联盟等多个产业联盟，形成科技创新与产业发展的紧密协同。

长三角地区已形成较为完整的跨行政区协同创新产业链。以新能源汽车零部件制造为例，长三角地区动力电池生产企业主要分布于浙江临安、江苏南通、安徽芜湖等城市，电动机主要分布于浙江杭州、绍兴等城市，汽车装配则主要分布于安徽芜湖等城市。《长三角区域协同创新指数 2021》[①] 构建了包括资源共享、创新合作、成果共用、产业联动、环境支撑 5 项一级指标以及 20 项二级指标的长三角区域协同创新指标体系，报告显示，长三角一体化区域协同创新指数已从 2011 年的 100 分提高至 2019 年的 204 分。

科创走廊建设是区域内创新协同发展的重要体现。2016 年，上海松江区提出沿着 G60 高速公路的部分路段构建"一廊九区"，诞生 G60 科创走廊。之后，上海、江苏、浙江、安徽以沪苏湖高铁和沪嘉杭高速公路为基础，形成"一廊一

① 浙江省科技信息研究院和上海市科学学研究所、江苏省科技情报研究所、安徽省科技情报研究所于 2022 年 2 月联合发布。

核多城"的空间布局规划，辐射范围逐步扩展到上海、嘉兴、杭州、金华、苏州、湖州、宣城、芜湖、合肥9个城市，被视为推进科技创新、区域制度供给一体化的重要工具，列入《长江三角洲区域一体化发展规划纲要》中。科创走廊的核心是协同创新机制，各独立的创新主体将所拥有的共同目标、内在动力，通过跨省份的现代信息技术构建资源平台进行全方位交流和协作。2018年，长三角三省一市联合发布《九城市科学仪器开放共享试点方案》，将陆续开放来自中国科学技术大学、中国科学院合肥物质科学研究所、东华大学、上海工程技术大学等183家机构的1746件原值在30万元以上的大型科学仪器设备，实现产学研用协同发展。此外，长三角启动了G60科创走廊工业互联网协同创新工程，将以松江国家级工业互联网示范基地为抓手，辐射G60科创走廊的九个城市工业互联网产业发展。

2020年10月，科学技术部、国家发展改革委等6部门印发了《长三角G60科创走廊建设方案》。预计到2025年，基本建成具有国际影响力的科创走廊。区域政策制度制定实施高效协同，金融服务体系更加完善，产业高端人才加快集聚，新兴产业蓬勃发展，形成若干世界级制造业集群，在国内外产业分工和价值链中的地位明显提升，成为我国重要创新策源地。地区研发投入强度达到3.2%以上，战略性新兴产业增加值占地区生产总值比重达到18%。

（二）粤港澳大湾区

粤港澳大湾区包括广州、深圳、佛山、肇庆、东莞、惠州、珠海、中山、江门9个广东省内城市和香港、澳门两个特别行政区，实际上是在过去规划的珠三角城市群加上香港、澳门的升级版。粤港澳大湾区总面积5.6万平方千米，2019年总人口超过7200万人，GDP超过12万亿元人民币，以不到全国0.6%的国土面积创造了全国12%的经济总量。

粤港澳大湾区聚集了华南地区最多的科教资源和科技研发基地，是我国规模最大的高新技术生产基地。持续的科技创新与产业升级是粤港澳大湾区高质量发展的核心动力源，已经初步形成了以企业为主体、以市场为主导、政产学研用深度融合的科技创新生态系统。尤其深圳崛起为新兴的国际化创新型城市，每万人发明专利申请量为106.3件，是全国平均水平的8倍，PCT国际专利申请量17459件，占全国总量的30.6%，连续16年排名全国第一。

1. 粤港澳大湾区建设历程

粤港澳大湾区凭借得天独厚的区位优势，依托改革开放带来的人才、资本、商品等要素集聚和制度开放优势，从"三来一补"的加工贸易起步，逐步形成结构合理和配套完善的产业链，并发展成为以高新技术产业为主导的国际科创城市群。深圳、珠海经济特区从创建之日起，就肩负着重大的历史性、战略性任务，率先探索建立社会主义市场经济体制，以开放的姿态形成我国改革开放"技术的窗口、知识的窗口、管理的窗口、对外政策的窗口"。在40多年间，珠三角从发展"三来一补"企业起家，逐渐成为亚洲乃至有全球竞争力的创新型湾区，形成了"加工→制造→创造→创新"的发展路径。

改革开放后，从珠三角到粤港澳大湾区，其发展方式可以分为四个阶段：奠基开创时期（1980~1992年）、创新优势时期（1993~2002年）、科学发展时期（2003~2012年）和创新驱动发展时期（2013年至今）。

（1）奠基开创时期（1980~1992年）。改革开放后，珠三角地区通过创办乡镇企业和吸引"三来一补"外资企业开始了自下而上的工业化与城市化进程，珠三角发展表现为以点带面、分布均衡、乡镇快于城市的特点。深圳、珠海经济特区相继建立后，充分发挥毗邻香港、澳门的区位优势，尤其抓住香港劳动密集型制造业开始大量向外转移的契机，珠三角城市群与香港形成了"前店后厂"的模式，迅速启动了工业化进程，在较短时期积累了大量初创资金。

（2）创新优势时期（1993~2002年）。1992年邓小平"南方谈话"和党的十四大召开，推动我国全面对外开放，深圳、广州等珠三角中心城市力促"三来一补"企业转型升级，先于内地捕捉到高新技术革命推动国际产业转移带来的巨大机遇，将高附加值和低资源消耗的电子信息制造业作为产业转型发展的主战场，劳动密集型工业被以高新技术产业为主的技术密集、知识密集的工业结构取代。1994年，广东省人民政府首次提出珠三角经济区概念，中心城市经济实力得到增强，广州、佛山、深圳、东莞均成为工业集聚的中心。但这一时期，各城市之间的经济联系仍较为松散。

（3）科学发展时期（2003~2012年）。加工制造业的高速发展给珠三角打下了雄厚的工业基础，但经济快速发展中形成或遗留下来的问题也显现出来，主要包括土地空间有限、能源和水资源短缺、环境承载力严重透支等。为此，深圳市率先作出了从"速度深圳"向"效益深圳"转变的重大战略决策，并提出了

"区域创新体系"的整体概念；2006 年，深圳提出把实施自主创新战略、优化产业结构、建设创新型城市作为未来城市发展的主导战略；2010 年，深圳首次提出了实现从"深圳速度"向"深圳质量"的跨越，以城市更新优化布局，以区域合作拓展发展空间，着力构建以"高、新、软、优"为特征的现代产业体系。

在这一时期，珠三角城市群进入合作发展阶段。《珠江三角洲城镇群协调发展规划》和《珠江三角洲地区改革发展规划纲要（2008—2020 年）》提出以交通基础设施一体化为切入点，推进珠江三角洲区域经济一体化。2008 年，《珠江三角洲地区改革发展规划纲要（2008—2020 年）》中提出支持粤港澳三地共同规划实施环珠江口地区的"湾区"重点行动计划。

（4）创新驱动发展时期（2013 年至今）。党的十八大以来，国家提出创新驱动发展战略和区域一体化战略，粤港澳大湾区也从概念设想迈向落地实施。2016 年，"粤港澳大湾区"被写入国家"十三五"规划、广东省"十三五"规划等，明确了珠三角要携手香港、澳门共同打造粤港澳大湾区，建设世界级城市群。2017 年 7 月 1 日，在香港回归 20 周年的时刻，国家发展改革委会同粤港澳三地政府签署《深化粤港澳合作推进大湾区建设框架协议》，提出打造国际一流湾区和世界级城市群。2019 年 2 月，中共中央、国务院印发了《粤港澳大湾区发展规划纲要》，随后，《粤港澳大湾区国际科技创新中心建设方案》也印发实施，提出以建立健全创新合作机制、共建开放型区域创新体系为保障，促进大湾区城市之间的互利合作、协同创新。

2019 年 8 月，《中共中央 国务院关于支持深圳建设中国特色社会主义先行示范区的意见》实施，明确深圳在新时代发展中的更突出、更特殊作用。深圳在科技创新的基础上，融合产业创新、金融创新、管理创新、商业模式创新、体制机制创新等，旨在形成综合创新的叠加效应。这标志着以深圳为引领的粤港澳大湾区国际科创中心建设进入了构建区域创新生态系统的新时期。

2. 粤港澳大湾区建设区域创新生态系统的现实基础

（1）高新技术产业占比高，产业体系相对完备。粤港澳大湾区经济发展水平全国领先，以高新技术产业为代表的创新发展居于全国领先地位。香港、澳门在科技研发、教育、金融、商贸服务等领域水平领先；广东九市形成了以先进制造业和现代服务业为主体的产业结构，其中电子通信、软件、半导体、平板显示、生物、节能环保、新材料等领域已发展成为数千亿元产值的战略性新兴产业集群。2020年，广东省国家高新技术企业达5.2万家，占全国的24.2%。粤港澳大湾区在立足于信息技术产业优势的基础上，通过大力加强重大创新平台建设、新型基础设施建设，加快数字经济产业创新集聚、工业互联网创新应用等方式构建与数字经济相适配的支撑体系，成效显著。2020年珠三角城市群数字经济规模已达5.2万亿元，占GDP比重达到46.8%，经济数字化程度全国第一。

（2）企业是创新的首位主体，创新成果产业化程度高。粤港澳大湾区科技创新的一个显著特点是科研成果更多来自企业创新。截至2020年，广东5.8万家规模以上工业企业中，设立研发机构的已达28262家，占全国的比重达到26.89%，规模以上工业企业研发经费内部支出总额居全国城市群首位。19家世界500强企业总部以及超过一半的世界500强企业大中华区总部落户粤港澳大湾区，涌现出华为、腾讯、比亚迪、平安集团等一批创新龙头企业以及大疆科技、微众银行、优必选科技、小鹏汽车等20家独角兽企业①（见表3-4）。

表3-4　粤港澳大湾区独角兽企业

序号	公司名称	所属行业	估值（亿美元）	所在城市
1	大疆科技	硬件	150	深圳
2	微众银行	金融科技	110	深圳
3	优必选科技	硬件	50	深圳
4	柔宇科技	硬件	50	深圳
5	小鹏汽车	汽车交通	37	广州
6	大地影院	文娱媒体	30	广州
7	跨越速运	物流	29	深圳
8	李群自动化	硬件	20	东莞
9	土巴兔装修网	房产服务	20	深圳
10	魅族	硬件	15	珠海
11	西山居	文娱媒体	15	珠海
12	富途证券	金融科技	12	深圳

①　独角兽企业一般指投资界对10亿美元以上估值，并且创办时间相对较短（一般为十年内）企业的称呼。

续表

序号	公司名称	所属行业	估值（亿美元）	所在城市
13	奥比中光	硬件	11	深圳
14	联易融	金融科技	10	深圳
15	碳云智能	医疗健康	10	深圳
16	巴图鲁	汽车交通	10	广州
17	辣妈帮	电子商务	10	深圳
18	房多多	房产服务	10	深圳
19	随手记	金融科技	10	深圳
20	越海物流	物流	10	深圳

资料来源：笔者根据恒大研究院（2020）整理。

（3）科研机构与创新载体多，重大科技基础设施快速发展。粤港澳大湾区拥有各类高等院校172所，占全国总数的6%；其中，内地121所，香港39所，澳门12所。在2021年Quacquarelli Symonds世界大学排名中，粤港澳大湾区有9所高校进入世界500强，其中5所高校进入世界百强。粤港澳大湾区高校进入全球ESI学科排名前1%的学科数约130个，其中，内地49个，香港80个。粤港澳大湾区重大科技基础设施发展迅速，瞄准国际一流科研水平。大亚湾中微子实验室发现新的中微子振荡模式，精确测量度处于国际领先水准；位于广州的"天河二号"主机运算速度连续4年居全球超级计算机500强排行榜第一位；位于深圳的国家基因库是我国唯一、全球第四个国际级基因库；位于东莞的散裂中子源是截至2020年我国已运行的投资额最大的科技基础设施。粤港澳大湾区排名靠前的高等学校如表3-5所示。

表3-5 粤港澳大湾区排名靠前的高等学校

序号	名称	地区	全球排名	特色
1	香港大学	香港	22	建筑、医学、法律、金融等
2	香港科技大学	香港	34	会计与金融、商科、土木工程、计算机科学等
3	香港中文大学	香港	39	数学、计算机科学、传媒、地理等
4	香港城市大学	香港	53	电子与电气工程、土木工程等
5	香港理工大学	香港	66	建筑科学、艺术设计、电子计算科学等

序号	名称	地区	全球排名	特色
6	中山大学	广东	260	在 ESI 数据库全部 22 个学科中，19 个学科领域进入 ESI 世界前 1%
7	香港浸会大学	香港	287	金融、会计、计算机、数学及统计学
8	澳门大学	澳门	322	电机及计算机工程、中医药、生物医药等
9	华南理工大学	广东	407	化学、材料科学与工程、轻工技术与工程等

资料来源：笔者根据 2021 年 QS 世界大学排名整理。

（4）城市群产业优势互补，能够形成协同效应。以产业链价值链为纽带的城市群的经济联结，是建立区域创新生态系统的基础。广东珠三角城市群已形成完整的产业体系，其中，深圳在电子信息制造业遥遥领先，东莞、惠州紧随其后，三座城市在产业链上形成有效互补；广州在汽车、医药制造行业中领先于其他城市，佛山装备制造业和家电产业优势明显，地理区域相近的广州——佛山——肇庆已形成一定的产业集聚效应，未来将成为粤港澳大湾区城市先进制造业转型升级的关键。香港是国际金融、航运、物流中心和国际航空枢纽，拥有高度国际化的营商环境。澳门是世界旅游休闲中心、中国与葡语国家商贸合作服务平台，具有多元文化汇聚的平台优势。深圳、广州、东莞、佛山、惠州同香港、澳门的错位发展，能够形成优势互补的协同效应，使粤港澳大湾区充满创新活力，经济发展势头强劲。

3. **区域创新发展的主要做法和经验**

粤港澳大湾区城市群创新发展的主要做法和经验，可以用一句话概括：市场需求为导向，民营企业做主体，政府有为不越界，成果转化育生态。

（1）突出规划引领作用，始终将创新和区域合作摆在突出重要位置。早在2008 年实施的《珠江三角洲地区改革发展规划纲要（2008—2020 年）》中，就对珠三角城市群的经济增长、产业升级、技术创新做出了较为详细的规划。这一规划提出："形成具有世界先进水平的科技创新能力，形成全体人民和谐相处的局面，形成粤港澳三地分工合作、优势互补、全球最具核心竞争力的大都市圈之一。"同时明确提出推进核心技术的创新和转化，强化企业自主创新主体地位，构建开放型的区域创新体系。为了强化区域协作，鼓励共同编制区域合作规划。

2019 年 2 月，《粤港澳大湾区发展规划纲要》出台，这一规划对珠三角 9

市+港澳城市群区域创新进行了功能定位，提出要建设国际科技创新中心，建设全球科技创新高地和新兴产业重要策源地。具体措施包括：构建开放型区域协同创新共同体，加强创新基础能力建设，加强产学研深度融合；打造高水平科技创新载体和平台，加快推进粤港澳大湾区重大科技基础设施、交叉研究平台和前沿学科建设，着力提升基础研究水平；优化区域创新环境，深化区域创新体制机制改革，促进科技成果转化，强化知识产权保护和运用；依托香港、澳门、广州、深圳等中心城市的科研资源优势和高新技术产业基础，联合打造一批产业链条完善、辐射带动力强、具有国际竞争力的战略性新兴产业集群。

深圳作为首个国家创新型城市和首个以城市为单元的国家自主创新示范区，是粤港澳大湾区中创新发展起步最早、创新生态营造最好、创新成果最多的城市。2006 年，深圳提出把自主创新作为城市发展的主导战略；2008 年，制定出台全国首部国家创新型城市规划；2009 年起，先后出台实施互联网、新能源、新材料、生物、文化创意、新一代信息技术、节能环保七大战略性新兴产业振兴发展规划和政策，制定出台生命健康、航空航天、海洋以及机器人、可穿戴设备和智能装备产业四大未来产业规划政策，已经发展成为全国战略性新兴产业集聚力最强、规模最大的城市，建设成为"基础研究+技术创新+产业转化+金融支持"的全链条创新体系。①

（2）形成以企业特别是民营企业为主、市场需求为导向的创新生态。粤港澳大湾区是我国市场化程度最高的地区，具有明显的市场取向和企业主导的特征，是民营经济最活跃的地区。企业成为粤港澳大湾区科技创新的核心力量。2020 年，广东规模以上企业中有 47.3% 开展研发创新活动；粤港澳大湾区共有1800 家上市公司，其中，高新技术企业占比达 70% 以上，战略性新兴企业占比达 50%。

在粤港澳大湾区 11 个城市中，广州和香港的高校和科研机构较多，研发投入由"高校+企业"共同主导，除此之外，其他城市的企业 R&D 占比基本都在95% 以上，这意味着企业科技创新在粤港澳大湾区占绝对主导地位（见图 3-3）。其中，深圳涌现了"六个 90%"的特点，即 90% 的研发人员在企业，90% 的科研投入来源于企业，90% 的专利产生于企业，90% 的研发机构建在企业，90% 的创

---

① 参见 2018 年深圳市第六届九次全会内容。

新型企业是本地企业，90%以上的重大发明专利来源于龙头企业。

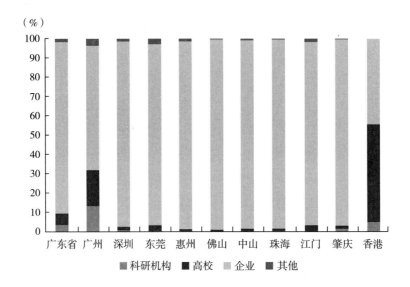

图3-3 粤港澳大湾区中企业创新占据绝对主导地位

资料来源：笔者根据广东省和香港特别行政区的统计年鉴以及粤开证券资料整理所得。

民营经济发达是粤港澳大湾区创新的主要特征。"头部企业"全面领跑，中小企业多点开花，形成了区域创新生态系统最重要的特色。与国有企业相比，民营企业具有市场嗅觉敏锐、决策迅速、活力突出的优势。2020年企业在欧洲电信标准化协会（ETSI）声明的5G标准必要专利数量显示，中国企业声明的5G专利占32.97%，华为、中兴、OPPO分别位列第1、第3、第11，这三家企业都位于粤港澳大湾区。

（3）重视人才的引进和培养，促进产学研用深度融合。人才是创新的第一资源。广东省和粤港澳大湾区加强政策引领，构建更具吸引力和竞争力的人才引进政策。①出台粤港澳大湾区个人所得税优惠政策。为妥善解决港澳和内地个人所得税税率差异问题，吸引境外（含港澳台）高端人才和紧缺人才到粤港澳大湾区工作，2019年，广东省提出，对在粤港澳大湾区工作的境外高端人才和紧缺人才，明确15%的税负差额补贴标准。②在养老保险、人才住房等人才保障方面提供优惠政策。广东省政府出台《关于进一步促进科技创新的若干政策措施》，在养老保险方面，明确港澳人才享受粤港澳大湾区内地企业职工基本养老保险延缴政策，对在粤工作、不能享受社会保险待遇的外籍人才允许用人单位使用财政资金为其购买任期内商业养老保险和商业医疗保险；在人才住房方面，支持各市按照职住平衡、就近建设、定向供应的原则，在高校、科研机构、高新技术产业开发区等人才密集区建设产权型或租赁型人才住房。③实施"人才引进计划"。早在 2009 年，广东省启动实施了"珠江人才计划"，面向全球引进创新科研团队和领军人才，2018 年初，广东省委省政府印发《加强新形势下引进外国人才工作的实施意见》。截至 2018 年，每年来广东工作的外国人才超过 15 万人次（占全国 1/6），港澳台人才超过 23 万人次（占全国 1/3）。此外，深圳市率先实施"十大人才工程实施方案"，持续实施"孔雀计划"，累计吸引了 1.6 万外籍人才在深圳工作；广州、深圳、东莞等市在硅谷、纽约、巴黎、伦敦、东京等地设立了 13 个海外高层次人才工作站，构建基本覆盖世界主要发达国家的引才网络。

人才引进主要解决人才外部入口问题，而人才培养的关键在于高水平大学和科研机构建设。粤港澳大湾区正着力推进高水平大学特别是高水平理工科大学建设。2015 年 4 月，广东省正式启动高水平大学建设，将中山大学、华南理工大学等 7 所高校和 18 个学科纳入高水平大学建设；2016 年 1 月，找准粤港澳大湾区理工科短板，重点推进理工类大学和理工科学科建设，逐步提高理工科类学位授权点比例，截至 2019 年，先后动态调整 32 个学位点，其中增列理工类学科点占总数的 52%，在华南理工大学成立了智能工程学院、生物医学科学与工程学院、分子科学与工程学院、微电子学院四个"新工科"学院。

与此同时，粤港澳大湾区促进产学研用深度融合，培养"四不像"新型研发机构。积极发挥研发实力强、贴近产业的优秀企业在人才培养中的作用，大力引进国际高端研发机构和优质智力资源，吸引跨国企业、境外机构来粤港澳大湾区设立研发中心和科技成果转化平台。深圳市着力培养以中国科学院深圳先进技术研究院为代表的大学、科研院所、企业、事业单位"四不像"的新型研发机构，实行灵活的市场化体制机制，不以发表论文的多少作为考核绩效的主要标准，同时提高人才薪酬、待遇等激励标准，致力于科技成果的转移转化。中国科学院深圳先进技术研究院成立十多年来，培养了一批创新型企业，截至 2019 年总估值已超过 1200 亿元。

（4）推动创新文化多元共生，打造市场化、法治化、国际化的创新环境。

粤港澳大湾区是一片年轻的移民城市群，外来人口众多。深圳常住人口中有67.7%是外来人口，远高于全国其他地区；广州、深圳65岁以上人口占比分别为7.9%和3.3%，远低于上海的20.6%、北京的10.5%。深圳、珠海等经济特区创立之初率先冲破旧观念，传播新思想，为我国改革发展创新探路。香港是国际金融和贸易中心，澳门是世界旅游休闲中心和多元文化合作服务平台。粤港澳大湾区拥有较高的开放度和包容度，能够萌生创新理念和创新动力，形成崇尚创新、鼓励创新的文化氛围。

粤港澳大湾区着力打造市场化、法治化、国际化的创新环境，厘清政府部门权力边界，着力构建更加灵活高效的粤港澳大湾区科技合作机制。从营造创新制度环境和培育创新文化两方面入手，充分激发市场主体活力和发展动力，营造创新制度环境。首先，着力提高市场化程度，政府高度重视市场在资源配置中的决定性作用，较少干预企业，更多的是提供服务。做到"企业没有事，政府不插手；企业有好事，政府不伸手；企业有难事，政府不放手。"其次，提升法治化程度，政府重视保护企业和个人的产权；政府换届、领导人变更，以往签过的协议、作过的保证仍然依法得到兑现；社会各方面对契约精神普遍认同，信法、尊法、守法、用法的氛围良好。最后，提高内地与港澳的开放度，广东省政府与香港、澳门特区政府强化政策协调对接，统一编制人才协同发展中长期规划，统筹引领粤港澳大湾区人才工作协同发展。

（5）城市之间形成分工协作的功能定位，推动产业链创新链协同互动。粤港澳大湾区城市基础不同，各具特色，从各城市产业构成看，香港、澳门以第三产业为主；广州在区域经济发展中将凭借发达的第三产业优势继续发挥对外服务与贸易中心的地位；深圳高技术、金融、物流等产业也占据重要地位，与香港人流、物流、资金流互联互通，也将形成区域创新新优势；佛山、东莞作为世界制造业中心，承担着广州、深圳科技创新链条中的生产制造环节；肇庆、江门等地区工业化程度相对不高，在与其他城市协作基础上可以根据自身优势逐步形成差异化的区域优势。

科技创新离不开根系发达和枝繁叶茂的产业体系。粤港澳大湾区已经形成了产业门类丰富、人才多样、资金充分、政策稳定的格局，同时高度重视围绕产业链布局创新链，通过各城市间的分工协作，推动产业链、创新链协同互动。在电子信息产业方面，以深圳、广州为研发创新龙头，东莞、惠州、珠海、肇庆等市组织完善上下游产业链；在汽车产业方面，以广州、深圳、佛山为研发和整车制造龙头，珠海、惠州、江门等市组成汽车零部件产业链；在家电产业方面，以珠海、佛山为研发创新龙头，中山、江门、肇庆组成零部件产业链；在机器人产业方面，广州、深圳、东莞、佛山、珠海发挥各自细分领域优势，共同构建产业链上下游；在金融、物流、科技服务、电子商务等生产性服务业方面，推进内地制造业与香港、澳门服务业深度融合，提升主导产业的价值水平。

（三）两大城市群区域创新的共性短板和挑战

总体来看，长三角和粤港澳大湾区两大城市群具有良好的区域创新基础，近年来创新效能得到明显提升，正在向国际级的区域创新高地迈进。但从创新生态系统的角度看，两大城市群区域创新的共性短板和挑战仍然存在，主要包括区域协同合作、创新群落多样化共生、创新要素无障碍流通、创新环境培育、产业链创新链匹配、空间自组织作用发挥六个方面，其主要问题是区域创新生态系统还不够成熟，系统运行潜力有待深入挖掘。

1. 城市间创新协同合作机制有待完善

两大城市群创新资源较为丰富，但共性的问题是布局较为分散，创新城市或创新空间单元自成体系的多，缺乏区域间创新功能的分工协作，也缺乏城市间的合作协同。例如，在两大城市群中，90%左右的城市选择发展信息技术、生物医药、新材料、新能源等战略性新兴产业，80%左右的城市发展装备制造和节能环保产业，产业布局雷同、缺乏功能定位等问题导致创新资源没有得到有效配置和利用。近年来在多个区域规划和协同创新政策的引导下，区域创新合作机制不断完善，但是"深度联合、共享开发、互惠共生"的生态化合作机制还没有发展成熟，创新合作存在"重项目、轻人才，重硬环境、轻软环境，重短期效益、轻机制建设"等现象，协同效应没有得到有效发挥。

2. 创新主体多样化共生的局面有待建立

区域创新生态系统的形成与发展来源于多样化的创新群落相互联系形成的共生、共荣的结构。从长三角和粤港澳大湾区两大城市群看，创新群落的构成还不够多元，多样共生的空间格局有待建立：从长三角城市群看，创新物种尚不丰富，能够有效串联"研发群落""生产群落""市场群落"的"服务中介群落"匮乏，与硅谷、东京等国际化城市群相比，缺乏来自不同国家或地区具有不同文化的创新主体，创新活动的自驱力还有一定差距；从粤港澳大湾区看，高水平的高校、科研机构相对不足，原始创新和基础研发相对薄弱，不利于创新的革新和迭代，区域创新系统可能会出现路径依赖。有必要借鉴发达国家创新主体多元化策略，支持不同属性的创新企业共同发展，协助企业建立创新能力强、工作机制灵活的科研机构，强化创新服务中介机构的培育，推动多样化共生、共创、共享格局的形成。

3. 影响创新要素自由流动的各类障碍有待打破

要发挥城市群创新的协同效应，城市间创新要素的人才流、技术流、物质流、资金流、信息流的无障碍流动是前提。两大城市群间虽然建立了大型科研仪器共享平台，但共享服务平台的系统建设和机制保障还未到位，大量科研基础设施、大数据算力中心等还不能实现完全的开放共享；教育和科研资源不平衡不充分的问题也比较突出；在科研数据使用方面，很多科学数据库尚未在不同创新主体间开放共享，一定程度上妨碍了科研创新活动的开展。

4. 创新环境尤其是"软环境"有待培育

为了推动创新资源特别是创新人才的集聚，两大城市群地方政府均出台了税收优惠、养老金补助、人才住房等一系列优惠政策，并加大传统和新型基础设施建设力度，这些政策主要是构建创新"硬环境"。短期内这些倾斜政策固然重要，但更为重要的是构建对创新主体具有高度吸引力的"软环境"。例如，在公共服务方面，子女异地入学、医院异地转诊等公共服务程序复杂，成本高昂；一些中心城市购房资格、公立学校子女入学与本地社保连续缴纳挂钩，义务教育阶段子女异地入学也有本地户籍、居住证的优先顺序之分，"租购同权"政策尚未普及；在创新文化培养方面，硅谷等世界科创中心流行的"工程师文化""非共识思维"等自由探索的创新氛围有待加强。

5. 创新链与产业链的匹配度有待提升

两大城市群均建立了完整而成熟的制造业产业链、供应链，但创新链和价值链还没有做到很好匹配（具体实证分析在第六章、第七章）。从长三角城市群看，上海、南京作为研发资源优势城市，创新研发能力较强，但科技成果转化度偏低，科技对产业发展和创新系统的良性运行的支撑作用不够明显，"输血"和"血液循环"的功能没有全面发挥，没能像硅谷那样，在顶尖大学周围聚集一批领军型、创新型企业。从粤港澳大湾区城市群看，香港拥有多所高水平大学，基础研究实力较强，人才储备较为丰富，但本地基本没有制造业，基础研究和产业化应用脱节；珠三角九市拥有完备的产业链条，但基础研究和技术源头供给不足，本地区内教育水平、科研实力以及人才储备尚不能支撑产业转型升级，产教融合有待深化。

6. 区域创新的空间自组织作用有待发挥

自组织机制是城市群区域创新生态化机制得以发挥的前提条件，从生态学视角出发，区域创新生态系统建立和空间优化的重要目的在于增强城市群空间的自组织性，使其具有正向自我循环、自我适应、自我演化的能力；从系统角度出发，城市群是一个由自组织体系（主要由区域内创新主体要素产生内生动力）和他组织体系（主要由政策引导、市场需求、技术变革产生外生动力）结合的空间系统。从实践看，不论是长三角城市群还是粤港澳大湾区，城市群的空间自组织体系还处于初级阶段，区域创新生态系统发育还不完善，自我有序发展的"内生动力"作用还不够强，还需要引导性、支撑性政策等"外生动力"的作用。

本 章 小 结

本章在梳理世界科技变革引发区域创新驱动发展变迁和演化特征的基础上，对中国区域创新驱动发展的实践与经验进行了刻画和总结。城市群是区域创新生态系统的主要空间载体，而长三角和粤港澳大湾区两大城市群是我国经济活跃的地区，已经初步形成了区域创新生态系统的架构和功能。笔者结合多年实地调研、走访获得的资料，从实践的角度出发，梳理了两大城市群区域创新生态系统建立的主要历程、现实基础、主要经验和做法，同时分析了共性短板和挑战。

本章的核心观点：当一个国家或地区进入后工业化时期或创新驱动发展阶段，创新发展的空间格局呈现出网络化协同、集成化创新的特点，城市群是一个高度融合的网络状城市体系，客观上推动协同融合的区域创新生态系统的形成。长三角和粤港澳大湾区两大区域创新生态系统各具特色：长三角科教资源丰富，产学研紧密融合，区域创新综合实力强；粤港澳大湾区企业的创新主体地位显著，创新成果产业化程度高，城市之间也基本形成了分工协作的功能定位。但是两大城市群也存在区域协同合作、创新群落多样化共生、创新要素无障碍流通、创新环境培育、产业链创新链匹配、空间自组织作用发挥六个方面的短板和问题，表明中国的区域创新生态系统还有待完善，应进一步挖掘系统运行的潜力。

第四章

区域创新生态系统的国际经验

除中国外的世界五大城市群①在形成和繁荣发展中，科技创新都发挥着举足轻重的作用。从全球创新格局看，创新空间格局只集中在少数国家和地区，在知识溢出效应和空间极化效应的作用下，创新要素加速向以城市群为主要形态的科技创新中心集聚，催生了一大批创新要素集聚、创新生态系统成熟、创新产出效益高、辐射带动作用强的区域创新高地，成为全球创新发展的动力源。

《全球创新指数报告》每年都会发布世界科技集群百强榜单，2021 年，我国有 19 个科技集群进入前 100 名，数量仅次于美国。东京—横滨成为排名首位的集群，其次是深圳—香港—广州、北京、首尔、圣何塞—旧金山。其中，深圳—香港—广州和北京分别居第 2 位和第 3 位。

清华大学产业发展与环境治理研究中心和自然科研（Nature Research）联合研发了国际科技创新中心指数（Global Innovation Hubs Index，GIHI），从科学中心、创新高地、创新生态三个维度综合评估国际科技创新中心的发展水平和创新能力，提出国际科技创新中心是指在全球科技和产业竞争中凭借科学研究和技术创新的独特优势，发展形成引导和指挥全球创新要素流动方向、影响资源配置效率的枢纽性城市，它们最终成为科学中心、创新高地和创新生态融合发展的全球城市（Sassen，2001）。根据国际科技创新中心指数报告的定义，国际科技创新中心是科学研究活动纵深发展和地理扩散形成的科学中心，是创新活动和创新经济蓬勃发展后形成的全球创新高地，这实际上就是区域创新生态系统的内涵。

在 2011 年发布的排名中，综合前 10 的城市（都市圈）依次为：圣何塞—旧

---

① 包括以纽约为核心的美国东北部大西洋沿岸城市群、以芝加哥为核心的五大湖城市群、以东京为核心的日本太平洋沿岸城市群、以伦敦为核心的英伦城市群以及以巴黎为核心的欧洲西北部城市群。

金山、纽约、伦敦、北京、波士顿、东京、粤港澳大湾区、巴黎、西雅图—塔科马—贝尔维尤、巴尔的摩—华盛顿；根据欧盟的统计数据，全球研发前 1000 名的大企业中，有超过 1/4（264 家）的总部位于旧金山湾区、东京、巴黎、伦敦、纽约、波士顿和慕尼黑 7 个具有全球影响力的区域创新高地，这其中，旧金山湾区和东京湾区形成了较为成熟的区域创新生态系统。旧金山湾区和东京湾区这两个区域各具特点，其中的经验值得学习借鉴。

一、旧金山湾区

旧金山湾区，简称湾区（The Bay Area），位于美国加利福尼亚州北部，西临太平洋，也被称为旧金山—奥克兰—圣何塞大都市区，包括旧金山、纳帕、圣马特奥、圣克拉拉等九个郡（county），总人口约 790 万人（2019 年），总面积约 18130 平方千米，面积约相当于 1 个上海、3.5 个深圳、7 个香港。旧金山湾区拥有世界知名的"硅谷"，是斯坦福大学、加州大学伯克利分校等世界一流研究型大学和众多国家级实验室所在地，创新经济占据了旧金山湾区半壁江山，是全球最重要的高科技研发中心之一，有"科技湾区"的美誉。

旧金山湾区是全美经济最繁荣的地区，2018 年以美国国土面积的 0.19%、总人口的 2.38%，贡献了美国 4.30%的 GDP。2018 年，旧金山湾区人均 GDP 高达 10.8 万美元，高于同期纽约的 7.3 万美元和日本东京城市群的 4.8 万美元。

（一）旧金山湾区区域创新发展现状

1. 集聚了大量创新引擎企业和独角兽企业

20 世纪 90 年代后期，旧金山湾区抓住机遇，加快发展以电子信息、互联网产业为核心的信息经济。旧金山湾区早期以 Fairchild、HP 和 Intel 等计算机和半导体公司为代表，之后陆续涌现了 Sun、Cisco、3Com、Oracle 等计算机软硬件企业；21 世纪前后的互联网浪潮中，造就了 Netscape、Yahoo、eBay、Paypal 等互联网企业，进入 21 世纪以后，涌现出 Alphabet（Google 母公司）、Apple、Twitter、Uber 等第二代互联网企业；在创新文化的感召下，又浮现出 Tesla、Netflix、

Gilead 等不同领域的创新明星企业。在 CNBC 电视网评选的年度"50 家颠覆者"（Disruptor 50）排行榜中，旧金山湾区有 28 家上榜，在前 10 大创新型公司榜单中，有 6 个在旧金山湾区。创新头部企业是创新产出的贡献者，以 PCT 专利申请量来看，硅谷的企业占美国申请量 10 强企业中的 4 家。

旧金山湾区拥有美国最多的"独角兽"企业和成千上万的中小创业企业。截至 2020 年 9 月，旧金山湾区拥有 115 家美国独角兽公司，远远超过了纽约、洛杉矶、波士顿等美国其他主要城市。在价值超过 100 亿美元的美国独角兽公司中，1/2 的总部位于旧金山湾区。此外，旧金山湾区还集聚了很多充满活力的中小企业，成为硅谷科技创新的重要支撑。例如，图像处理社交网络企业 Instragram，从 2010 年成立到 2012 年被 Facebook 收购，用户数量从 100 万猛增至 3000 万，被 Facebook 收购时，这家只有几十名员工的小企业估值已达 10 亿美元。旧金山湾区的独角兽企业如图 4-1 所示。

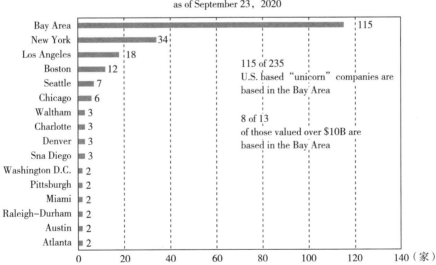

图 4-1 旧金山湾区的独角兽企业

资料来源：Bay Area Council Economic Institute。

2. 形成了世界一流大学群和区域人才培养体系

旧金山湾区内共有 73 所大学，相当于每 10.4 万人就有一所大学。旧金山湾区大学群的学科设置全面而多元，不仅为湾区的企业提供了强大的科技研发保障，还随着创新企业的发展而发展，形成了一个大学和企业循环上升区域人才培养体系。这其中，斯坦福大学和加州大学四个分校大学发挥着核心作用。根据2021年QS世界大学排名，斯坦福大学（Stanford University）位列全球第2，计算机、基础科学、工程科学、医学和工商管理等多个学科处于世界顶级的地位；加州大学伯克利分校（University of California Berkelay）位列全球第30，物理、化学、计算机、工程学等领域均位居世界前列；加州大学旧金山分校（University of California，San Francisco）以医学和生命科学闻名，拥有美国西部地区最好的医学院，2010年后综合实力排名快速提升；加州大学戴维斯分校（University of California，Davis）以农学、动植物学和食品科学见长；加州大学圣克鲁兹分校（University of California，Santa Cruz）是加州大学系统成立较晚的分校，拥有天文学、地球科学等优势专业。在旧金山湾区区域创新生态系统的建立中，斯坦福大学和加州大学伯克利分校发挥了极其重要的作用。

斯坦福大学成立于1885年，共有1.6万名在校学生，2200余名教师，截至2019年，共培养了83位诺贝尔奖获得者、158名国家科学院院士和104名国家工程院院士。斯坦福大学是创业型大学的典范，将服务社会作为重要使命。斯坦福大学支持多个学科交叉和多学院的合作，注重培养学生的学术研究和创新创业等全面综合素质。例如，斯坦福大学鼓励学生创造属于自己的科研成果，并注册成立自己的实体公司，学校在创业资金、导师、校友圈等资源上给予援助，极大地缩短了科研成果从实验室研发到市场商业化的距离。

加州大学伯克利分校是世界一流的公立大学，也是美国大学协会的创始成员之一，截至2019年，拥有超过3万名本科生和1万名研究生，超过3000名教职员工。加州大学伯克利分校是世界著名的基础学科学术研究中心，物理、化学、材料科学等学科位列世界前10名内，培养了100位诺贝尔奖获得者，20多位图灵奖获得者。

3. 建立了国家级重点实验室等重大科技基础设施

美国国家实验室是进行科学研究的重要基地，这些实验室的建设不仅提升了国家的科技实力，也推动了高校相关学科和当地企业的发展。1970年以后，诺贝尔物理学奖得主中有一半以上的成果来自重大科技基础设施，"重大科技基础设施催生重大科技突破，引领产业创新发展"已成为国际共识。

旧金山湾区基础研究的体系主要包括国家级重点实验室、联邦研究设施和企业实验室三个部分，其中最著名、科研成果最多的是五所由美国能源部资助的国家级重点实验室（见表4-1）。在旧金山湾区发育成长的过程中，为了满足旧金山湾区科创企业发展的需要，这些国家实验室派生设立了28个直接面向产业开发、实验和中试的科研设施，由劳伦斯伯克利国家实验室、桑迪亚国家实验室牵头管理，涵盖新能源、新材料、医疗与仪器、电子电器、大数据云服务等领域，从而建立起覆盖完整创新链条的重大科技基础设施体系。

表4-1　旧金山湾区的国家级重点实验室

国家级重点实验室	联系大学	研究方向
洛斯阿拉莫斯国家实验室	加州大学伯克利分校	原子能、数学和计算机科学、地球科学
劳伦斯伯克利国家实验室	加州大学伯克利分校	生物科学、生命科学、信息技术、纳米材料
劳伦斯利弗莫尔国家实验室	加州大学伯克利分校	原子能、能源与气候、计算机、国家安全
SLAC 国家加速器实验室	斯坦福大学	高能物理、粒子物理、天体物理
桑迪亚国家实验室	加州大学伯克利分校、加州大学旧金山分校	核武器、国家安全计划、能源与气候和全球安全

资料来源：Wind 数据库。

4. 发挥了大量科技中介机构的支持保障作用

旧金山湾区区域创新生态系统的支持保障体系包括创新资金保障、创新环境保障和创新服务保障等方面。旧金山湾区拥有全球最早且研发成果最多的科技园区，其中科技中介机构（主要是风险投资机构、技术转化机构、人力资源服务机构、管理信息咨询服务机构等）发挥了很大作用。旧金山湾区内的天使投资、风险投资和商业银行等金融资本服务机构为中小型科技企业提供多层次股权和债权的金融产品；技术转化机构主要是将企业所需的科研需求信息提供给各大高校，并将高校的科研成果转移给需要的企业，促进技术成果转化；人力资源服务机构为科技企业在全球范围寻找合适岗位的各类人才及团队，通过人力资源网络加强企业和人才的联系；管理信息咨询服务机构提供技术信息和技术支持，促进企业创新资源整合，提升创新效率。

（二）旧金山湾区区域创新主要经验

1. 形成了集成、融合、跨界的协同创新发展路径

综合业界和学界的很多观点，目前而言，旧金山湾区是世界上创新群落最具多样性、创新环境最适宜、创新生态最成熟的地区。这种成熟的区域创新生态系统，离不开高等教育机构输送人才技术、成熟的科技金融体系为创新提供资金支持、公共政策为创新体系提供保障等多重因素。旧金山湾区以市场为导向，建立了产、学、研、用高度融合和高效协同的机制，云集了众多信息技术、智能制造、生物医药、航空航天等领域的高科技企业，各类企业竞相发展也成为全球尖端人才汇集区和专业技术孵化地，构筑了"高校+产业"成熟的协同创新发展路径。

集成、融合、跨界的组合式发展是旧金山湾区创新最显著的特征，而基于大学的基础性研究，依托知识和资本的外溢，也是许多产业升级和最具变革性的商业突破的原因。1951年，斯坦福大学工程学院院长（后任斯坦福大学校长）特曼（Terman）在大学创办"斯坦福科技工业园区"，将学校的土地租给新设科技企业，这对硅谷后续的发展起到了决定性的作用。一方面，斯坦福大学向当地公司开放课堂，在职员工可以通过兼职学习不断提升水平，鼓励高技能人才带着科技成果在校园周边创业；另一方面，创业成功的师生又增加了旧金山湾区的劳动力岗位，促进斯坦福大学技术成果转化。斯坦福大学允许教师和研究人员每周有一天到硅谷兼职，甚至离职1~2年创业，许多教授集科学家、风险投资家、创业创始人于一身。

受斯坦福大学做法的启发，旧金山湾区其他大学也建立起各类成果转化机构或机制。例如，加州大学伯克利分校于2004年设立了知识产权和产业研究联盟办公室（Office of Intellectual Property and Industry Research Alliances）。在2018年风险投资支持创业大学校友排名中，加州大学伯克利分校、斯坦福大学分别以961家、957家创业企业位居美国前两名，高于美国东海岸传统名校哈佛大学和麻省理工学院。

2. 科技企业在创新中居于核心主体地位

旧金山湾区的创新集群是由科技公司建立的。根据Crunch Base创新企业大数据分析平台信息，总部在旧金山湾区的创新型企业有34544家，投资机构则有

10584 家。截至 2020 年底，按市值计算的全球十大公司中的四家公司（Apple、Alphabet、Facebook、Tesla）总部位于旧金山湾区，区别于以金融为主的纽约地区和以工业为主的芝加哥地区，旧金山湾区集聚的绝大多数企业是以 IT 为主的科技创新型企业。旧金山湾区创新企业四巨头以超快的速度增长，约为其他财富 500 强公司收入增长率的 10 倍。旧金山湾区产业以 IT 等科技企业为主（见图 4-2）。

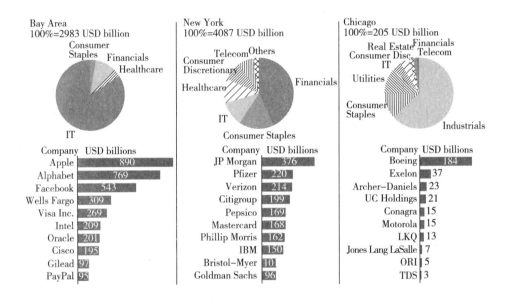

图 4-2　旧金山湾区产业以 IT 等科技企业为主

资料来源：Bay Area Council Economic Institute，麦肯锡咨询公司。

为了进一步发挥大学前沿基础研究和专业人才方面的优势，大量旧金山湾区的高科技企业建立了企业实验室，欢迎大学科研人员进行基础和应用研究，提供了研发工作室、科研设备、资金，并给予科研人员丰厚的报酬。位于旧金山湾区的惠普公司成立了惠普实验室（HP Labs），分别与斯坦福大学和加州大学伯克利分校建立长期的校企研发合作机制，同时为高校的博士生提供实习的机会，并且向他们提供科研资助。世界著名的安捷伦实验室由安捷伦科技公司在旧金山湾区成立，是一家专注于基础研究的实验室，通过早期职业教授奖金吸引大量高校科研人才进入企业实验室工作。

3. 风险投资等创新型资本发挥催化剂作用

旧金山湾区投资机构众多、投资方式多元化、创新创业气氛浓厚，旧金山湾区创新生态系统的活力吸引了来自美国甚至全球的风险投资，创新型资本的催化作用进一步激发了旧金山湾区科技创新的活力。旧金山湾区的风险投资不仅提供股权投资、债务融资等资金支持，还参与企业的重大经营管理和决策，为被投企业汇聚创新资源，提供咨询顾问服务，对被投企业的管理和创新能力的提升发挥了重要作用。自 2005 年以来，在旧金山湾区的风险资本投资总额急剧增加，2005 年，占美国 34% 的风投资金流向了旧金山和圣何塞地区的公司，到 2009 年以后，这一比例攀升至 40%~50%（见图 4-3）。

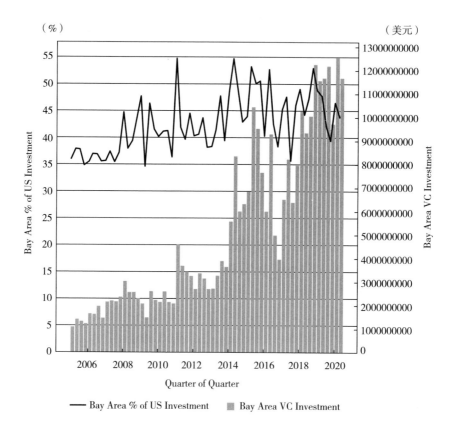

图 4-3 旧金山湾区集聚的风险投资占美国总投资的比例

资料来源：Bay Area Council Economic Institute。

公司经营的好坏、是否具有长期的盈利能力直接关系到风险投资人的回报。为了分散和降低风险，风险投资公司一般会采取多家风险投资公司共同参与、分批投入资金的方式，经过几轮融资的方式向所投企业进行投资。旧金山湾区风险投资的一大特点是风险投资机构一般会参与被投企业的管理，通过关系网络寻找所需的技术研发人才和职业经理人，帮助公司解决发展中遇到的各种难题。可以认为，很多风投公司扮演了创业咨询顾问和孵化器导师的角色。例如，彼得·蒂尔（Peter Thiel）是旧金山湾区著名的天使投资者。2005 年，蒂尔投资 5000 万美元创办 Founders Fund 风险投资基金，为 Airbnb、LinkedIn、SpaceX、Yelp 等数十家科技新创公司提供早期资金，其也是 Facebook 首家外部投资者，为 Facebook 争取了研发、人才等资源。Facebook 上市的时候，Founders Fund 拥有 10.5% 的股份，以 50 万美元的投资获得 30 亿美元的回报。

4. 政府提供全链条的创新支撑保障

旧金山湾区的成果虽然是高度市场化的成果，但政府在旧金山湾区发展进程中尤其是区域创新生态系统建立的早期扮演了极其重要的角色。

第一，在基础研发阶段，制定财税政策为研发创新提供支持。政府在科学研究上的财政投入能够为做基础研究的科学家提供坚实的支持。例如，加州大学伯克利分校所属的社会利益技术研究中心（CITRIS）在初创时获得过联邦基金的 1.7 亿美元以及加利福尼亚州政府的 1 亿美元州立基金支持，帮助其在能源储备、交通等方面获得突破性的研究。加利福尼亚州政府还专门为科技创新企业及相关从业人员提供低税率等优惠政策。

第二，在成果转化阶段，制定专利保护等法律保障创新企业权益。美国很早便重视对专利的保护，并颁布了专利法、商标法、版权法、反不正当竞争法等法律法规。1980 年通过的《拜杜法案》，通过合理的制度安排，使私人部门享有联邦资助科研成果的专利权，鼓励大学建立相应的机构实现技术的产业化，有效地加速科研成果转化过程。

第三，在产品上市阶段，提供政府采购，满足企业需求。新技术和新产品进入市场初期，需要政府引导和支持，其中政府采购发挥了重要作用。20 世纪 40 年代至 60 年代，美国政府是电子工业及航空工业等新兴产业的最大客户；在硅谷发展初期，政府与军方在集成电路、微电子产品等领域的直接采购及委托采购，提供了大量的市场需求。

第四，在上市融资阶段，畅通上市退出机制。美国最早在法律上明确了"有限合伙制"的风险投资体制，并为风险投资和科创型企业量身定做了一个科技型企业证券交易市场——纳斯达克证券交易所，允许养老基金、长期投资机构进行投资，并向风险投资者提供资金支持。

5. 多元开放包容的创新环境有助于形成不断演变的"创新基因"

第一，移民文化。旧金山湾区气候宜人、自然环境优越，加之包容开放的文化气氛、丰富充足的城市服务吸引了大批移民来到旧金山湾区生活。大量技术移民的涌入，从外部为旧金山湾区这个开放的创新生态系统带来了人才、技术、资本和科技成果，形成了多样化的创新群落。不同母语和不同文化背景的工程师、科学家、企业家成为连接全球各地科技创新的纽带，也形成了"多元、开放、平等、包容"的移民文化。旧金山湾区外国出生人口比例约为36%，科学和工程领域60%以上是外国移民，均大幅高于美国平均和世界平均水平。旧金山湾区国际化、多样化的人才结构如图4-4所示。

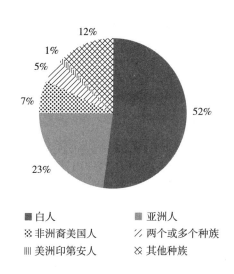

图4-4 旧金山湾区国际化、多样化的人才结构

资料来源：阎豫桂. 粤港澳大湾区打造世界一流创新人才高地的若干思考 [J]. 宏观经济管理, 2019 (9).

第二，工程师文化。旧金山湾区的科技创新企业对工程师给予了很高的地位。很多科创公司的工程师成为了全能型复合人才——不仅懂技术，而且能够把握市场和客户的需求，从而能够设计出创造需求的产品。工程师与企业管理人员一样，除了基本工资以外，还会有奖金和股票期权奖励，每年的休假时间也相对较长，旧金山湾区的工程师也享有很高的社会地位，与医生和律师一样属于专业人才，与旧金山湾区知名大学教授的福利大体相当。

第三，"非共识"文化。创新往往是从无到有、从0到1的，具有开创性、风险性。好的创意和技术设想往往产生于"非共识"之中，开始难以得到大多数人的认同。旧金山湾区的高科技企业鼓励探索、放松限制、不定方向、不问结果，允许和鼓励"非共识"的存在。这种"非共识"文化实际上是一种"鼓励探索、宽松失败"的文化，让科技创新在"试错"中发现突破路径。这是旧金山湾区高科技企业最具特色的文化。

二、东京湾区

东京湾区包括东京都、埼玉县、千叶县、神奈川县、群马县、茨城县、栃木县、山梨县，占地面积约3.6万平方千米，占日本国土面积的9.6%，拥有全国约35%的人口、40%的国内生产总值、35%的日本本土企业。东京湾区核心区由"一都三县"组成，包括东京都、埼玉县、千叶县、神奈川县，是日本的政治、经济和产业中心，也是日本最具发展活力的地区。此外，位于茨城县的筑波科学城是由日本政府主导建立的世界著名科学园区，可以称为东京湾区核心区的"创新飞地"。

东京湾区是世界上人口最多、城市基础设施比较完善的都市圈，城市化率超过80%，每平方千米产出值约为1.3亿美元，是全球经济密度最高的区域。与以市场导向为主的旧金山湾区相比，东京湾区突出了政府规划设计和政策引导，对我国区域创新生态系统的建设具有很多借鉴意义。

（一）东京湾区区域创新发展现状

东京湾区是一个名副其实的"产业湾区"。进入21世纪，东京湾区从传统制造业为主向电子信息产业、金融业等知识型产业转变，逐渐形成了区域创新高地。《2021年全球创新指数报告》世界科技产业集群百强榜单中，东京—横滨排名居世界首位；澳大利亚智库 2thinknow 2019 年全球创新城市排名中，东京居第二位。

1. 产业优势明显，企业是创新的主要力量

日本科技研发绝大部分在企业。根据日本文部科学省调查，2017 年日本企业研发经费为 13.79 万亿日元，占日本全国的约 80%。先进制造业、生产性服务业等产业的集聚不仅为创新提供了技术需求，还提供市场空间和持续推动力。产业全球化加速了城市之间的经贸往来和创新要素流动，像东京湾区这样在全球产业网络中处于枢纽和支配地位的城市群最有可能成长为创新高地。东京湾区前12 强高新技术企业如表 4-2 所示。

表 4-2 东京湾区前 12 强高新技术企业

序号	企业	涉及领域
1	软银（Softbank）	芯片、电信等领域投资
2	日本电信电话（Nippon Telegraph and Tel）	电信业务
3	索尼（Sony）	消费电子产品
4	KDDI 株式会社（KDDI）	电信运营
5	日立（Hitachi）	电子显示器、存储器件、消费电子
6	住友集团（Sumitomo）	光通信器件、光学镜头等
7	松下（Panasonic）	电视机、照相机、家用电器等
8	佳能（Canon）	数码相机、广播器材、打印机等办公设备
9	三菱电机（Mitsubishi Electric）	功率模块（IGBT、IPM、MOSFET 等）、微波/射频和高频光器件、光模块等
10	东芝（Toshiba）	消费电子产品、电子元器件
11	信越化学（Shin-Etsu Chemical）	半导体、稀土磁铁、光刻胶等材料
12	三菱化学（Mitsubishi Chemical）	存储、显示、半导体等功能材料

资料来源：Wind 数据库。

2019 年东京湾区 PCT 专利申请机构中，三菱电机、索尼、日本电信电话排名前三。东京湾区研究方向呈现出多元化发展态势。在《国际大都市科技创新能

力评价 2020》①中，在基础和应用基础研究领域，医学、工程电子与电气、物理、化学、生物等多个领域均进入榜单前十；在新兴技术分项排名中，东京在十项新兴技术有九项排名前五，其中氢能、石墨烯、量子计算、边缘计算这四项技术排名第一。近年来在人工智能、无人驾驶技术方面的优势使东京在全球创新网络中的地位进一步巩固。

2. 高等院校集聚，科研资源领先全球

东京湾区聚集了日本最多的科技研究资源，截至 2018 年，东京湾区共有 263 所高校，占日本全国的 1/3。东京湾区内的大学不仅包括东京大学、早稻田大学、庆应义塾大学、筑波大学等著名综合性高校，还包括一些专业领域拔尖的高校，如日本国内顶尖的医科大学——东京医科齿科大学，主攻工程技术的东京工业大学，主攻海洋研究的东京海洋大学等。2014 年，日本政府实施"超级国际化大学"计划，其中东京湾区涵盖了 A 类计划 13 所大学中的 6 所（东京大学、早稻田大学、东京工业大学、庆应义塾大学、筑波大学和东京医科齿科大学），B 类 24 所大学中的 11 所，共占"超级国际化大学"计划的 46%。

东京湾区高校突出学科设置的创新教育和创新导向，将学科体系分为三种：基础性科目、竞争性科目、独创性科目。通过设置创新教育科目层层推进，在专业系统学习的基础上对学生提出具体目标并引导学生进行自主创新。在高被引论文学者数量方面，按 2000~2018 年所发表论文计算，东京湾区共有 9514 位全球高被引科学家，居全球首位。发表的科研论文大多得到政府各类资助资金，如 2019 年东京发表的学术论文中，政府基金项目资助的论文有 20501 篇，占 60.2%。查找 2019 年公开的 PCT 专利数量领先的前 500 位机构中，东京无论是在机构数量还是在 PCT 专利量上均居全球首位（见表 4-3），平均万人 PCT 专利数量为 19.7 项。

表 4-3　基于领先研发机构的城市排名

排名	城市	全球前 500 位机构数量（家）	PCT 专利量（项）
1	东京	89	25170
2	深圳	26	12591

① 国际大都市科技创新评价中心、上海市前沿技术发展研究中心发布。

续表

排名	城市	全球前500位机构数量（家）	PCT 专利量（项）
3	北京	20	4388
4	大阪	16	5345
5	巴黎	10	2434
6	首尔	9	7156
7	伦敦	9	928
8	慕尼黑	8	3088
9	纽约	7	733
10	斯德哥尔摩	8	3088

资料来源：Wind 数据库。

3. 科研机构众多，集聚顶尖大科学装置

除大学外，东京湾区内还聚集了全国40%左右的学术研究机构和超过60%的研究人员。东京湾区在生命科学、化学、材料科学、地球物理、数学等方面构建了跨领域融合性的世界顶级水平研究所，包括东京大学 Kavli 数物联合宇宙研究机构、东京工业大学地球生命研究所等。东京湾区内还建有亚洲最大的科学城——筑波科学城，汇聚了日本国家物质材料研究所、日本产业技术综合研究所等大型科研院所。

东京湾区还集聚了全球顶尖的大科学装置。例如，位于东京的日本高能加速器研究机构 KEK，汇集了质子同步加速器、脉冲散裂中子装置、光子工厂等八个世界顶级大科学装置，形成举世闻名的国际大科学装置群。东京湾区也是开放共享机制的先行者，重大科学基础设施的开放共享吸引来自全球其他国家或地区的科学家。1998 年开始运行的非对称正负电子对撞机 KEKB 吸引了由 13 个国家、53 个研究单位、约 300 位研究人员组成的 Belle 实验组，备受世界瞩目。

4. 建设多层次的创新金融支持体系

日本是较为典型的以银行主导的间接融资为主的金融体制，在支持科技型企业融资方面，东京湾区建设多层次的创新金融支持体系，主要有四个方面：一是建立政策性金融机构。如国民金融公库、中小企业金融公库、环境卫生金融公库等，为中小企业发展提供低息融资服务，扶持中小企业的发展。二是运用信用担保为中小企业增信。形成了中央与地方风险共担、担保与保险有机结合的增信体

系。例如，东京信用保证协会是为东京湾区中小企业提供信用担保的重要机构，东京都政府向东京信用保证协会提供贷款，东京信用保证协会与银行等金融机构签订信用担保合同，促进东京中小企业从银行取得贷款。三是鼓励风险投资发展。1997 年，日本出台《天使投资税制》，促进相关风险资本的投入，保证多元化资金来源；2009 年，日本政府与 19 家大企业在东京湾区联合成立公私合作金融机构——株式会社产业革新机构（INCJ），为电子信息、机械器件、新材料和健康等新兴产业提供大额股权资金。四是发展多层次资本市场。日本构建了主板、二板、三板三个层次的资本市场。二板市场即 JASDAQ 市场，类似于美国 NASDAQ 的创新创业资本市场；三板市场即 MOTHERS 创业板市场，JASDAQ 市场和 MOTHERS 市场主要面向科技创新企业。

（二）东京湾区区域创新主要经验

东京湾区主要从四个方面着手提高区域科技创新能力：一是重视顶层设计，加强基础科学研究，从"跟随模仿"走向"自主创新"；二是调整科研体制，促进科研人才流动，加快科研成果产业化的进程；三是形成合理布局的多圈层的都市圈功能体系；四是大力发展科技创新中心，促进创新资源集聚。

1. 重视区域创新生态系统的规划设计

东京湾区区域创新生态系统的形成和运行，与日本的发展规划和产业政策是密不可分的。2001～2002 年，日本政府先后推出产业集群和知识集群计划，这些产业集群经过 10 多年的引导发展，已经进入自组织运行和演化的"生态系统期"，相关政策也从主导性退为辅助性，由直接政府出资建设转变为吸引和培养人才、加强产学研融合、推动中介服务，重点在于提供一个良好的生态环境。

（1）在规划设计方面，日本政府在东京湾区超前制定鼓励创新的法律法规、经济发展战略和专项规划，加强政策扶持和引导功能。日本区域创新计划由中央政府和地方联合实施，中央层面由经济产业省的中小企业厅负责制订产业集群计划，地方的经济产业局制订和协调本地区集群发展计划。在规划设计中，东京湾区十分注重听取各类创新主体的意见，地方政府会经常性地召集企业、高校、科研机构、金融机构对创新集群发展的技术发展趋势、产业化路线等进行集中讨论，通过多轮讨论后，联合第三方组织制定产业集群发展规划。

（2）在产业集群方面，在 21 世纪初期，日本东京借鉴美国硅谷的发展经验，聚焦前沿科技和新兴产业，对 27 个区域制定实施集群创新政策，在信息技术、高端制造、生物技术等新兴产业确定了迈向世界一流的产业集群，给予重点资助。2006~2014 年，东京都政府先后制定出台了《10 年后的东京——东京将改变》《2020 年的东京——跨越大震灾，引导日本的再生》《创造未来——东京都长期愿景》等区域发展规划。通过区域的产业政策引导，东京湾区已形成高新技术、精密机械、对外贸易、金融服务、创意设计等大型产业创新集群和现代装备制造中心。

（3）在吸引人才方面，东京湾区大幅度开放接收海外留学生；实施"240 万科技人才开发综合推进计划"，旨在培养 240 万名精通信息技术、生物、纳米材料、环境等领域的独创性领军科技人才，创造新的产业领域。

（4）在产教融合方面，东京湾区有效发挥高等学校教育培训作用，促进产教融合，形成了"产业（集群）+研发（基地）"的发展模式，有效带动了企业的产品研发和科技创新。一方面，企业把大学作为继续教育的重要基地；另一方面，企业纷纷创办研究院和教育培训机构，如丰田、松下、日产、三洋、本田等大企业都设有自己的培训中心或研究院。

2. 构建"产学官"开放式的创新生态系统

日本政府认识到建设政产学（日本称为"产学官"）协同创新生态对提升创新能力具有重要作用。产学官中的"产"是民间企业和非政府组织等将研发成果转化满足市场需求的一方，"学"是大学、专科院校和科研院所等从事科技研发和人才培养的一方，"官"是制定和执行科技政策的各级政府机构。1988 年，日本通过了《大学等技术转化促进法》，该法以促进高校科技转化为突破口，建立大学技术转移机构（Technology Licensing Organization，TLO），同时赋予大学和科研机构更大的行政自主权。

日本经济产业省在 2008~2012 年推出了"区域产学官协同创新计划"，推动科研设施和专业人才的跨界共享，在大学技术转移机构（TLO）建立协同创新培养机制。2010 年，日本政府发布《基于创新"生态系统"建设的产学官协同创新战略》，旨在创造一个人、财、物等各个要素协同的"产学官开放式创新生态系统"。东京湾区建设了一个关东创新共同体，由东京都市圈 7 所高校、13 家地方科研院所和 7 家财团法人组成，目的在于整合高校和科研院所的科研设施和人才，为科创企业提供软硬件技术共享服务。TLO 在帮助创新主体取得国外专利时，政府将提供专利申请费用 2/3 的补助金。东京湾区的东京工业大学、山梨大学、野村证券株式会社等八家技术转移机构得到过该项目的资助。

3. 形成各有分工资源互补的都市圈功能体系

东京都市圈包括中心区和多摩（Tama）地区（东京都中除去东京 23 区及岛屿地区以外的区域），东京都市圈各城市都有明确的功能定位，形成了多中心多功能的都市圈。东京都东侧的千叶县拥有千叶港和成田国际机场，既是商贸物流和国际交往中心，又是钢铁、石油、装备制造等工业的聚集地；位于东京都北侧的埼玉县和多摩地区，交通基础设施密集发达，自然环境优良，分担部分首都行政职能，接收东京中心区大学、研发机构和高科技产业转移。神奈川县是核心工业聚集地，辖内的横滨市和川崎市是京滨工业带上的核心工业城市，拥有横滨港和川崎港两个国际大港，同时也承担了贸易和国际交往功能。

东京都市圈快速发展几十年后，城市空间规模急剧扩大，人口密度过高。1976 年东京都在《第三次首都圈基本规划》中，首次提出疏解东京职能，推进次中心的多功能集聚，重点打造向西以横滨地区为中心的京滨工业带和向东以千叶县为中心的京叶工业带。东京核心区发展创新研发等高端生产性服务业，多摩地区发展为东京高科技企业、研发机构、高校集聚区，同时基于良好的生态环境发展宜居的"卧城"，疏散东京人口压力；神奈川县和埼玉县接收东京一般制造业和物流业的梯度转移；建设筑波科学城，疏解东京教育和科研职能，形成高科技研发基地集聚区。东京湾区最终形成了以东京为核心、多个副中心各有分工、资源互补、一体化发展的"多功能多圈层"城市群（见表4-4）。

表4-4 东京湾区核心区的多中心城市功能体系

地区	功能定位
东京中心区	政治、文化、国际交往中心；集聚高校、科研机构、金融等核心创新主体，承担创新策源功能
多摩地区	东京高科技企业、研发机构、高校集聚区，接收东京中心区大学、研发机构和高科技产业转移
千叶县	机械装备、化工、钢铁等制造业集聚区，承担物流、国际商贸功能
埼玉县	分担部分首都行政职能，集聚商业、地产等产业
神奈川县	核心工业集聚区，承担商业和国际交往功能
筑波科学城	国家级科学研究中心和技术研发转化基地

资料来源：Wind 数据库。

4. 大力建设筑波科学城，推动创新资源集聚

筑波科学城集聚了日本 30% 的国家研究机构和 40% 的研究人员，是日本国家级科研基地。筑波科学城位于东京湾区的茨城县境内，距离东京都 50 千米、距离东京成田国际机场 40 千米，2018 年，筑波科学城总面积 284 平方千米，人口约 24 万，其中国家技术研究人员 2.4 万余人，平均每 10 人里面就有 1 位研究人员，是日本国内研究机构和人才最为密集的地区。

筑波科学城始建于 1963 年，基于从"贸易立国"转向"技术立国"的需要，日本政府计划集聚全国优势科技创新资源，兴建科学城。1974 年，日本政府将所属 9 个省（厅）的 43 个研究机构，共计 6 万余人汇聚筑波科学城，建立了国家实验研究机构，并组建筑波大学，形成综合性学术研究基地和高水平的教育中心。筑波科学城设立专门的产学研合作中心，通过协同研究、联合研究和学术指导等方式促进高校科研成果转化率，为园区培养科技人才并提供知识基础。筑波科学城积极促进大学与产业、科学城内各研究机构之间的相互合作，为企业提供各种出租实验室和办公室，培育风险投资公司，促进工业界、学术界和政府间的合作。筑波科学城还注重与国内外研究教育机构之间开展研究交流，集中了世界顶级的研究教育机构，截至 2016 年，在筑波科学城的外籍研究人员和留学生约 8000 人，遍及 129 个国家或地区，占全市人口的 3.5% 以上。筑波科学城在巩固日本的科学技术基础、缩短乃至赶超欧美发达国家方面发挥了非常重要的作用，在日本电子信息、生物工程、机器人、新材料、环境科学、新能源、地球科学等领域发挥了科技创新发动机的作用。

三、建设区域创新生态系统的经验启示

从全球主要创新前沿国家的发展历程看，不论是以自然市场力量形成的旧金山湾区，还是以政府规划引导形成的东京湾区，要实现区域创新的良好发展，都要建设一个运行良好、协同开放的区域创新生态系统。

1. 区域创新模式已经进入生态系统的发展阶段

以数字化技术为主导的新一轮科技革命，使创新形态和组织模式发生深刻变

化，创新从过去的线性突破进入多主体多技术协同推进、群体性演变的阶段，横向上的领域交叉和纵向上创新链各节点的融合能够释放叠加效应和倍增效应。创新要素流动加快，创新主体相互渗透、相互合作日趋紧密，网络化、生态化、协同化成为创新发展新特征，一个国家或地区创新成败的关键在于是否拥有适宜的创新生态。创新的生态是由创新企业、高校、科研院所、政府部门、用户等创新主体和人才、技术、资金、数据等要素组成的，特别是以科学家、工程师、企业家等为代表的不同创新群落的深度合作，能够触发很多原创性、引领性的技术突破，满足社会需求，创造社会价值。人才、技术、资金、数据等创新要素普遍具有流动性，推动创新生生不息、蓬勃发展的根本是构建具有广泛多样性、充分流动性、自我修复性的创新生态系统。这个系统也应具有开放性和协同性，使得各类创新要素得以持续产生产业化能力。

2. 建设区域创新生态系统需要具备一些必要的基础条件

一般而言，区域创新生态系统的建立应当具备五个条件：一是拥有科研水平较高的教育体系，包括基础教育和高等教育体系，人口素质较高、科研能力较强，具备良好的科技研发基础和人才培养基础；二是拥有一批具有创新意识和创新能力的高新技术企业，具有良好的市场需求挖掘和科技转化基础；三是形成一些从事基础研究、应用研究、工程研究、产品开发的科研机构和科技基础设施，提供原创型和面向市场需求的科技研发力量；四是政府在基础研究投入、知识产权保护、税收优惠、政府采购、公共服务等创新全链条给予政策支撑和保障；五是各城市各创新群落从战略规划和合作意向开始，就形成共建共享的原则性共识，共同建设一个联合共同体，形成规模效益和协同效益，避免同质化过度竞争，实现创新要素的合理分配、共享利用，进而实现共同可持续性均衡发展。

3. 城市群是区域创新生态系统的主要空间载体

在现代区域经济格局中，以一个或若干中心城市为带动的城市群具有资源集聚能力强、空间利用效率高、规模效应明显等特点，是当今世界经济发展最为活跃的地区。科技研发和成果产业化成本很高且耗时长，研发中由于操作经验、技能技巧产生的"隐性知识"也需要在工作中积累和传递，只有在空间上有效聚集创新资源和要素，实现规模效应，才能提升区域整体创新能力。旧金山湾区在市场自发和政府引导的双重作用下，形成了多主体、多层次、立体化、协同化的创新生态系统，并发展了城市群内跨城市的多点支撑创新空间网络。东京湾区在推动创新资源集聚发展的同时，形成了各有分工、资源互补的都市圈功能体系，推动创新人才的自由流动以及科研平台的共建共享，一体化多功能多圈层的城市群网络，大大提升了创新的协同效率。我国也应聚焦城市群这一空间，推进创新资源的开放整合，促进创新要素高效配置，最大限度激发创新活力。

4. 以企业为核心的多元主体协同创新是区域创新生态系统的基础

从旧金山湾区和东京湾区的实践看，创新活动经常发生在学科领域的交叉处，也经常发生在不同主体创新活动的连接处，企业在创新活动中发挥了核心作用，在创新投入布局、创新方向把握、创新活动组织、创新需求与供给的衔接、创新收益分配等不同方面都扮演着关键的角色。高等学校与企业联合，进而形成"政产学研用"协同创新的合作模式，是实现旧金山湾区和东京湾区创新发展的最优路径，成为推动区域产业升级和经济发展的动力之源。协同创新的要义，就是各类从事创新活动的主体以创新资源共创共享为基础，以联合研发、优势互补、风险分担为原则，围绕创新链和创新生态布局创新联合体，企业、高校、科研机构、政府、用户在不同环节相互嵌入，实现技术、人才、信息和管理等创新要素的有效整合，达到"1+1+1+1+1>5"的效用。

5. "软硬兼备"的创新环境是良好创新生态系统的重要标志

从日本东京湾区种类繁多的规划计划以及美国旧金山湾区政府创新链服务的经验可以看出，政府在规划计划引领、技术早期投入、协同创新平台、体制机制建设、知识产权保护、人才引进培养、财税金融支持等多个维度发力，政府创新治理手段逐渐从刚性治理转向柔性治理。如前文所述，东京湾区将专家咨询和公共咨询作为重要政策制定程序，政府会经常性地邀请科学界、产业界、中介机构和社会公众共同参与创新规划和决策；旧金山湾区重点培育了"移民文化、工程师文化、非共识文化"，让自由探索、宽容失败的创新文化根植于创新生态系统的方方面面，有助于形成颠覆式创新技术，改造迭代创新生态中的"创新基因"。这些对我们的启示是，建设区域创新生态系统，不仅需要"硬条件"，还需要"软环境"，最重要的是形成开放包容的创新环境，让创新生态系统得以良性运行。

6. 政府的规划和政策重在构建生态，形成自组织机制

从旧金山湾区和东京湾区看，政府都经历了直接引领、重视创新链前端研发到系统化构建生态的过程，不断加强生态圈的联结性、融合性和开放度，目的是促进形成区域创新生态自组织机制，激发创新活力。自组织机制具有自我适应、

自我修复、自我进化的功能，能够从内部形成适应外部需求、技术变革的动力，促使整体生态系统与各子系统和各创新要素的正向耦合，并推动系统在"短期平衡—短期非平衡—长期平衡"间形成动态修复和进化的能力。旧金山湾区和东京湾区的实践表明，自组织机制的形成是区域创新生态系统成熟的标志，在自组织机制发挥作用之前，政策导向趋向于促进创新主体的汇集、创新要素的交流等直接干预型措施；一旦生态系统形成自我运行、自我进化的能力，政策导向也从主导性退为辅助性，主要是促进系统的对外开放、创新主体的竞争、创新环境的优化等，使区域生态系统有序运行和良性发展。

本章小结

本章将视野切换到全球，通过对美国旧金山湾区和日本东京湾区两大区域创新生态系统建设的对比研究，重点分析了国际上区域创新生态系统是如何建立的，都有什么特点，为我国区域创新生态系统的建构与完善提供可供参考的经验与启示。

本章的核心观点是旧金山湾区和东京湾区都是创新活动和创新经济蓬勃发展后形成的全球创新高地，也拥有激励创新的良好生态，这实际上就是区域创新生态系统的实践样板。旧金山湾区和东京湾区都集聚了大量创新引擎企业，形成了世界一流大学群和区域人才培养体系，集聚了国家实验室等顶尖大科学装置，发挥了大量科技中介机构的支持保障作用。其中美国旧金山湾区更加突出集成、融合、跨界的协同创新发展路径，"移民文化、工程师文化、非共识文化"等多元开放包容的创新环境有助于形成不断演变的"创新基因"；东京湾区更加重视区域创新生态系统的规划设计，旨在从上到下构建产学官的创新生态系统，形成各有分工、资源互补的都市圈功能体系。综上所述，对我国建设区域创新生态系统具有重要启示：区域创新模式已经进入生态系统的发展阶段，建设区域创新生态系统需要具备一些必要的基础条件，城市群是区域创新生态系统的主要空间载体，以企业为核心的多元主体协同创新是区域创新生态系统的基础，"软硬兼备"的创新环境是良好创新生态系统的重要标志，政府的规划和政策重在构建生态，形成自组织机制。

第五章
区域创新生态系统的形成机制与组成结构

伴随着第四次技术革命和产业变革的到来，创新的内涵和外延已不仅仅是经典创新理论所提出的技术创新、企业创新、产业创新的范畴，在万物互联的时代，创新的内涵、形成机制和组成结构发生了根本性变化。通过观察创新发展的脉络发现：创新主体形成创新群落，创新要素在创新链条的流动中与创新主体形成互动机制，并在一定的空间载体和创新环境中相互融合相互作用，形成了区域创新生态系统。

一、区域创新生态系统的形成机制

"创新"这个概念是由熊彼特（1912）在观察企业运行管理后提出来的，创新是企业对新的生产要素和生产条件进行的重新组合，属于企业组织管理研究领域。随着技术的进步、时代的变迁，尤其在以数字技术为代表的第四次技术革命时代，科学和技术、自然科学和人文社会科学之间的"跨界""融合""交互"成为新的时代特征。"创新"这个融合自然科学、经济学、管理学、科学学的领域，也成为学科间交叉融合的地带。实际上，"创新生态系统"就是企业创新实践中对创新概念的内涵和外延的一次深入而系统性的认识。研究"区域创新生态系统"的形成机制，也应以企业创新为"原点"，从空间的视角解释企业等多主体的创新行为。

（一）从产业链价值链看创新生态系统的形成

区域创新生态系统源于创新生态系统，是由创新链分析框架演变而来的，而创新链又是在基于产业链的价值链研究上的深化。价值链（Value Chain）最初是由美国哈佛大学迈克尔·波特（Porter，1990）在《竞争优势》一书中提出的分析框架，其内涵是任何产业链条都是由一系列相互联系而又相互独立的"价值节点"构成的，包括研发、设计、制造、组装、营销、服务等，随后价值链不断拓展，企业内部的"价值节点"分工外化为独立的企业，在产业链条的企业形成了创新价值链，以"价值节点"附加值衡量，多数产业形成了一条"微笑曲线"的形状（见图5-1）。

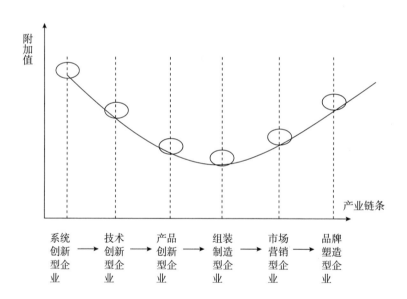

图 5-1　产业创新链"微笑曲线"

资料来源：笔者自绘。

结合国内外学者（Hansen and Birkinshaw，2007；Roper and Du，2008；Kroon and Mohalajeng，2016；余泳泽，2015；李晓锋，2018）对创新价值链的研究，创新价值链是基于产业链价值链延伸出来的，可以归纳为"基础研究—应用开发—工程制造—市场营销—品牌塑造"等流程的"接力棒式"的链条。图5-1描述了产业创新链上的不同企业所处的位置和附加值高低。结合国内外学者的研究，从附加值来看，组装制造型企业的附加值相对最低，产品创新型和市场营销型企业较低，技术创新型企业、品牌塑造型企业较高，而系统创新型企业最高。这也体现了企业创新不同阶段和不同战略下的不同创新模式，即企业创新的技术导向、市场导向、技术与市场互动导向、一体化创新导向、系统网络化创新导向等。

创新价值链在 20 世纪 90 年代被认为是创新知识生产的过程，将内部研发作为知识产生的唯一来源。随着技术的发展、认识的深化，学界普遍认为创新链不是封闭的、静态的，从单个企业（或单个产业）的角度看，创新链是以企业为主体的创新生命周期各个阶段的动态演进关系。在企业的创业阶段（或产业发展初期），创业者抓住新技术趋势，运用自身及周边的创新要素，缓慢实现市场价值；在企业的成长阶段（或产业发展壮大期），创新企业顺应技术快速发展、市场打开的趋势，迅速得到外部创新资源和要素，实现市场价值的快速增长；在企业的扩张阶段（或产业成熟期），创新企业利用成熟稳定的技术，凭借自身积累的创新资源优势，在市场竞争和合作中取得均衡，实现市场价值的最大化；在企业的转型/衰退阶段（或产业转型/衰老期），有战略眼光的企业家为避免企业市场价值出现衰退，会抓住新的技术趋势，利用新的市场机会，打造企业新的创新曲线，在原有市场价值出现颓势时，把企业资源更多地转移到新的创新价值曲线上，以获得企业创新转型后的价值提升（见图 5-2）。

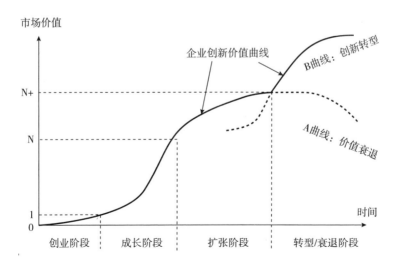

图 5-2　基于创新生命周期的企业创新价值曲线

资料来源：笔者根据路江涌《共演战略》书中绘图改编。

一个企业、一个国家或地区要实现转型升级，实现创新价值曲线不断上升，需要实施创新驱动发展战略。随着技术创新从封闭到开放再到系统集成与网络化创新，创新理论逐步将技术长线和制度创新整合到一个逻辑框架下，出现了融合至系统论的趋势。从新古典增长理论到国家创新体系（NIS）理论，再到演化经济学的最新发展，西方经济学界和管理学界认为创新范式的演变经历了三个阶段：线性范式阶段、创新体系阶段和创新生态系统阶段，创新朝着更注重全面化、系统化推进。2013 年，哈佛商业评论《拥抱创新 3.0》总结了创新驱动发展战略的演化脉络：从创新 1.0 阶段（企业内部的封闭式创新）到创新 2.0 阶段（开放式创新，融合外部创新资源），再到创新 3.0 阶段（协同共生式创新），创新已经从企业创新的范畴转为全社会创新的范畴，进一步体现为涉及政府、企业、大学院所和用户的"四螺旋"创新。借鉴多位学者的研究贡献，本书对创新范式 1.0 到创新范式 3.0 进行了对比分析（见表 5-1）。

表 5-1　创新范式的演进与比较

	创新范式 1.0	创新范式 2.0	创新范式 3.0
特征	线性、封闭式创新	开放、融合式创新	协同式创新生态系统
创新主体	企业内部	政产学融合	政产学研用"共生"
研发方式	自主研发	合作研发	物质、信息、能量互馈
价值实现载体	产品	产品+服务	产品+服务+体验
创新模式	集中式内部创新	开放式外部创新	跨组织跨主体生态系统化创新
创新出发点	在企业内部线性创新，纵深研究专业技术	以用户为中心、面向市场需求的创新	多主体参与、多要素互动的融合交互式创新
创新驱动模式	"需求+科研"双螺旋	"政府＋企业＋学研"三螺旋	"政府+企业+学研+用户"四螺旋
理论架构	内生增长理论	知识溢出理论	演化经济理论

资料来源：笔者整理。

在以数字化为代表的产业变革背景下，数据要素和数字技术的广泛应用使传统工业时代产品的设计方式和生产方式被彻底改变和重新定义（Yoo et al., 2012）。基于数字技术的两个重要特征——连接性（connectivity）和融合性（convergence），企业获得知识、进行创新的方式有了很多变化，创新理论和技术经济呈现新的特点：一方面，技术创新从封闭到开放再到系统集成与网络化创新，创新理论逐步将技术长线和制度创新整合到融合系统论的逻辑框架中；另一方面，以数字经济为代表的技术经济范式呈现出网络效应、生态效应和范围经济等特点。

数据作为一种新的生产要素融入社会生产和创新活动中，改变创新的本质，拓展和完善传统创新理论（Nambisan，2018），创新已经从企业创新的范畴转化为全社会创新的范畴，进一步体现为政府、企业、大学院所和用户的"四螺旋"创新。创新生态系统正是在新一轮科技革命和产业数字化背景下基于创新链和创新理论研究的最新成果。越来越多的国家及地区将构建良好的创新生态系统作为抢抓新一轮技术革命机遇的重要载体。

（二）从空间维度看创新生态系统的形成机制

创新生态系统是将生态学引入数字时代创新战略的一种新型分析框架，它是一个区域或产业实施的，与技术扩散、知识传播行为相关并影响创新效果的各种条件的综合。但是这个创新活动是在一定空间内的创新行为，具有很强的地理空间属性。区域创新生态系统是特定区域内以创新企业为核心，以政府、高校院所、用户等创新相关方为补充，以合作共生为基础，以协同创新为目的，实现创新资源共享、优势互补、风险共担的生态圈。

从创新范式 1.0（线性封闭式创新）到创新范式 2.0（开放融合式创新）再到创新范式 3.0（协同生态式创新），区域创新生态系统的形成过程在空间上也体现出线性封闭结构到开放结构再到网络化结构的特征（见图 5-3）。线性创新结构主要是企业的技术创新和产品创新，主要关注技术与市场需求的相互作用；网络创新结构则涉及企业、大学、科研机构、政府、用户等各类主体，以及复杂的创新主体、要素及环境之间的网络关系。在全球创新实践中，20 世纪 80~90 年代，创新从线性的创新范式 1.0 转向体系化的创新范式 2.0，世界上许多国家和地区纷纷建立了国家/区域创新体系以推动创新的发展，进入 21 世纪，特别是伴随着数字技术引领的第四次科技革命的到来，创新范式再次嬗变，从机械式、工程化的创新体系转向协同式、跨界式、生态化的区域创新生态系统。

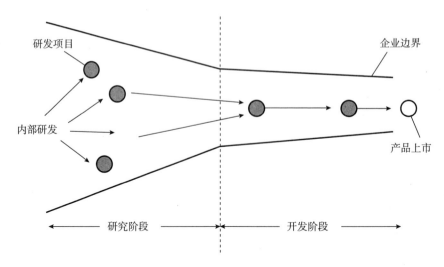

（a）创新范式1.0（线性封闭式创新）

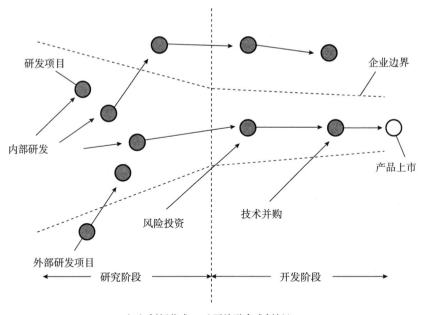

（b）创新范式2.0（开放融合式创新）

图5-3　区域创新生态系统的形成

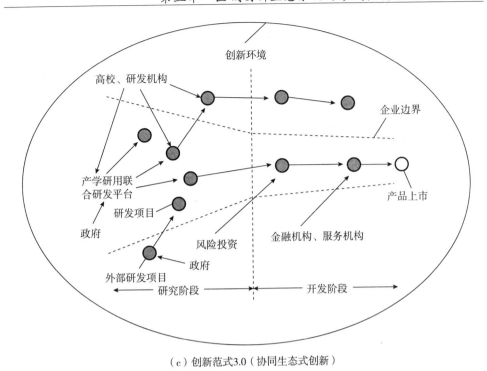

（c）创新范式3.0（协同生态式创新）

图5-3 区域创新生态系统的形成（续）

资料来源：笔者自绘。

从空间维度看，可以将区域创新理解为沿着"单一企业或组织封闭式创新→基于产业链合作的多企业创新→基于产业集群的开放式创新网络→多类别主体区域创新生态系统"的路径演进，简单可以理解为"点状→线状→网状→多维交互"的过程，这也是区域创新生态系统的形成路径。

需要说明的是，与产业创新生态系统不同，区域创新生态系统专注于给定区域空间内，某一产业内部创新企业之间、不同产业创新企业之间、区域内外产业之间的创新联结。从空间看，产业创新生态系统根据产业链和创新链布局，既可以存在于特定区域，又可以跨区域布局；区域创新生态系统则聚焦于特定区域，既可能专注于某一个创新产业，又可能存在多个创新产业，区域创新生态系统既可以存在于某一国家或地区内部，又可以跨国或跨境（如欧洲创新联盟）。

区域和产业创新生态系统的空间布局和边界如图5-4所示。产业创新生态系统 A 存在于区域创新生态系统 A 中，但也有产业创新生态系统 B 跨越了区域创新生态系统 A 和区域创新生态系统 B；既有存在于境内的空间形式的区域创新生态系统 A、区域创新生态系统 B（如我国的长三角城市群、京津冀地区等），也有区域创新生态系统 C（如我国粤港澳大湾区）这种跨境的空间形式。

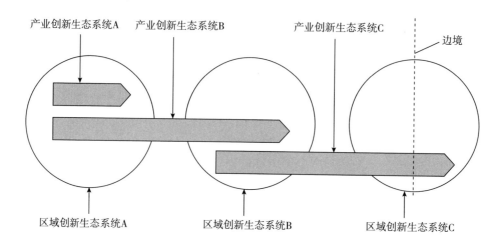

图 5-4　区域和产业创新生态系统的空间布局和边界

资料来源：根据邓金堂等《区域现代产业发展：一个创新驱动战略理论视角》书中绘图改编。

旧金山湾区（硅谷）的发展历程就是区域创新生态系统形成的过程。从"二战"前后在旧金山湾区建立的科学实验室开始，伴随国防科技创新和计算机的发明，半导体鼻祖 Fairchild（仙童）公司在硅谷建立，形成了单一企业创新的局面；之后仙童公司变为 8 家半导体公司，半导体产业又细分为设计、研发、制造、技术咨询、市场营销等产业，形成了半导体产业链上的多企业创新格局；随着个人计算机的兴起，以 Intel 公司为代表的硬件企业和以 Sun、Oracle 公司为代表的软件企业形成了新的主导产业，硅谷也逐渐形成了基于产业集群的开放式创新网络；随着斯坦福大学等高校在基础研发和技术转化的深度参与，互联网的诞生涌现了 Google、Apple、Facebook 等新兴企业，硅谷逐渐演化为多类别主体区域创新生态系统，新型科技公司和斯坦福大学、加州大学伯克利分校等名校甚至形成了产学研一体化的跨界创新组织，在创新领域，不同类别的创新主体界限变得模糊，尤其是在大数据、物联网、人工智能、生命科学、新能源、空天技术等领域，协同式的区域创新生态系统发挥了重要作用。图 5-5 是在图 5-2 产业创新生命周期的基础上，在特定区域上拉长时间周期，描绘了不同时期不同阶段硅谷最具代表性的核心技术和产业的创新演进，可以看出，每一次技术创新和产业变革都带来了区域价值的整体跃迁。

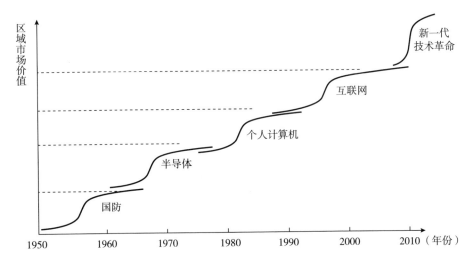

图 5-5　硅谷技术——产业的创新演进

资料来源：参考《硅谷前沿：创新和创业的栖息地》一书制作而成。

从硅谷创新演进的路径看，一个区域的主导产业的转换是区域创新发展的根本路径。一个国家或区域的主导产业不仅是该地区的支柱产业，还是该地区的创新源。空间增长极理论认为，一个国家或区域成长为新的增长极，关键是该地区的主导产业成为主要的创新型产业部门。增长极理论学者罗斯托（Rostow）曾提出，主导产业的转换升级，是区域持续增长以及区域产业结构高端化、合理化的主要原因。

伴随信息技术的发展、全球化的普及，学术界出现过一个观点，即随着技术的升级完善，创新活动将不受空间的限制，在地理上趋于均匀或均衡分布。然而事实却与之相悖，知识和技术在某一城市或某一区域有加剧集聚的趋势，显示出明显的地域特色。学者们意识到应该考虑一组特色的、以技术创新为基础的子系统，其中的每一个子系统以一个特定的地理范围为边界，这些子系统在这个区域系统中进行连接，支撑国家或区域的发展。

为了解释创新活动呈现的空间极化特征，Asheim 和 Gerlter（2005）认为，知识可以分成综合类、分析类两类知识。综合类知识表现为已有知识的应用及再创造，多为经验积累和"干中学"产生的隐性知识，具有明显的地域属性。分析类知识强调技术创造性，该类知识以人才为载体进行传播，需要面对面交流，因而人才的集聚会形成该类知识的空间集聚区，并且人才的多少会形成区域差距。处于创新链不同位置的主体具有不同的功能和获益方式，而形成"路径依赖"。处于创新链前端的主体更容易利用自身优势寻求打破市场平衡，市场将由平衡进入非平衡状态，创新链后端的主体则在非平衡的市场状态中承接部分收益，后端主体更加依赖前端主体突破平衡后产生的衍生利润。创新活动受地区社会性资本影响。创新不仅是技术上的突破，而且需要地区的社会性积累，包括文化、历史、法治等地区环境。不同地区的社会发展历史及环境存在差异，创新分布在空间上也会有所区别（Asheim and Gerlter，2005）。

（三）区域创新生态系统形成的理论模型

关于创新地理学和创新集聚的研究很多，虽然完整的理论体系尚未建立，但有确凿的证据表明创新在地理上是集中的（Asheim and Gertler，2005），这种结果通常归因于本地的知识溢出，一些隐性知识在空间上具有传播的限制（Audretsch and Feldman，2004），考虑这些空间溢出效应会引起集聚，从而在这些地区形成创新网络。实证研究表明，空间集聚和空间邻近性是影响创新活动和知识溢出的两个重要因素，知识溢出是持续创新与区域经济增长的主要源泉（Fujita and Thisse，2003），区域创新生态系统的形成与本地化的知识溢出（Localized Knowledge Spillovers）密切相关。与大量实证研究相反，对本地化知识溢出的理论研究很少，而且关于区域创新的本地化知识溢出的理论基础还没有定论。鉴于企业在创新中的主体地位和策动作用，需要在理论上解决的问题是：创新型企业是否会选择集聚、是否通过集聚最大化溢出效应，最终导致更高研发投入水平和创新产出的增长？

Arrow（1962）在"干中学"模型中最早解释了知识溢出对经济增长的作用，在假定新增投资具有溢出效应的情况下，创新企业不仅可以通过技术进步、改善管理实现企业内部的知识溢出，空间相邻的企业也可以通过模仿提高生产率，形成"后发优势"。Romer（1986）在 Arrow 的基础上提出了知识溢出模型，认为资本的边际生产率不会因固定生产要素无限降低的原因是知识溢出的存在，经济增长是经济系统内生因素循环作用的结果。Lucas（1999）认为由知识溢出引起的正外部性能够引起创新活动的空间集聚和经济效益的扩散。Arrow、Romer、Lucas 都强调技术创新能够促使整个区域获得知识溢出效应，促进区域内各组织生产率的提高。Glaeser 等（1992）开创性地总结了创新与空间网络的关系，之后 Cooke（1996）通过知识在空间上的交流与传播发现，建立经济网络可以增加企业获益水平。Bathelt（2004）进一步将知识创新地区模式进行拓展，认为区域内外的网络联系为创新流动提供了支撑。

本书以 Fujita 和 Thisse（2003）提出的两区域经济内生增长模型为基础，以区域创新生态系统中的 R&D 部门（可以是企业、高校、科研院所）为视角，研究知识溢出和熟练劳动力的空间分布，构建 R&D 部门空间集聚模型。

假设存在东部和西部两个区域（E 区域和 W 区域），经济有两个部门：传统产业部门 C 和 R&D 部门 I；有两种人力要素：劳动力（L）和人力资本（H）。人力资本分为两个部分，一部分就业于 R&D 部门，进行创新活动，用 H_i 表示，另一部分用于人力资本本身的积累，如从事教育活动，用 H_e 表示。

假设 R&D 部门中，研究主体（如创新企业、高校、实验室等）完全竞争，并且从知识溢出中获益，使用知识资本生产新产品需要专利（P）。同时假设知识资本（B）是一种一定范围的公共产品（知识的传播和外溢性），具体而言，区域 E 的知识资本为 B_E，每个在区域 E 的人力资本生产率由 B_E 给出。若区域 E 的人力资本占两区域总人力资本的比率为 λ_E，人力资本中从事 R&D 部门的比率为 k_E，单位时间内区域 E 产出的专利数量（$\dot{P}_E$）为：

$$\dot{P}_E = B_E \times k_E \times \lambda_E \times H \tag{5-1}$$

其中，$\lambda_E = \dfrac{H_E}{H} = \dfrac{H_E}{H_E + H_W}$，$\lambda_W = \dfrac{H_W}{H} = 1 - \lambda_E$，$\lambda \geq 0$；$k_E = \dfrac{H_{iE}}{H_i}$，$k_W = \dfrac{H_{iW}}{H_i} k \leq 1$（$H_{iE}$ 为区域 E 从事 R&D 活动的人力资本）；$H = H_E + H_W = H_i + H_e$。

人力资本也可称为人才，亚当·斯密在《国富论》中就把劳动者的技能或创造力看作资本存量的一部分：学习一种才能，须接受教育，或进学校，或做学徒，所费不少。这样费去的资本，好像已经实现并固定在学习者的身上，这些才能，对于他个人自然是财产的一部分，对于他所属的社会，也是财富或资本的一部分。该论述可以进一步延伸为，知识资本是知识溢出效应产生的外部性的结果，每个区域的知识资本决定于区域内所有人力资本（或称为人才）相互作用的结果，这种相互作用的强度也随人才的空间分布而变化。

Fujita 和 Thisse（2003）提出的两区域经济内生增长模型中，假设区域内的人才 j 具有个人知识为 h（j），则区域 E 中 R&D 部门可得知识资本 B_E 为：

$$B_E = \left[\int_0^{Hk_E\lambda_E} h(j)^\beta dj + \eta \int_0^{Hk_W\lambda_W} h(j)^\beta dj \right]^{1/\beta}, \ \beta > 0, \ 0 \leqslant \eta \leqslant 1 \qquad (5\text{-}2)$$

其中，β 表示人才在知识资本中的弹性系数，为一个可测量的常数；参数 η 表示区域 W 和区域 E 之间知识溢出的强度。

假设人才 j 的个人知识随现有专利 P 的数量增长而增加，简单起见，认为它与专利存量成正比：h（j）= αP。不失一般性，将 α 标准化为 1，设 K 为转换参数，将上述知识资本 B_E 的定义进行单调变换可得：

$$B_E = K \times P \times H^\beta \left[(k_E\lambda_E)^\beta + \eta(k_W\lambda_W)^\beta \right], \ \beta > 1 \qquad (5\text{-}3)$$

利用对称性，有：

$$B_W = K \times P \times H^\beta \left[\eta(k_E\lambda_E)^\beta + (k_W\lambda_W)^\beta \right], \ \beta > 1 \qquad (5\text{-}4)$$

当 $\eta = 1$ 时，$B_E = B_W$，即区域 E 和区域 W 可得知识资本都与专利存量成正比；也可以认为，当 $\eta = 1$ 时，知识传播扩散没有距离的衰减效应，知识在 R&D 部门是一种可以很快习得的公共产品。

相反，当 $\eta = 0$ 时，则有：

$$B_E = K \times P \times (Hk_E\lambda_E)^\beta = K \times P \times H_{iE}, \ B_W = K \times P \times H_{iW} \qquad (5\text{-}5)$$

即区域 E 的知识资本与区域 E 从事 R&D 活动的人力资本（H_{iE}）和专利存量（P）正相关，其含义是：知识是一种具有"地域黏性"的"隐性知识"，在一定空间范围内是公共产品，但不易扩散传播，具有距离衰减效应，一个区域的知识总量只与本区域从事 R&D 活动的人力资本份额有关，与其他区域的知识总量或人力资本无关。

很显然，$\eta = 1$ 和 $\eta = 0$ 都是两种极端情形，在信息和知识迅速传播的信息网络时代，知识的可得性大大增强，加之人才流动日趋频繁，人力资本已经无法固化在某一个区域，因此实际上，随着技术的进步和制度的完善，知识在区域间的外溢和传播是不断强化的，即 $\eta > 0$。此外，"隐性知识"还是广泛存在的，很多技能和知识源于在实践中学习，并积累经验；囿于生活习惯、制度约束、家庭等因素，人才也不能做到完全地自由流动，因此，η 须小于 1。即：

$\eta \in （0，1）$

从而有：

$$B_E(\eta) \mid_{\eta=0} < B_E(\eta) \mid_{\eta \in (0,1)} < B_E(\eta) \mid_{\eta=1} \tag{5-6}$$

B（·）是 η 的增函数。事实上，对 B（·）求导数：

$$\frac{\partial B_E}{\partial \eta} = K \times P \times (Hk_E \lambda_E)^{\beta} > 0 \tag{5-7}$$

$$\frac{\partial B_W}{\partial \eta} = K \times P \times (Hk_W \lambda_W)^{\beta} > 0 \tag{5-8}$$

$$\frac{\partial (B_E + B_W)}{\partial \eta} = \frac{\partial B_E}{\partial \eta} + \frac{\partial B_W}{\partial \eta} > 0 \tag{5-9}$$

即无论是某一个区域还是整个经济的知识总量都是 η 的增函数，η 可以看作知识溢出或外部性的度量。

定义函数 b（·）：

$$b_E(·) = K[(k_E\lambda_E)^{\beta} + \eta(k_W\lambda_W)^{\beta}] \tag{5-10}$$

$$b_W(·) = K[\eta(k_E\lambda_E)^{\beta} + (k_W\lambda_W)^{\beta}] \tag{5-11}$$

可得，

$$B_E = H^{\beta}Pb_E(·) \tag{5-12}$$

$$B_W = H^{\beta}Pb_W(·) \tag{5-13}$$

此前已假设单位时间内区域 E 产出的专利数量：

$$\dot{P}_E = B_E \times k_E \times \lambda_E \times H \tag{5-14}$$

可得，

$$\dot{P}_E = H^{\beta+1} \times P \times k_E \times \lambda_E \times b_E(·) \tag{5-15}$$

进而可以得到专利的全区域创新系统动力学模型：

$$\dot{P} = \dot{P}_E + \dot{P}_W = H^{\beta+1}P[k_E \times \lambda_E \times b_E(·) + k_W \times \lambda_W \times b_W(·)] \tag{5-16}$$

求专利的增长函数（g），可得：

$$\begin{aligned} g = \dot{P}/P &= H^{\beta+1}[k_E \times \lambda_E \times b_E(·) + k_W \times \lambda_W \times b_W(·)] \\ &= KH^{\beta+1}\{(k_E\lambda_E)^{\beta+1} + (k_W\lambda_W)^{\beta+1} + \eta(k_E\lambda_E)(k_W\lambda_W) \\ &\quad [(k_E\lambda_E)^{\beta-1} + (k_W\lambda_W)^{\beta-1}]\} \end{aligned} \tag{5-17}$$

也就是说，整个区域创新生态系统中，专利的增长率是 η、k_E、k_W、λ_E、λ_W

的函数，其中，λ_E、λ_W 是内生变量，η、k_E、k_W 是控制变量，β 是外生变量。

　　根据以上区域创新系统动力学模型的推导，我们可以研究全区域创新随着人力资本中从事 R&D 部门的比率（k）的变化而变化，单一区域创新增长率如何随着区域人才占比（λ）的变化而变化，进而从新古典增长模式（要素驱动和投资驱动发展）转向内生增长模式（创新驱动发展）。

　　通过理论模型推导发现，创新在空间上的发展经历了由单一主体到网络化集群创新的演进，创新过程由单向线性到网络活动的演变，创新空间也趋于向复杂的网络化方向发展。知识资本是知识溢出效应的外部性结果，人才的空间分布是影响知识资本的主要因素。随着信息技术的进步和制度的完善，知识在区域间的溢出和传播是不断强化的，但受"隐性知识"的影响，知识溢出的外部性局限在一定空间范围内。随着知识空间积累和空间溢出效应的产生，形成了"知识空间集聚→形成知识溢出效应→创新成本降低→知识资本增长率提高→创新高地形成"的循环累积因果机制，这种循环累积因果机制呈现自我发展、自我强化的"滚雪球"效应，就是区域创新生态系统的形成机制。图 5-6 描述了区域创新生态系统形成机制示意模型。

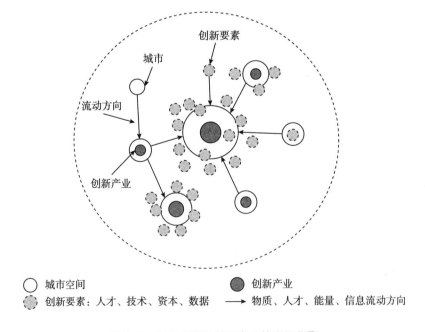

图 5-6　创新要素和创新产业的空间集聚

资料来源：笔者自绘。

二、区域创新生态系统的组成结构

区域创新生态系统作为一个完整的有生命力的系统，由许多构成部分或要素组成。一个区域创新生态的良好运行，不依赖于单个创新企业或单个高校科技创新的成功，而是更多依赖于企业间、企业与政学研用等主体间的学习交流、技术合作、人才培养、设施共享、环境优化等，是一个网络化、生态化跨界创新行为的总和。目前，学界对区域创新生态系统的组成结构有很多解构，但是还没有形成统一、清晰的范畴，与实践的感知也有一定距离，因此有必要对创新生态系统各组成部分进行一个相对准确的梳理和界定。

本书将区域创新生态系统和自然生态系统进行比较，通过分析其组成及内涵来界定相关元素的功能，具体如表5-2所示。

表5-2　区域创新生态系统与自然生态系统结构和功能比较

自然生态系统组成部分	内涵	区域创新生态系统组成部分	内涵
生物个体	具有生长、发育和繁殖等功能的生物有机体	创新主体	独立的创新单位，如企业、高校、科研机构等
物种	具有相同基因、形态和生理特征的生物个体的组合	创新物种	具有相似技术、相似产品和相似创新活动的创新主体
种群	在一定时空内同一物种的集合体	创新种群	在一定空间内相似创新物种的集合
群落	在一定生产要素、生态环境范围内，各生物种群相互作用、相互适应、共生共存的集合体	创新群落	在一定创新环境范围内，各创新种群相互交流、相互适应、共生融合的集合体
生产要素	空气、土地、水、阳光等	创新要素	人才、技术、资本、数据等
生态环境	包括能源、热量等气候因子，生物生长的物质基础和媒介，生物生长代谢的材料等	创新环境	包括基础设施、公共服务等"硬环境"和法治环境、文化环境、市场环境等"软环境"
食物链	生物种群的物质、能量通过一系列的取食和被食关系传递而形成的链条	创新链	各创新种群通过研发和使用创新成果而形成的创新技术传递和应用的链条

续表

自然生态系统组成部分	内涵	区域创新生态系统组成部分	内涵
物质循环	能量在生态系统中的循环	创新循环	人才、资金、设施等创新要素和物质在区域创新生态系统中的循环
能量流动	能量在生态系统中的流动	价值流动	创新活动产生的价值在区域创新生态系统中的流动
信息传递	信息、遗传基因等在生态系统中的传递	知识传播	数据、信息、知识、经验等在区域创新生态系统中的传播与扩散
演化	在一个物种中通过适应生态环境形成的可遗传性渐变的过程	渐进式创新	创新种群在一定创新环境中取得技术上逐渐改善和进步的过程
突变	物种的遗传基因突然发生的改变	颠覆式创新	创新物种通过根本性的创新获得技术上的重大突破，导致产业组织的跨越式发展
共生协作	为了生存和繁衍，各种群共同生活、相互作用、相互适应、相互协作	协同创新	在外部环境和内部因素作用下，各创新种群形成的分工明确、协同共生的创新局面
生态位	在特定时空内，一个物种对各类资源的利用和对环境适应性的总和	创新生态位	在一定空间内，创新组织和群落对各类创新资源的利用和对创新环境的适应性总和

资料来源：傅羿芳，朱斌．高科技产业集群持续创新生态体系研究［J］．科学学研究，2004（1）：8.

根据表5-2可以看出，区域创新生态系统与自然生态系统特征方面有着本质上的相似性。根据生态学对物种、资源、环境三大要素的划分，区域创新生态系统的构成要素也可以看作由创新主体（企业、高等学校、研发机构、政府、用户）、创新要素（人才、技术、资本、数据等）、创新环境（基础设施、公共服务、法治环境、文化环境、市场环境等）三部分构成。

创新活动中的人才、技术、资本、数据等创新要素是整个区域创新生态系统中的"土壤""水"，这是支撑创新主体的基础；创新主体是"生物"，既有初创企业这类"种子"，又有大型企业这类"大型生物"，各类创新物种与其他物种属性的机构组成"群落"，并与其他机构在人才、技术、知识等方面产生互动，形成共生、共存、共荣、共享的依赖关系。创新环境类似于生态环境中的"空气"和"阳光",既有基础设施、公共服务等"硬环境",又有法治环境、文化环境、市场环境等"软环境",充足的"光照"和"氧气"有利于发生"光合作用"和"呼吸作用",加快创新主体的生长。

自然生态系统具备的物质循环、能量流动、信息传递三大功能,分别对应于区域创新生态系统的创新循环、价值流动、知识传播。为了生存和繁衍,生物界的物种和种群会发生演化、突变、共生协作等现象,类似地,区域创新生态系统也区分为渐进式创新、颠覆式创新和协同创新;区域创新生态系统主要目标在于推进和发展新知识和新技术的生产、扩散和应用,促进物质流、信息流、人才流、价值流的高效传递,形成良性的创新循环网络,推进规模报酬提升和经济社会高质量发展(见图5-7)。

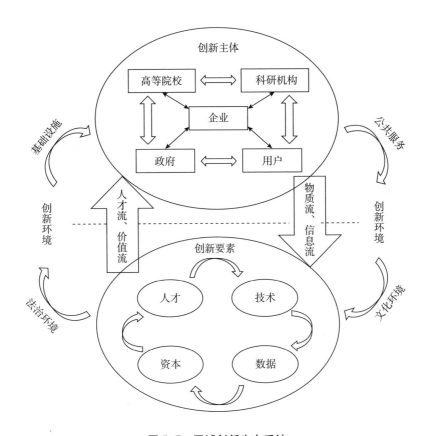

图5-7 区域创新生态系统

资料来源:笔者自绘。

区域创新生态系统是一个典型的复杂系统，体现在三个方面：一是创新主体的多元化和多层次。相似的创新主体集合构成了创新种群，这些种群相互作用，并与环境相互适应，又形成了创新群落。二是系统构成要素多元化和多层次。区域创新生态系统除了创新主体外，还包括创新要素和创新环境。三是系统各部分之间联系的多元化和多层次。创新生态系统三大部分相互联系、相互依存、相互影响，其中任何一个系统构成要素的改变都会引起其他构成要素的适应性变化。

（一）创新主体

创新主体是区域创新生态系统中关键的部分之一，涵盖企业、科研院所、政府部门和核心用户等，各创新主体在系统中共同发挥作用。

1. 创新企业是创新活动的核心主体

企业是将技术成果转化成生产力的关键组织，创新的目的在于获取生产力提升过程中技术的转化和应用所形成的经济效益，创新能力的强弱是企业生存与发展的核心竞争力。从创新链的角度看，创新企业是创新活动的实施中心，是物质流、能量流、创新链、价值链的中枢节点。企业是创新主体的枢纽，各类主体均与企业产生关联，并通过企业实现创新成果产业化，形成满足市场需求的产品或服务，这是区域创新生态系统形成和运行的基本架构。在区域创新生态系统中，不同类型的企业在系统内的分工日益明显：创新主导型企业是系统的先锋与核心，具有带动上下游企业和其他创新主体联动发展的作用；非主导企业围绕主导型企业，沿着产业链、创新链开展创新配套延伸活动；创新平台型企业则依托创新要素和市场资源集聚优势，进行生态构建，提供整合创新要素、分配创新资源的功能。

2. 高等院校是原始创新的关键主体

在区域创新生态系统中，高等院校主要从事原始性、基础性研究，所承担的任务包括知识创造、知识传播、技术研发、教学科研等，为区域创新生态系统培养和输送专业性的人才，并通过对先进技术和产品的研发推动产业的科技创新。高等院校是区域创新生态系统中前端创新的"源头"，是知识、技术、人才以及能量流、信息流、价值流的主要提供者，很多渐进式创新和颠覆式创新都来自于此，在整个区域创新生态系统中体现了明显的"溢出效应"。企业一般不会从事和投资短期缺乏经济效益的基础性研究，而基础研究又是大规模创新的基础，在一个运行良好的区域创新生态系统中，高等院校能够弥补企业的不足，实现优势互补。因此，区域创新生态系统需要围绕高等院校布局，高校也能得到能量和信息的反哺，实现自身的发展。

3. 科研机构是各类创新的重要载体

科研机构既包括高校、政府派生出来的科学研究机构、重大科技基础设施、各类科技平台，如国家实验室、重点实验室、工程实验室、工程研究中心等，又包括企业设立的企业技术创新中心和各类研发平台。近年来，随着科学研究活动从分散和孤立的小范围协作，逐渐走向整体性、系统性和集成性较强的大规模研究行为，越来越多的产业界用户参与科研机构和科技基础设施的建设和使用，科研机构的内涵、形态和范围都更加丰富。如深圳市有效整合各类创新主体，培育中国科学院深圳先进技术研究院等新型研发机构，通过推行灵活高效的市场化机制和有竞争力的激励机制，吸引各类创新主体、要素落户深圳，提高科技成果转化效率。随着创新要素地位的提高，科研机构在区域创新生态系统中的功能逐渐从单纯的知识生产与传播转向更加重视科技成果转移转化、创新型企业孵化、企业咨询服务等领域。

4. 政府部门是贯穿创新过程的支撑主体

政府是创新生态系统中的重要主体，在创新链条的各个环节都发挥着举足轻重的作用，这些作用主要包括：前期编制规划实施引导，制定财税政策为研发创新提供支持；中期搭建创新生态环境、组织引导和合理配置资源、提供政府采购支持等；后期制定专利保护、上市融资等法规政策保障。总体来说，创新活动需要在特定的制度、组织、平台下进行，政府部门作为政策制定者和重要的创新主体，为创新活动提供了法律环境、政策环境、资源要素以及平台支持，在创新活动不是特别活跃的时期（如"种子"和"天使"时期），政府可以直接支持；在创新活动相对活跃的时期，政府主要发挥间接引导和规范的作用。

5. 核心用户是创新活动的新兴主体

用户需求即对创新产品的偏好，让用户参与创新成为创新企业超越自身局限而获得市场地位的一种有效的方式，将用户纳入区域创新生态系统有助于提升系统的稳定性。在数字化时代，数据交互让用户需求和企业产品形成有效联结，用户实时向企业反馈个性需求、使用体验和创新构思，相当于把创新需求和创意提供给企业。部分用户也演变为"创客"，不仅可以自主提出产品需求，也可以参与产品定制、产品设计并实现个性化服务。与创新企业进行多频次交互的核心用户已经成为产业创新的主体性力量，可以加快物质流、信息流、资金流和能量流在系统内流动，提升技术创新的针对性和实用性，做到创新的有效协同。

（二）创新要素

创新要素就是指创新主体在创新过程中依赖和使用的要素，构成了创新活动的重要组成单元，主要包括创新人才、知识技术、创新资本、数据等。

1. 人才是区域创新生态系统的核心要素

创新驱动本质上是人才驱动。人才作为拥有较高知识、技能和素质的人力资源，是创新活动的决定性因素，具有创造性、学习性和流动性。人才贯穿创新活动的全过程，科技创新活动的开展离不开专业化的科研人才，研发成果的转化离不开市场化的企业人才，创新机会的把握离不开有经验的投资人才，创新活动的运行和组织离不开高素质的管理人才。Nelson 和 Phelps（1966）的研究表明，人力资本可以通过对创新能力的激励产生外部效应，创新活动失败的主要原因在于研发型创新人才的缺乏。

2. 知识技术是区域创新生态系统的推动要素

创新驱动的核心推动力是科技创新。没有科学发现、知识创造和技术进步，区域经济发展就没有原始驱动力。知识技术是在区域创新生态系统中被各类创新主体使用，以显性和隐性两种类型存在的创新要素资源。特别是进入第四次科技革命之后，全球加快推进新一代信息技术、生命科学、智能制造、新材料、新能源、空天海洋等领域的技术创新，前沿引领技术、关键共性技术、现代工程技术等从点状突破向链式、网状变革发展，创造了新的产业轨道和经济范式，产生了明显的催化、叠加、倍增效应。从企业的视角来看，对原有生产线进行技术改造，购买新机器、新设备，推广采用新材料、新能源、新工艺、新流程等均属于技术投入范畴（卢奇，2005），许多研发活动就是直接对引进技术的再次开发。知识技术在区域创新生态系统中是基础要素，是创新循环、价值流动、知识传播得以正常运转的载体。刘平峰和张旺（2021）① 从数字技术是生产要素赋能型技术要素的视角出发，推演 TFP 增长公式发现：数字技术是 TFP 增长的主要驱动

---

① 刘平峰，张旺. 数字技术如何赋能制造业全要素生产率？［J］. 科学学研究，2021，39（8）：1396-1406.

力，中国制造业 TFP 年增长率 4.9% 中，数字技术贡献 4.1%，数字技术与实体经济深度融合将加速重构生产要素体系。

3. 创新资本是区域创新生态系统的催化要素

金融是现代经济的枢纽，以风险投资、天使投资、引导基金为代表的创新资本是金融伴随和服务科技发展的新形态之一，是区域创新生态系统中的重要创新要素，在一定程度上反映了一个地区科技资源的运用及配置能力。创新资本能够以更低的成本获取信息，通过筛选监督被投资公司或项目，引导资金流向具有科技创新优势和具有市场前景的公司或项目，在创新循环、价值流动、知识传播中发挥了"催化剂"的作用，美国《商业周刊》首席经济学家迈克尔·曼德尔（2013）认为，如果说技术是美国新经济的引擎，那么资本就是燃料。创新资本还可以分散投资者风险，提升经济增长效率，具体而言，一方面，风险投资对失败的高容忍度能够促进被投资企业的创新活动；另一方面，创新资本一般采用联合投资模式，能够更好地激发企业创新效能。

4. 数据是区域创新生态系统的新兴要素

世界已进入以数字经济引领的经济发展时期，数据资源是数字经济时代的重要生产要素，理所应当也是区域创新生态系统的创新要素。随着经济社会各行各业数字化的发展，数据从量的积累转向质的飞跃，数据所具有的强渗透性和广覆盖性，在科技突破、产品研发、商业模式创新、创新环境优化等方面发挥着日益重要的作用，特别是数字产业化和产业数字化过程中衍生出的大量信息、知识、方法、技术，使数据要素成为基础性战略资源，与其他创新要素一样变得不可或缺。在区域创新生态系统中，数据与其他创新要素结合，能够使物质流、人才流、技术流和资金流的流动速度加快，打破信息不对称等外部不经济问题，更加合理、高效地配置创新资源；数据要素所呈现的规模报酬递增（Hagiu and Wright，2020）使数字经济具有网络效应、生态效应和范围经济等特点。

（三）创新环境

创新环境是区域创新生态系统中保障系统运行、促进创新活动开展的组成部分。创新环境包括"硬环境"和"软环境"两部分。

1. "硬环境"：基础设施、公共服务等

基础设施具有较强的外部性，能够给整个经济社会带来全局性的效益。19

世纪 40 年代，西方经济学把基础设施这一概念引入经济结构和社会再生产理论研究中，认为基础设施是为某种需要而建立的系统、组织、建筑等，是国民经济发展的先行资本，与人类社会进步相互促进，既有短期效果，又有长期作用。基础设施对于加强区域创新生态链内部人流、物质流、能量流、信息流、价值流的自由流动和合理布局，提升区域创新能力起到了重要的支撑作用。

基础设施又分为传统基础设施和新型基础设施两大类。传统基础设施将创新主体和创新要素形成空间上的物理连接。新型基础设施包括新一代互联网、数据中心、物联网、工业互联网、人工智能算力节点等信息基础设施，也包括数字化、智能化技术改造提升传统基础设施，还包括涉及各类基础研究的重大科技设施等创新基础设施。在以数字经济为代表的新经济浪潮下，新型基础设施的建设将推动区域经济的全要素数字化转型，数字化将推动智能化网络化生态化，拓宽了区域经济的发展空间，大大地提升了资源配置效率，并为区域创新生态系统的建设和完善，实现全要素生产率的提升提供支撑。

创新实力的竞争主要是人才的竞争，人才发展环境已经成为区域竞争的关键，而人才选择城市和区域的一个重要因素是公共服务。对于公共服务，学术界并没有完全统一的定义，广义地理解，可以将政府和部分企业提供的公益性服务或产品称为公共服务。一个良好的区域创新生态系统，能够提供有竞争力的住房、养老、医疗、子女教育等公共服务，进而提升包括创新人才在内的广大公众的获得感、幸福感、安全感，形成安心、放心、舒心的创业环境。

2. "软环境"：法治环境、文化环境、市场环境等

法治是一个地区社会良好运行的基础，法治环境体现了一个区域或城市的治理状态，是一个区域或城市社会管理和文明建设的主要特征。市场经济在一定意义上就是法治经济，法治环境对生产力的发展起着维护、保障、促进、规范的作用，也必将对区域创新法治起到维护、保障、促进、规范的作用。良好的法治环境能够给各类创新主体明确的利益预期和市场规则，从而增强创新主体的信心，并成为创新要素集聚的重要基础。

文化环境包括影响一个区域经济社会的基本价值、观念、偏好和行为等习惯和其他因素。人们成长于特定区域的社会中，这个区域的某种广泛存在的价值取向会塑造社会文化，进而强化区域价值特征的形成。从实践看，文化环境是最深层次的系统外部环境，是一种潜移默化的氛围和约定俗成的行为认同。一般而

言，崇尚创新的文化环境能够促进区域创新生态系统的演化升级，从而形成协同发展、共生共荣的格局。

市场环境主要是一种市场秩序，主要原则是公平竞争。公平竞争的市场环境能够激励创新活动的开展。创新活动的主要动力来自市场需求，稳定、有序、公平的市场环境是区域创新生态系统组成的重要要素，以企业为主要代表的创新主体既需要共生共荣适应市场环境变化，又会在创新过程中影响和塑造市场环境。

（四）区域创新生态系统的组成结构

区域创新生态系统的本质是对创新的研究从机械式的系统转向自循环和生态化。这个转化的过程伴随着对主要创新实践的认知深化——旧金山湾区等创新生态系统的形成与完善，创新范式也由强调市场需求、政策制度等外部因素的静态创新系统转为关注创新链各相关节点和创新环境的内生性动态关系的区域创新生态系统。

旧金山湾区是国际区域创新生态系统的范例。第四章已经介绍过，旧金山湾区创新生态系统总体呈现企业内生驱动的发展模式，区域内的高校、科研机构、政府等分别承担各自的"生态角色"，开放包容的创新文化及政府的引导政策营造出良好的创新环境，当系统内部的核心主角——创新企业得到长足的发展，整个创新生态系统便呈现繁荣的景象。

旧金山湾区的成功，核心是企业，根在人才，起于技术，成于生态。受此启发，本书创造性地将区域创新生态系统比喻为一个"区域创新生态系统的星系结构"（见图5-8）。整个区域创新生态系统是"银河系"，"银河系"包含三个子星系，其中居于核心的是"创新主体星系"，"星球"围绕创新主体转动，因为整个创新活动依赖于企业发展基础，而创新产生的技术只有依附于企业才能实现其价值；"创新主体星系"往外的第二个星系是"创新要素星系"，这个星系居于中心的"星球"是人才，围绕人才"星球"转动的是知识技术、创新资本和数据等"星球"，而"创新要素星系"作为"第二星系"围绕着"创新主体星系"转动；居于最外层的星系是"创新环境星系"，它由"硬环境"和"软环境"这一对"一阴一阳"的子系统组成，它既环绕"创新主体星系"和"创新要素星系"，其实又漫布在整个"银河系"中。

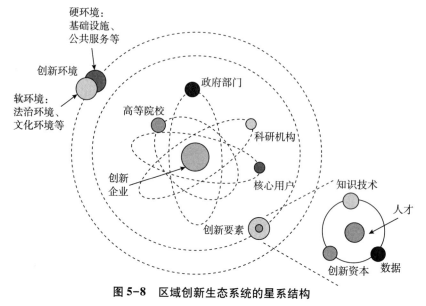

图5-8　区域创新生态系统的星系结构

资料来源：笔者整理。

（五）区域创新生态系统的空间形态

当前，城市群已经成为区域创新生态系统的主要空间形态。在以"集成、融合、跨界"为主要特征的新一轮科技革命浪潮背景下，单个主体、单个城市的技术创新已难以支撑创新发展的需要，而城市群作为城市发展到成熟阶段所形成的空间组织形式，能够在区域内依托集聚经济和规模经济，有效整合并调动创新要素和资源。本书以城市群作为研究区域创新生态系统的空间范围，不是单一开发区、单一城市的范畴，而是多元创新主体在城市群内各城市间自主式互动、协同式合作的整体性区域创新行为。城市群内存在着动态发展特性的多维协同关系，能够促使创新要素在各创新主体间传递、反馈、合作、演化，释放创新潜能，提升创新能力。

城市群创新生态系统（见图5-9）按照空间结构大致可以划分为综合平台型城市群创新生态空间、极核枢纽型城市群创新生态空间、共建共创型城市群创新生态空间。一般而言，城市群创新生态系统是一个开放空间的概念，它既能够整合集聚城市群内部的创新资源，又能够联系城市群外部的创新元素，城市群创新生态系统空间载体更为多样，且具有多个单体城市创新生态系统支撑。与城市创新生态空间相比，城市群空间功能更加多元，结构更为稳固，能够更好地为区域创新发挥效力。

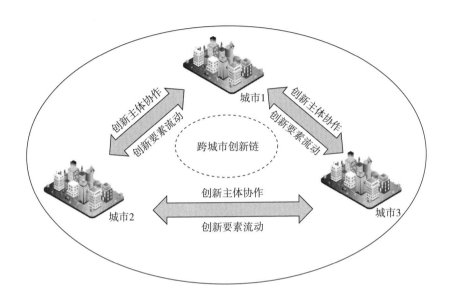

图5-9　城市群创新生态系统

资料来源：笔者自绘。

城市群创新生态系统各城市之间主要发挥协同效应。协同效应分为两种基本类型，一类是创新主体之间的协同，位于城市群内各城市的创新主体之间协同创新；另一类是创新要素之间的协同互动，各类创新要素优化配置与空间整合。随着这两种协同方式的深化，伴随创新链条向网络化、生态化方向丰富和发展，城市群创新生态系统不断成熟壮大。

本章小结

在分析国内发展现状和国际经验之后，本章从创新发展脉络演化、理论模型构建对区域创新生态系统的形成进行了探索式的研究，力图揭示区域创新生态系统的形成动因和组成结构。首先，从历史脉络梳理了区域创新演化历程，揭示了区域创新沿着"单一企业或组织封闭式创新→基于产业链合作的多企业创新→基于产业集群的开放式创新网络→多类别主体区域创新生态系统"的路径演进，即"点状→线状→网状→多维交互"的过程，这也是区域创新生态系统的形成路径；其次，以两区域经济内生增长模型为基础，构建了一个 R&D 部门空间集聚理论模型；再次，将区域创新生态系统的组成分解为创新主体、创新要素、创新环境三大类，在此基础上提出了"区域创新生态系统的星系结构"——整个区域创新生态系统是"银河系"，"银河系"包含三个子星系，其中居于核心的是"创新主体星系"，然后是"创新要素星系"和"创新环境星系"；最后，本章分析了区域创新生态系统的空间形态——城市群创新生态系统。

本章的核心观点是创新在空间上的发展经历了由单一主体的创新到网络化的集群创新的演变，创新过程从单向线性演变为网络互动方式，创新在空间上也呈现出相应的网络化特征。随着知识空间积累和空间溢出效应的产生，形成了"知识空间集聚→形成知识溢出效应→创新成本降低→知识资本增长率提高→创新高地形成"的循环累积因果机制，这种自我发展、自我强化的"滚雪球"式循环累积因果机制就是区域创新生态系统的形成机制。区域创新生态系统的本质是对创新的研究从机械式转向自循环和生态化。从空间结构研究得出，与城市创新生态空间相比，城市群空间功能更加多元，结构更为稳固，能够发挥创新循环、价值流动、知识传播等作用，因此，城市群是区域创新生态系统的主要空间形态。

第六章

区域创新生态系统的运行机制

共生、协同、演化的视角

上一章讨论了区域创新生态系统的形成机制，这一章将研究区域创新生态系统的运行机制。我们从社会系统的运行功能入手，研究系统内部各组成部分的结构、关系、运行规律特征，进而得出其发挥作用的过程。

区域创新生态系统具有创新循环、价值流动、知识传播三大功能，同时也具有多样性共生、开放式协同、自组织演化三大特性。区域创新生态系统得以良性运行的关键是基于创新主体之间、创新主体与创新要素和创新环境之间以及城市群中不同城市之间形成的共生、协同、演化格局。因此，共生、协同和演化可以认为是区域创新生态系统运行机制的主要内容，这是有别于过去线性创新和机械式区域创新系统的主要特点。

当前国家正经历工业化向数字化转型的阶段，从我国城市群创新生态系统的实践看，创新主体对数字时代创新的共生性、生态化、协同化特征认识还有待增强，区域内总体竞争大于合作，生态系统共生协同演化的规模效应没有很好体现。因此，需要在分析区域创新生态系统一般运行机制的基础上，识别分析我国区域创新生态系统发育中的运行状态和主要问题。本章将阐释区域创新生态系统的一般功能和特性，进而从区域创新生态系统的共生性、协同性和演化格局三方面入手，分别建立基于 Lotka-Volterra 模型和复合系统协同度模型的分析框架，对我国长三角和粤港澳大湾区两大城市群进行实证检验。总体而言，多数城市各创新种群呈现互惠共生、偏利共生的局面，随着区域一体化战略不断演进，两大城市群区域创新协同度快速提高，经过不断演化，两大城市群区域创新生态系统运行良好，区域创新呈现网络化生态化的内生发展格局。

一、区域创新生态系统的功能和运行特征

（一）区域创新生态系统的主要功能

区域创新生态系统的功能在某种意义是一种流动，包括物质流、人才流、知识流、技术流、信息流、资金流等，区域创新生态系统运行的基础就是主体与主体之间、要素与要素之间完成了多维度流动建立起的联系。区域创新生态系统运行的功能可以概括为三类：

第一，创新循环。生态系统中存在物质循环，物质不能自生自灭，而是由生产者从无机环境中获取，然后通过生产—消费的关系传递给消费者，最后由分解者将有机物重新分解为无机物返还无机环境，最终重新被生产者所吸收的循环过程。类似地，区域创新也存在创新循环：高等院校和科研机构进行知识和科技成果创造；创新企业根据用户需求进行研发设计，将科技成果转化为产品或服务，进行市场化开发，再由销售企业将产品传递给用户，用户使用后再将体验和意见反馈给创新企业，形成循环回路。创新循环这一过程实现了物质流、知识流、技术流、信息流的传递，而其动力来自价值流动，实现价值的创造和交换。

第二，价值流动。生态系统中能量传递和转换遵循热力学的两条定律：热力学第一定律（又称为能量守恒定律）和热力学第二定律（又称为熵律、能量衰变定律）。罗马尼亚学者勒根（Roegen，1971）开创性地用热力学第二定律解释经济运行过程，在一个范围内，能量是守恒的，但在能量做有用功的时候，能量将不可避免地减少。类似地，区域创新生态系统的"能量传递"就是价值流动的过程。价值流动过程中存在价值守恒，不会凭空消失；同时，价值流动也遵循价值衰减规律，如果一个区域是封闭的系统，没有价值的流入，系统内就会产生"熵增"，导致价值的损耗和秩序的混乱。因此，区域创新生态系统演化过程中需要不断引入"负熵"，吸收外界的能量以不断补充系统内的创新价值。

第三，知识传播。信息传递是生态系统的基本功能之一，各主体间的信息传递多元而复杂，信息传递更多地体现在其转化产生的知识和技术的积累上。区域

创新系统不仅实现了知识和技术在创新链上的传播，也可以根据数据要素的积累，及时掌握系统中各个创新主体之间的动态变化和运行状态，提升系统运行效率，实现创新要素的优化配置，促使区域创新生态系统获得创新成果，提升创新绩效，实现系统的生态化自主演进。

（二）区域创新生态系统的三大运行机制

随着创新实践的发展，学界不断提炼出区域创新生态的运行特征和机制，其中区域创新生态系统的共生性、协同性和演化性是学术界研究最多的特征。我们可以认为，共生、协同和演化是区域创新生态系统运行机制的主要内容，这是有别于过去线性创新和机械式区域创新系统的主要特点。

我们认为，根据区域创新生态系统的内涵和特性，并结合前文总结的国内外区域创新生态系统的实践，本书将区域创新生态系统的内生运行机制总结概括为多样性共生机制、开放式协同机制和自组织演化机制三个方面，其本质上创新主体都处于特定的区域和环境之中，为了实现整体的功能和从整体的功能中获益而构建出共生性和协同性的合作模式，并通过自组织演化的方式实现动态平衡的过程（见图6-1），本章将以此作为区域创新生态系统运行机制的逻辑框架。

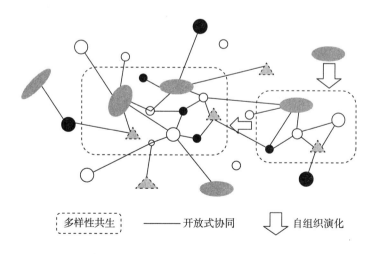

图6-1　区域创新生态系统内生运行机制

资料来源：笔者自绘。

1. 多样性共生机制

多样性共生理论是生态学的重要理论之一，揭示了生物种群间的相互联系以及生物与环境间的适应与协调关系（Douglas，2015）。"共生"的概念在生物学意义上是指不同种类的生物以获取收益的不同关系为纽带生活在一起，这是一种进化博弈的结果，生态系统中的物种随着环境的要求而改变与其他物种互动的方式。由此推广到创新生态系统，其概念强调创新是通过包含广泛而复杂的利益相关者的多级互动网络来实现的。20世纪末，学术界创新生态系统的创新主体竞争与合作以外，还存在共生演化机制（Moore，1996），此后合作共生被认为是创新生态系统的基础（Zahra and Nambisan，2012）。根据李晓娣和张小燕（2019）的定义，区域创新生态系统是由共生单元、共生基质、共生平台、共生网络和共生环境构成，其中共生单元以共生基质为发展基础和发展介质，依托共生平台和共生网络，实现共生单元之间的交互作用和协同演进，并依存于共生环境，促进共生能量不断产生，这是区域创新生态系统共生的核心内涵。

在数字经济时代，企业创新依赖数字技术，通过数字技术优化产品和组织流程，形成数字化竞争合作的共生关系，并成为企业创新的普遍形态，数字创新生态具有典型的共生特性（宁连举等，2022）。一个创新生态系统的良好运行得益于系统中多元化的创新物种和创新要素，在不同的创新环境中形成了多种多样的创新模式，并且形成独特的运行机制和演化路径。多样性共生也给区域创新生态系统带来了丰富多样的"创新基因库"，多样化的创新群落在竞争合作过程中使得生态充满多重可能性，不仅改善了生态系统整体的性能，也提升了作为个体的创新绩效。

关于多样性共生机制的研究方法，有学者构建了区域创新生态系统种群共生性模型，研究表明种群间呈现互惠、寄生关系，为相应机制提供了佐证（武翠和孙君，2021）；有学者运用线性回归和岭回归方法对共生单元、共生基质、共生平台、共生网络、共生环境对区域创新绩效的影响进行了分析（王跃婷，2022）。在实证分析上，武翠和谭清美（2021）从创新种群异质性和共生性的视角，研究了长三角城市群创新生态系统的动态演化特征，使用长三角地区"三省一市"相关数据对创新生态系统中创新种群的共生性进行了横向和纵向测算，他们发现共生度逐年增长，保持良好演化态势，且空间差异逐步缩小。

本章第三部分借鉴生态学中常用的 Lotka-Volterra 模型，构建了区域创新生态系统各种群共生互动模型，对长三角和珠三角两大城市群种群间共生关系和共生程度进行测度研究。

2. 开放式协同机制

协同效应又称为增效作用，是指两种或两种以上的元素或组成部分混合调配在一起，所产生的作用大于各元素或组成部分单独应用时的作用总和，即"1+1>2"的效应。协同效应引入经济管理领域，被认为是经济社会的各个系统间存在着相互影响而又相互合作的"增效"关系。陈劲（2012）认为，协同创新是创新涉及的不同主体开展的大跨度整合的创新组织模式，是为了实现颠覆式跨层级的创新。协同创新不仅包含一个整体系统，也包括从无序、低级向有序、高级的演化过程，目的是将组织内各主体资源进行整合和互动，增加整体性的系统效能。Adner（2006）认为，创新生态系统包含了一种协同机制，创新主体通过协同机制将自己与他者联系，并提供面向市场需求的解决方案，向市场输出价值。根据 Serrano 和 Fischer（2007）的研究，通过区域间主体资源的优化和辅助资源的配置、利用，进一步将知识、环境和战略进行整合与共享，实现各创新主体间的互动与协同。

笔者根据以上理论分析，结合实践总结，提出区域创新生态系统的开放式协同机制分为两种基本类型：一类是创新主体之间的协同，表现为位于城市群内各城市的创新主体之间协同创新；另一类是创新要素之间跨区域的协同，表现为各类创新要素在各城市之间的优化配置与空间整合。随着这两种协同方式的深化，伴随创新链条向网络化、生态化方向丰富和发展，区域创新生态系统不断成熟壮大。

关于协同机制的研究方法，目前学界主要集中在协同度的测度和协同度的影响因素两方面。在区域创新生态协同度的测度方面，有学者从技术链的视角出发，以研发投入、技术转移转化和技术应用三个子系统测度长三角地区创新生态系统的协同度，发现长三角地区三省一市的区域创新系统技术协同程度不高，尤其是技术转移转化子系统是制约长三角地区三省一市区域创新系统协同发展的关键因素（许斌丰，2018）；也有学者研究影响区域创新生态系统的因素，发现在长三角城市群中知识型人力资本、企业创新投入密度、主体自主创新、资本开放水平等是影响区域创新生态协同性的重要因素（崔志新和陈耀，

2019）。吕拉昌和赵雅楠（2020）以粤港澳大湾区为研究对象，认为大湾区内部的创新生态系统存在城市协同机制、企业的竞合机制和共建平台机制三种类型的协同机制。

本章第四部分参考复合系统协同度模型，建立基于两大城市群的创新生态系统协同度测算模型，在研究整体城市群区域创新生态协同度的同时，体现各单体城市对城市群协同度的贡献程度。

3. 自组织演化机制

自组织理论是一种解释生态系统进化规律性的有效工具，通过"遗传基因"等信息传递功能，实现生态系统的动态演化。在创新系统借鉴生态系统概念所形成的创新生态系统中，自组织性被视为系统运行的基本特征，其不仅体现在各类创新主体可以自发地根据现实条件变动调整自身行为及与其他主体的关系，也体现在系统演进过程的各个阶段中。

自组织演化是区域创新生态系统有别于过去基于需求或者技术的机械式创新系统最重要的特征，能够从内部形成适应外部需求、技术变革的动力，促使整体生态系统与各子系统和各创新要素的正向耦合，并推动系统在"短期平衡—短期非平衡—长期平衡"间形成动态修复和进化的能力，使系统实现由无序向有序的转变。区域创新生态系统代际演化的内在驱动力包括新的创新生态系统的优越性、旧生态系统的可持续性以及新旧生态系统之间的传承性，与此同时，市场变化和政府政策通过塑造创新生态系统所处的环境间接影响了演化的过程（Huang等，2020）。在适当的政策引导和治理下，区域创新生态系统可以建立起无控制状态下的内生性自循环功能。特别是数字化技术推动的产业再造时代，响应市场需求的创新和技术进步能够通过新的价值创造来推动整个生态系统的循环演进（Palmié et al.，2022），这种自组织演化机制将有助于巩固和完善系统的有序化结构，促使整个系统的可持续发展。

自组织演化机制对于区域创新生态系统具有正反两方面作用。一方面，在创新基因遗传和复制的作用下，城市群创新生态系统可能会陷入路径锁定，表现出发展模式固化的特征；另一方面，政策引导、市场需求和外部技术革新，将促进"基因变异"，带来新的优势基因，摆脱路径依赖，实现路径创造。在城市群各城市间，技术差距使知识和技术从先进地区向落后地区空间迁移，这种知识和技术的空间溢出效应是城市间在产业链、创新链、价值链实现分工协作、共生共荣的基础。

关于自组织演化机制的研究方法，武翠和孙君（2021）根据实证检验分析认为，区域创新生态系统的动态演化主要由系统内具有异质性的创新种群间互动、协作与共生来驱动。严建援和李雅婷（2019）通过理论演绎和实证分析，提出区域创新生态系统演化分为五个阶段，其中到第五个阶段，区域创新生态系统才能形成自身不断演化、完善的创新生态系统各种群竞争共生、持续进化，整个区域生态体系协同互动、开放循环，此外，创新主体在创新生态系统内也会不断地进化和演变以适应科技进步带来的创新环境变化。刘平峰和张旺（2020）在研究区域创新生态系统的过程中，通过构建多种群共生演化动力学模型研究其共生性，验证了创新生态系统种群共生演化轨迹遵循 Logistic 增长规律。

本章第五部分运用 Logistic 模型，并采用主成分分析法，以城市创新关联度作为表示城市间关联发展水平的综合评价指标，并将评价结果在空间上进行动态可视化模拟，构成区域创新生态系统空间结构演化图。

二、区域创新生态系统运行的指标体系

（一）指标体系的构建

区域创新生态系统的运行是创新主体种群间共生协同演化过程，考虑测度指标的多样性和代表性，本书依据创新链上、中、下游的划分，提出创新种群包括研发创新种群、应用生产种群和市场活动种群三大类。考虑各种群的边界和活动范围等因素，并遵循全面性、科学性、数据可得性、统计口径一致性等原则，进行变量指标的选择。需要说明的是，由于香港、澳门数据口径与内地存在较多不一致，在不影响论证结论的基础上，本书在第六章、第七章对粤港澳大湾区做实证分析的情况时，选取的是内地珠三角城市的指标，不包括香港、澳门的指标。具体指标选取如表6-1所示。

表6-1 区域创新生态系统运行的评价指标体系

种群	指标	单位
研发创新种群	普通高等学校专任教师数量	人
	R&D活动人员全时当量	人
	R&D活动经费内部支出	亿元
	每万人申请专利数量	件
应用生产种群	战略性新兴产业企业数量	家
	技术市场活动成交额	亿元
	创新产业链企业数量	家
	工业互联网产业规模	亿元
市场活动种群	工业企业新产品销售收入	万元
	高新技术产业增加值占GDP比重	%
	高新技术产业股权融资金额	亿元
	创业投资早期投资金额	亿元

1. 研发创新种群

研发创新种群是指从事科学技术研究和创新产品或服务开发的种群，既包括高等学校和科研院所，又包括创新活动的核心主体——企业。本书研究的数据颗粒度为城市，由于部分城市缺少科研院所，为实现数据的代表性和稳定性，本书选取普通高等学校专任教师数量、R&D活动人员全时当量、R&D活动经费内部支出这三个指标作为研发投入的代表；选取每万人申请专利数量这一人均指标作为创新成果的代表，旨在反映城市创新的密度和活力。

2. 应用生产种群

应用生产种群是指将创新产品或服务转化为商业产品或服务的过程的种群。应用生产种群的主体是生产企业，也包括进行科技创新服务的中介机构。本书选取战略性新兴产业企业数量、技术市场活动成交额作为代表来测度地区的创新成果应用转化的能力。此外，本书还通过大数据公司获得创新产业链企业数量、工业互联网产业规模这两个指标，反映在产业数字化大力发展的背景下，创新产业链的形成和数字化改造在应用生产种群的形成中发挥的重要作用。

3. 市场活动种群

市场活动种群主要是指生产的产品投入市场的商业活动以及进行创新过程所需要的投融资活动等种群。基于数据代表性可以从规模和质量两方面测度。基于指标的代表性和数据可获得性，选取工业企业新产品销售收入、高新技术产业增加值占 GDP 比重、高新技术产业股权融资金额、创业投资早期投资金额进行分析，覆盖面涉及创新企业的商业活动和投融资活动。

（二）数据来源和数据标签处理

本书依托面板数据展开实证研究，数据来源分为统计年鉴和大数据技术爬取两大类。其中，普通高等学校数量、每万人申请专利数量、规模以上工业企业 R&D 活动人员全时当量、规模以上工业企业 R&D 活动经费内部支出、工业企业新产品产值、高新技术产业增加值占 GDP 比重等指标来自相应年份的《中国城市年鉴》《中国工业年鉴》和各城市的统计年鉴；战略性新兴产业的企业数量、高新技术企业数量、产业链企业数量、科研综合技术服务业从业人员数、工业互联网产业规模、工业企业新产品产值、高新技术产业增加值占 GDP 比重、高新技术产业总体规模、技术市场活动成交额、高新技术产业股权融资金额、创业投资早期投资金额等指标则是通过大数据技术爬取获得。

本书应用灵犀科技有限公司大数据爬取技术获取指标数据，主要流程分为以下四步：

第一步是爬取相关数据。本书采用一种多源异构数据的智能采集技术，以 API 作为数据和服务的载体，从业务系统应用层面生成数据访问接口，以接口为着眼点"活化"生成数据，在无需数据库开放、无需数据字典、无需源码和不侵入后台服务器的情况下，针对多种数据源的多种数据类型进行并发采集，将本书所需要的宏观经济数据、中观产业数据、微观企业数据及人才数据等统一汇总到后台的数据中心。然后通过智能化自动采集分类的方法，汇总信息内容到本地数据库中对应分类目录。

第二步是建设分类别的数据库。对于不同数据源采集过来的数据，根据这些数据所对应的数据维度，进行分类汇总和归档，并沉淀、积累成为体系化的核心数据库，分成科技数据库、产业数据库、基础设施数据库、人才数据库等，在此基础上进行数据的统一调用和再挖掘。

第三步是对数据进行标准化处理。通过多源头采集的数据，在数据关联挖掘之前，要对数据进行标准化处理，提供数据清洗、填补、规格化、验证等操作，为后期分析工作奠定基础。信息标准化处理是将大量无序的信息采集清洗、分类、加工整理之后存储在数据库上的一个过程。

第四步是根据数据标签对相关指标进行运算。基于专家研究、人工智能解析及机器深度学习模式，对爬取数据中的结构及非结构化数据进行关键词标注、文本解析、语义识别处理，构建形成网状标签数仓（含基础标签、属性标签、特征标签及其他关系型标签），在此基础上计算出本书所需的相关指标。具体数据标签的处理过程如图 6-2 所示。

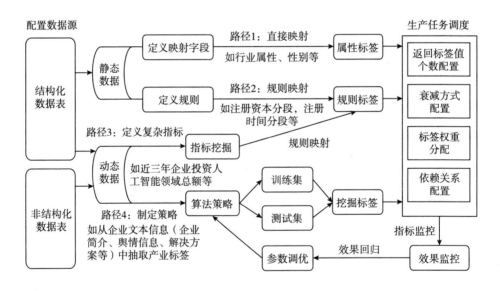

图 6-2　数据标签的处理过程

资料来源：灵犀科技。

（三）指标权重的确定

本书采用熵权法确定表 6-1 中各指标权重。熵权法是利用熵值来判断某个指标的离散程度，其熵值越小，指标的离散程度越大，该指标对综合评价的影响（即权重）就越大。熵权法除了能使指标进行无量纲化处理，还能够反映指标隐含的差异性，避免指标选择的差异造成分析困难。本书选用的熵权法计算步骤如下：

$$x'_{ij} = \frac{x_{ij} - \min|x_{ij}|}{\max|x_{ij}| - \min|x_{ij}|} \quad （正向指标） \tag{6-1}$$

$$x'_{ij} = \frac{\max|x_{ij}| - x_{ij}}{\max|x_{ij}| - \min|x_{ij}|} \quad （逆向指标） \tag{6-2}$$

$$f_{ij} = \frac{x'_{ij}}{\sum\limits_{j=1}^{n} x'_{ij}} \tag{6-3}$$

$$H_i = -K \sum_{j=1}^{n} f_i \ln f_{ij} （其中 K = \frac{1}{\ln n}） \tag{6-4}$$

$$\omega_i = \frac{1 - H_i}{m - \sum\limits_{i=1}^{m} H_i} \tag{6-5}$$

式（6-1）至式（6-5）中，x_{ij} 表示在区域创新生态系统中，m 项指标 n 个年份的共生性评价决策矩阵，即第 i 项评价指标下第 j 年的数据值，i=1，2，…，m；j=1，2，…，n；m 为指标个数，n 为年份数；x'_{ij} 为原指标数据矩阵采用极值法后的标准化数据矩阵；H_i 为第 i 项指标的熵；f_{ij} 为第 i 项指标下第 j 年指标的标准化值在整个评价年份序列中的比重；k 为玻尔兹曼常量；ω_i 为第 i 项指标的权重值，且满足 $0 \leqslant \omega_i \leqslant 1$ 和 $\sum\limits_{i=1}^{m} \omega_i = 1$。

（四）三类种群的权重演化轨迹

本部分以 2010～2018 年为时间跨度，选择长三角城市群的 6 座代表性城市——上海、南京、杭州、苏州、宁波、合肥，以及粤港澳大湾区[①]城市群的 5 座代表城市——深圳、广州、东莞、佛山、珠海为对象。这 11 座城市均属于区域中的中心或次中心城市，经济发展质量高，创新基础较好，产业链价值链比较完备，是这两个城市群区域创新的核心节点城市。按照上述方法，分别求取各指标的熵值权重，进而得出这 11 座城市的研发创新种群权重、应用生产种群权重

---

① 由于数据口径一致性问题，对粤港澳大湾区的实证分析仅限于内地珠三角城市，因此，在实证分析时，可以将粤港澳大湾区城市群视同为珠三角城市群。

和市场活动种群权重演化轨迹，如表6-2、表6-3、表6-4所示。

表6-2给出了长三角和珠三角研发创新种群的演化轨迹。2010~2018年，这11个城市研发创新种群的熵权值均呈明显增长趋势，说明创新种群的影响力在明显提升，但城市群和城市间仍存在着差别。从城市群看，长三角历年均值的平均值为0.1684，高于珠三角的0.1444；从单体城市看，上海、南京、杭州、宁波、合肥、深圳、广州为第一梯队，历年均值超过了0.1600，表明这些城市具有雄厚的科教资源能力和基础研发实力；苏州、珠海属于第二梯队（历年均值在0.1300~0.1600）；东莞、佛山属于第三梯队（历年均值不足0.1300）。通过深入对比不同城市研发创新种群权重的时间序列演化轨迹可以发现，尽管11个城市均呈增长趋势，但增长速度存在一定差异：深圳从2010年的0.0177增长到2018年的0.3376，研发创新种群的熵权值增长了18.1倍；东莞①、杭州分别增长了17.7倍、19.2倍；南京、合肥、珠海分别增长了3.9倍、6.6倍、6.8倍。研发创新种群是创新的源头，演进的速度差异往往是决定创新生态系统在长期的共生演化中能否更可持续、更好地发挥作用的因素。

表6-2　研发创新种群权重演化轨迹

城市	2010年	2012年	2014年	2016年	2018年	ω_{iR}均值
上海	0.0238	0.1137	0.1662	0.2692	0.3258	0.1632
南京	0.0651	0.1292	0.1956	0.2054	0.3218	0.1740
杭州	0.0172	0.1286	0.1832	0.2575	0.3482	0.1693
苏州	0.0275	0.1479	0.1808	0.2259	0.3223	0.1582
宁波	0.0294	0.1392	0.1752	0.1915	0.2994	0.1640
合肥	0.0455	0.1311	0.1993	0.2923	0.3457	0.1819
长三角	0.0337	0.1316	0.1834	0.2403	0.3272	0.1684
深圳	0.0177	0.1098	0.1625	0.2388	0.3376	0.1678
广州	0.0344	0.1154	0.1841	0.2468	0.3414	0.1675
东莞	0.0172	0.0644	0.0982	0.1774	0.3221	0.1211

---

① 东莞具有一定特殊性，2018年的数据跳涨可以认为是华为公司等高科技企业将研发总部迁往东莞所致。

续表

城市	2010 年	2012 年	2014 年	2016 年	2018 年	ω_{iR} 均值
佛山	0.0244	0.0843	0.1083	0.1888	0.3349	0.1258
珠海	0.0437	0.1154	0.1257	0.1971	0.3399	0.1399
珠三角	0.0288	0.0979	0.1358	0.2098	0.3352	0.1444

注：2010~2018 年的数据较多，此处限于篇幅，在不影响结论的情况下，表 6-2 做了隔年展示处理，但均值仍为 2010~2018 年的平均数，表 6-3、表 6-4 同样做了这种处理。

资料来源：笔者整理。

与研发创新种群权重类似，从表 6-3 可知，长三角和珠三角的应用生产种群熵权值（影响力）也呈快速增长态势，两者均值相差不大，珠三角总体略高于长三角。从城市群看，长三角 6 市历年均值的平均值为 0.1186，略低于珠三角 5 市的 0.1195；从单体城市看，深圳、苏州为第一梯队，历年均值超过了 0.1300，上海、南京、杭州、宁波、东莞、珠海属于第二梯队（历年均值在 0.1100~0.1300），合肥、广州、佛山属于第三梯队（历年均值在 0.1100 以下）。11 个城市应用生产种群的增长速度也存在差异：广州增长速度最快，从 2010 年的 0.0130 增长到 2018 年的 0.3257，应用生产种群的熵权值增长了 24.1 倍；其次是南京，增长了 22.6 倍；杭州、合肥、佛山增速处于中间梯队；上海、苏州、宁波、珠海增长速度相对较慢。但是从 2018 年的数据看，上海、苏州、东莞、佛山恰恰是应用生产均值最高的 4 个城市，这说明这些地方将研发产品投入生产的制造能力过去就很强，但是广州、南京等省会城市正在快速追赶。

表 6-3　应用生产种群熵权值演化轨迹

城市	2010 年	2012 年	2014 年	2016 年	2018 年	ω_{iA} 均值
上海	0.0211	0.0519	0.1228	0.1853	0.3307	0.1204
南京	0.0141	0.0540	0.1132	0.1887	0.3331	0.1183
杭州	0.0174	0.0303	0.0895	0.1748	0.3281	0.1102
苏州	0.0225	0.0483	0.1145	0.2308	0.3385	0.1311
宁波	0.0221	0.0452	0.1195	0.1999	0.3337	0.1259
合肥	0.0104	0.0343	0.0977	0.1669	0.3251	0.1055
长三角	0.0189	0.0440	0.1095	0.1911	0.3299	0.1186

续表

城市	2010 年	2012 年	2014 年	2016 年	2018 年	ω_{iA} 均值
深圳	0.0144	0.0597	0.1661	0.2829	0.3092	0.1484
广州	0.0130	0.0364	0.0765	0.1441	0.3257	0.1038
东莞	0.0250	0.0459	0.0889	0.1607	0.3320	0.1118
佛山	0.0161	0.0409	0.0974	0.1498	0.3332	0.1057
珠海	0.0534	0.0730	0.1218	0.1789	0.3309	0.1278
珠三角	0.0244	0.0512	0.1101	0.1833	0.3262	0.1195

资料来源：笔者整理。

市场活动种群权重主要揭示高新技术企业产品市场销售和投融资活动等。从表6-4可知，与前两个种群类似，长三角和珠三角市场活动种群影响力也在逐年增长，长三角总体略高于珠三角。从单体城市看，上海、深圳为第一梯队，历年均值超过了0.1600，南京、苏州、合肥、广州属于第二梯队（历年均值在0.1300~0.1600），杭州、宁波、东莞、佛山、珠海属于第三梯队（历年均值在0.1300以下）。11个城市市场活动种群的增长速度也存在明显差异：宁波、杭州、佛山增长速度最快，市场活动种群的熵权值分别增长了12.7倍、11.4倍、10.4倍；南京、合肥、深圳、东莞增速处于中间梯队；广州、苏州、珠海、上海增长速度相对较慢。这反映了在研发创新和应用生产活动的带动下，宁波、佛山等新兴城市的品牌营销和投融资等市场活动快速发展。

表6-4　市场活动种群权重演化轨迹

城市	2010 年	2012 年	2014 年	2016 年	2018 年	ω_{iM} 均值
上海	0.1428	0.1708	0.1852	0.207	0.2791	0.1721
南京	0.0325	0.0601	0.1495	0.2132	0.273	0.144
杭州	0.0244	0.0526	0.1298	0.1948	0.2773	0.1199
苏州	0.1153	0.1155	0.1091	0.1672	0.2561	0.1382
宁波	0.0252	0.0243	0.0904	0.1661	0.3205	0.1059
合肥	0.0521	0.1127	0.1386	0.2651	0.2726	0.1452
长三角	0.0654	0.0893	0.1338	0.2022	0.2798	0.1376
深圳	0.0329	0.1348	0.1205	0.2219	0.2676	0.1697

续表

城市	2010 年	2012 年	2014 年	2016 年	2018 年	ω_{iM} 均值
广州	0.1014	0.0588	0.1134	0.173	0.2494	0.132
东莞	0.045	0.096	0.0411	0.1381	0.3211	0.1153
佛山	0.0254	0.0233	0.1231	0.2076	0.2628	0.1064
珠海	0.096	0.0365	0.1672	0.2092	0.2051	0.1264
珠三角	0.0581	0.0699	0.1131	0.1900	0.2612	0.1300

资料来源：笔者整理。

三、区域创新生态系统的运行：多样性共生

接下来本书将分别构建实证分析模型，揭示区域创新生态系统运行过程中的共生、协同和演化机制。

多样性共生理论是生态学的重要理论之一，揭示了生物种群间的相互联系以及生物与环境间的适应与协调关系（Douglas，2010）。多样性共生也逐渐被用于刻画创新组织间及与创新要素、创新环境间所形成的共生共存、相互影响、相互作用关系，这同样适用于分析区域创新生态系统的运行机制，这是从生态学视角深入研究区域创新"生态"系统的题中之义，也是促进区域创新生态系统良性运行的重要内容。本部分从单体城市入手，主要研究对象是创新城市内部各创新主体或创新群落间的共生，采用生态学流行的 Lotka - Volterra 模型；城市间的"共生"更加体现为城市群各城市的"协同"，属于城市群研究范畴，本书将利用复合系统协同度模型进行分析。

（一）创新主体间共生关系的界定

与自然生态系统类似，区域创新生态系统的创新主体间的共生关系表现为寄生、互惠共生、偏利共生、偏害共生、独立共存等类型（见表6-5）。

在区域创新生态系统中，"寄生""共生"是类比自然生态系统的隐喻。寄生主体一般为区域创新生态系统中创新链下游的企业或机构，往往处于类似"乙

方"的相对弱势地位；被寄生主体一般为处于创新链上游的高校、科研机构和创新企业，往往处于类似"甲方"的强势地位。寄生主体可以在创新链条和创新生态中不断积累知识技术和创新经验，提升自身创新能力，进而提高主体地位。"互利共生"表现为处于共生状态的创新主体之间是相互依存共荣的，彼此之间可以通过契约关系或者松散的连接形成双赢或多赢。"偏利共生"是指只对某个创新种群有利而对其他创新种群没有影响的共生关系。"偏害共生"是指只对某个创新种群不利而对其他创新种群没有影响的共生关系。"独立共存"是指与所有创新主体共存但不共荣的关系。

表 6-5　创新主体间的共生关系类型

共生关系类型	创新主体 A	创新主体 B	关系特点
寄生	+	+	对寄生主体 A 有利，对被寄生主体 B 也有利
	+	−	对寄生主体 A 有利，对被寄生主体 B 不利
	+	0	对寄生主体 A 有利，对被寄生主体 B 无影响
互惠共生	+	+	对创新主体 A 和 B 都有利
偏利共生	+	0	仅对创新主体 A 有利，对创新主体 B 无影响
偏害共生	−	0	仅对创新主体 A 不利，对创新主体 B 无影响
独立共存	0	0	对创新主体 A 和 B 都无影响

资料来源：根据张贵等（2018）整理。

（二）区域创新生态系统创新种群共生模型

区域创新生态系统是产业链、创新链、价值链"三链交织"形成的网状复杂系统。在数字化、网络化、智能化时代，数据的开放共享、企业的跨界经营、创新主体的竞争合作、产业流程的定制化和柔性化，使得创新主体能够借助信息基础设施便捷迅速地参与市场竞争与合作，进而使得创新活动共生共荣和协同发展成为可能。从我国城市群视角看，随着长三角城市群、珠三角城市群区域一体化深度发展，在 5G 网络、固定宽带、数据中心、边缘计算、智能终端等新型基础设施建设不断深入发展的基础上，"三条链"将发展成为"三张网"——形成"产业要素网络化传输、创新资源网络化配置、价值节点网络化集成"，真正成为一个物质流、人才流、知识流、技术流、信息流、资本流自由流动的生态系统。

具体来说，市场活动种群靠近终端用户，熟悉市场需求，由此产生新的产品创新研发需求，通过相关链条传递给研发创新种群和应用生产种群，在研发创新种群研发设计后，应用生产种群将其转化为商品和服务，经由市场活动种群的商业运作，出售给终端用户，实现创新价值链的闭合。

孟方琳等（2020）对数字经济生态系统进行研究认为，数字经济生态系统中各类种群或群落服从 Logistic 模型的成长规律。类比可以认为，在数字化时代，区域创新生态系统中研发创新、应用生产、市场活动三种群的成长过程均服从 Logistic 模型的成长规律，即：

$$\frac{dx(t)}{dt} = rx\left(1 - \frac{x}{K}\right) \tag{6-6}$$

其中，$x(t)$ 代表种群大小，随时间变化而增长；r 为种群的潜在增长率，是种群在没有外部限制条件下的最大增长率，反映物种的内在特性；K 为区域创新生态系统中创新种群的最大容量。系统中的物种、种群或群落最初呈指数增长，随着生长扩张容量逐渐饱和，增速逐渐放缓，最终达到稳定的上限（K），呈现出 Logistic 模型 S 形成长曲线，如图 6-3 所示。

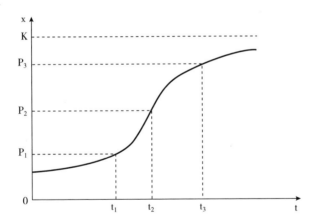

图 6-3 Logistic 模型 S 形成长曲线

资料来源：笔者自绘。

Lotka-Volterra 模型（简称 L-V 模型，一种微分方程动态系统模型）是 Logistic 模型的延伸模型，是生态学中描述种群间以及种群与其生存环境间相互作用关系的数理模型，也可以用于分析创新主体或创新种群间的多样化共生互动关系。本节基于区域创新生态系统三类种群，借鉴张小燕和李晓娣（2019）的分析思路，建立 L-V 三维扩展模型如下：

$$
\begin{cases}
\dfrac{dx(t)}{dt} = r_1 x \left(1 - \dfrac{x}{K_1} - \alpha_{12} \dfrac{y}{K_1} - \alpha_{13} \dfrac{z}{K_1} \right) \\[3mm]
\dfrac{dy(t)}{dt} = r_2 y \left(1 - \dfrac{y}{K_2} - \alpha_{21} \dfrac{x}{K_2} - \alpha_{23} \dfrac{z}{K_2} \right) \\[3mm]
\dfrac{dz(t)}{dt} = r_3 z \left(1 - \dfrac{z}{K_3} - \alpha_{31} \dfrac{x}{K_3} - \alpha_{32} \dfrac{y}{K_3} \right)
\end{cases}
\tag{6-7}
$$

其中，x、y、z 分别表示创新链上游研发创新种群（Group R）、创新链中游应用生产种群（Group A）和创新链下游市场活动种群（Group M），r_1、r_2、r_3 分别对应三个种群的潜在增长率，K_1、K_2、K_3 分别表示三个种群的最大容量。α_{ij} 表示种群 j 与种群 i 的共生系数，即种群 j 与 i 的二维共生互动指数，且当 $\alpha_{ij} > 0$ 时，j 对 i 表现为负向抑制作用；当 $\alpha_{ij} < 0$ 时，j 对 i 表现为正向促进作用；当 $\alpha_{ij} = 0$ 时，j 对 i 没有影响。

为了方便求解，本书根据 L-V 模型的非线性特征，借鉴 Wu 等（2011）运用灰色估计法的方法，将上述模型转换为：

$$
\begin{cases}
\dfrac{dx(t)}{dt} = \lambda_{10} x + \lambda_{11} x^2 + \lambda_{12} xy + \lambda_{13} xz \\[3mm]
\dfrac{dy(t)}{dt} = \lambda_{20} y + \lambda_{22} y^2 + \lambda_{21} xy + \lambda_{23} yz \\[3mm]
\dfrac{dz(t)}{dt} = \lambda_{30} z + \lambda_{33} z^2 + \lambda_{31} xz + \lambda_{32} yz
\end{cases}
\tag{6-8}
$$

将方程组离散化处理，得到如下矩阵方程式：

$$
X_n = A_1 \hat{\lambda}_1, \quad Y_n = A_2 \hat{\lambda}_2, \quad Z_n = A_3 \hat{\lambda}_3
\tag{6-9}
$$

利用最小二乘法，可得：

$$
\hat{\lambda}_1 = (A_1^T A_1)^{-1} A_1^T X_n
\tag{6-10}
$$

$$
\hat{\lambda}_2 = (A_2^T A_2)^{-1} A_2^T Y_n
\tag{6-11}
$$

$$
\hat{\lambda}_3 = (A_3^T A_3)^{-1} A_3^T Z_n
\tag{6-12}
$$

最后，通过如下转换关系得到原始方程中的种群间二维共生互动指数：

$$
\alpha_{ij} = -\lambda_{ij} \times \frac{K_i}{r_i} \quad (i \neq j)
\tag{6-13}
$$

由于求解得出的 α_{ij} 反映的是三个种群两两之间的共生互动关系，只有将二维共生互动系数 α_{ij} 整合成为三维共生互动指标，才能更为直观地分析区域创新生态系统的整体共生互动效应。本书借鉴张小燕和李晓娣（2019）的方法，构造出种群间三维共生互动对各种群影响总效应指数模型：

$$
\begin{cases}
研发创新种群三维共生互动指数：S_R = \alpha_{12} + \alpha_{13} \\
应用生产种群三维共生互动指数：S_A = \alpha_{21} + \alpha_{23} \\
市场活动种群三维共生互动指数：S_M = \alpha_{31} + \alpha_{32}
\end{cases}
\tag{6-14}
$$

具体关系判定如表6-6所示。

表6-6　区域创新生态系统种群共生互动关系指数的判定

共生关系类型	共生互动关系指数	关系判定
互惠共生	S_R、S_A、S_M 均<0	研发创新、应用生产、市场活动三种群共生共荣
反向抗生	S_R、S_A、S_M 均>0	研发创新、应用生产、市场活动三种群相互抑制
共生并存	S_R、S_A、S_M 均=0	研发创新、应用生产、市场活动三种群相互无影响
寄生或偏利/偏害共生	S_R、S_A、S_M 有正有负	三种群间存在促进或抑制的作用，具体要看两两种群间共生互动系数 α_{ij} 是正还是负

资料来源：笔者整理。

在此基础上，还可进一步从单体城市子系统整体的角度构建区域创新生态系统共生互动黏度指数（Symbiotic Viscosity Index，SVI），反映单体城市子系统创新生态共生互动的程度：

$$
SVI_i = \sqrt[3]{\omega_{iR} \times \omega_{iA} \times \omega_{iM}}，i \in [1，n]
\tag{6-15}
$$

其中，ω_{iR}、ω_{iA}、ω_{iM} 分别为第 i 个城市研发创新、应用生产、市场活动种群权重均值。

（三）实证分析

1. 种群间二维共生互动指数的求取

根据式（6-13）和前文中长三角和粤港澳大湾区11市各种群的指标权重，求解 j 与种群 i 的二维共生互动指数 α_{ij} 矩阵，如表6-7所示。

表 6-7　城市种群间二维共生互动指数

城市	α_{12}	α_{21}	α_{13}	α_{31}	α_{23}	α_{32}
上海	-0.3099	-0.5287	-0.0284	-2.2062	-0.0600	0.8369
南京	0.3154	-1.9383	-1.3224	-1.1221	2.1937	-0.5944
杭州	-0.5549	-0.4572	-0.0628	1.2671	-0.0822	-2.6765
苏州	-2.4392	-0.3109	2.8535	1.4078	0.6335	-2.7008
宁波	-0.1867	-0.9016	-0.3810	-1.1240	0.6808	0.3219
合肥	-0.0161	-0.4258	-0.5227	5.9364	-0.1836	-6.5229
深圳	-1.8130	1.6066	0.9313	-1.5769	-0.7705	0.9670
广州	-0.3094	0.1134	-0.4851	-1.8994	-1.3149	0.0468
东莞	-1.0150	-1.7030	0.2052	-0.8097	0.8381	-0.1767
佛山	-1.0551	-1.6494	-0.2069	-0.1147	-1.7977	-1.9072
珠海	-0.7471	-1.2385	0.1936	0.8858	0.1479	-1.2141

资料来源：笔者整理。

　　观察研发创新与应用生产种群的二维互动态势（α_{12} 和 α_{21}），上海、杭州、苏州、宁波、合肥、东莞、佛山、珠海的二维共生互动指数 α_{12} 和 α_{21} 均<0，说明这8个城市研发创新与应用生产种群间呈相互促进的互惠共生关系。南京的 α_{12}>0，α_{21}<0，说明应用生产种群对研发创新种群具有促进作用，但研发创新种群对应用生产种群有抑制作用，如何将南京产生的科技研发成果顺利转化到生产制造领域，是需要解决的问题。深圳、广州的 α_{12}<0，α_{21}>0，说明研发创新种群对应用生产种群具有促进作用，但应用生产种群对研发创新种群有抑制作用，这两个城市生产制造对研发创新的反哺作用还没有显现。

　　观察研发创新与市场活动种群的二维互动态势（α_{13} 和 α_{31}），上海、南京、宁波、广州、佛山的二维共生互动指数 α_{13} 和 α_{31} 均<0，说明这5个城市研发创新与市场活动种群间呈相互促进的互惠共生关系。苏州、珠海 α_{13} 和 α_{31} 均>0，说明这2个城市研发创新与市场活动种群间呈相互抑制的反向抗生关系，需要重点关注营销、金融等商业活动与研发创新种群的匹配度问题。深圳、东莞的 α_{13}>0，α_{31}<0，说明市场活动种群对研发创新种群具有促进作用，但研发创新种群对

市场活动种群有抑制作用，需要关注研发创新成果能否有利于营销、金融等活动开展的问题。杭州、合肥的 $\alpha_{13}<0$，$\alpha_{31}>0$，说明研发创新种群对市场活动种群具有促进作用，但市场活动种群对研发创新种群有抑制作用，说明这两个城市营销、金融等市场活动活跃，但未对创新实现正向促进效果。

就二维互动态势（α_{23} 和 α_{32}）而言，杭州、合肥、佛山的二维共生互动指数 α_{23} 和 α_{32} 均<0，说明这 3 个城市应用生产与市场活动种群间呈相互促进的互惠共生关系。宁波的 α_{23} 和 α_{32} 均>0，说明宁波应用生产与市场活动种群呈相互抑制的反向抗生关系，需要重点关注营销、金融等商业活动与生产制造种群是否匹配。南京、苏州、东莞的 $\alpha_{23}>0$，$\alpha_{32}<0$，说明市场活动种群对应用生产种群具有促进作用，但应用生产种群对市场活动种群有抑制作用，说明生产制造集聚的这 3 个城市并没有显著带动营销、金融等产业的同步发展。上海、深圳、广州这 3 个城市与上述 3 个城市相反，$\alpha_{23}<0$，$\alpha_{32}>0$，说明生产制造种群对市场活动种群具有促进作用，但这 3 个营销、金融等服务业发达的城市，并没有同步带动生产制造业的发展，甚至可能存在挤出效应。

2. 种群间共生关系和共生模式的综合评价

在求取共生种群间二维互动系数的基础上，根据种群间三维共生互动对各种群影响总效应指数模型可以得到区域创新生态系统的整体共生互动效应，即三种群间共生关系指数（S_R、S_A、S_M）；由于地区间差异比较明显，可计算得到 2010~2018 年区域创新生态系统共生互动黏度指数，进而实现对区域创新生态系统种群发展水平和种群间共生互动程度的综合评价（见表6-8）。

就种群发展水平而言，长三角和珠三角 11 座城市 2010~2018 年的共生互动粘度指数均在 0.1000~0.1700，表明种群间存在较好的共生互动关系。11 座城市均没有出现反向抗生的情况，其中，上海、杭州、宁波、合肥、广州、东莞、佛山、珠海 8 市 S_R、S_A、S_M 均<0，表明这 8 座单体城市创新生态系统运行良好。深圳对应用生产种群偏害，结合深圳的政策实践可以发现，根据深圳市近年来的发展战略规划，深圳重点加大了对价值链微笑曲线的两端——科技研发、品牌塑造以及创新服务等高附加值领域的发展力度，受制于土地资源有限，对生产制造领域进行了"腾笼换鸟"式的转移或升级。与深圳类似，南京对研发创新与市场活动种群偏利，对应用生产种群偏害，根据南京的实践可以解释为：南京丰厚的科技研发力量和服务业还没有被很好调动为生产制造，科技成果转化和金融更

好支持生产制造应成为南京下一步创新能力建设的重中之重。苏州对市场活动种群偏利，对研发创新与应用生产种群偏害（$S_M<0$，S_R、$S_A>0$），结合前文研究分析发现，苏州二维共生互动指数 α_{12} 和 α_{21} 均<0，α_{13} 和 α_{31} 均>0，说明苏州研发创新与应用生产种群间呈相互促进的互惠共生关系；研发创新与市场活动种群间呈相互抑制的反向抗生关系；然而 $\alpha_{23}>0$，$\alpha_{32}<0$，说明市场活动种群对应用生产种群具有促进作用，但应用生产种群对市场活动种群有抑制作用，说明苏州生产制造的集聚还没有显著带动创新、生产性服务等产业的同步发展。

表 6-8 三种群间共生性综合评价

城市	SVI 均值	S_R	S_A	S_M	共生关系综合评价
上海	0.1501	−0.3383	−0.5887	−1.3693	实现三种群的互惠共生
南京	0.1436	−1.007	0.2554	−1.7165	对研发创新与市场活动种群偏利，对应用生产种群偏害
杭州	0.1308	−0.6177	−0.5394	−1.4094	实现三种群的互惠共生
苏州	0.1420	0.4143	0.3226	−1.293	对市场活动种群偏利，对研发创新与应用生产种群偏害
宁波	0.1298	−0.5677	−0.2208	−0.8021	实现三种群的互惠共生
合肥	0.1407	−0.5388	−0.6094	−0.5865	实现三种群的互惠共生
长三角	0.1401	—	—	—	
深圳	0.1617	−0.8817	0.8361	−0.6099	对研发创新与市场活动种群偏利，对应用生产种群偏害
广州	0.1319	−0.7945	−1.2015	−1.8526	实现三种群的互惠共生
东莞	0.1160	−0.8098	−0.8649	−0.9864	实现三种群的互惠共生
佛山	0.1123	−1.262	−3.4471	−2.0219	实现三种群的互惠共生
珠海	0.1312	−0.5535	−1.0906	−0.3283	实现三种群的互惠共生
珠三角	0.1309	—	—	—	

资料来源：笔者整理。

四、区域创新生态系统的运行：开放式协同

本部分研究区域创新生态系统的协同效应，主要是城市群各主要创新城市之间的协同，属于横向研究路径。城市群协同创新构建的生态系统，是城市群内按照城市间内部联系和一定秩序组合而成的系统，意在进行跨城市、跨区域资源整合，促进产业链、创新链、价值链的融合发展，形成良好运行的区域创新生态系统，提升城市群科技创新能力。

目前，我国包括绝大多数城市群在内的区域一体化程度较低，系统内协同创新还处于初级阶段，创新资源无法高效配置，阻碍了知识溢出和技术扩散效应的发挥。对城市群创新系统协同性的研究，是在研究单体城市创新生态的共生互动的基础上，对城市间从点到线到面的创新合作的研究。实证分析表明，长三角和粤港澳大湾区城市群内各城市具有多元协作和协同演化的特性，通过实现城市间的创新联动发展，能够实现产业、高校、机构、政府等创新主体，人才、技术、资金、数据等创新要素，基础设施、公共服务、文化环境、市场环境等创新环境的协调配合，能够实现创新要素在各创新主体间的流动、循环、传播和共享，释放创新潜能，最终实现城市群科技创新效益的最大化。

（一）区域创新生态系统城市间协同模型

前文已述，区域创新生态系统是一个开放系统，需要不断与外界交换物质、能力、信息。系统在充分吸收和聚集创新要素的同时，产生了超过各单体城市子系统加和的协同效应，一般称之为"协同剩余"，使得整体区域产生规模报酬。

运用模型抽象化，可以将要素 M：

$M = \{M_1, M_2, \cdots, M_n\}$

看作分散在 n 个子系统中的系统要素，系统的整体效能为 F（M），则：

$F(M) > F(M_1) + F(M_2) + \cdots + F(M_n)$

这就是通常所说的"1+1+1＞3"的非线性效果。假设系统产生的协同剩余

（Synergetic Surplus）为 SS（M），则：

$$F(M) = [F(M_1) + F(M_2) + \cdots + F(M_n)] + SS(M) \qquad (6-16)$$

追求协同剩余、提升协同度的实质是各区域创新主体在信息不对称的情况下通过有效的制度安排和协作机制，优化创新要素的整体配置，提升物质流、人才流、知识流、技术流、信息流、资本流的通达水平，进而形成净增益的过程。

本部分参考孟庆松和韩文秀（1999）构建的作用范围较广的复合系统协同度模型，将区域创新生态系统视为一个复合系统，分析长三角和粤港澳大湾区城市群区域创新生态系统的协同性。复合系统的各子系统之间、系统组成要素之间在发展演化过程中彼此协调、相互促进的程度称为协同度。本书将复合系统指代区域创新生态系统，协同度是对城市之间以及各创新主体之间相互促进的程度的度量。

首先，建立复合系统：

$$S = \{S_1, S_2, \cdots, S_n\}$$

S_i 为系统 S 的第 i 个子系统，在城市群创新生态系统中代表单体城市的创新生态系统，且：

$$S_i = \{S_{i1}, S_{i2}, \cdots, S_{im}\} = S_i(M_i, N_i, \cdots)$$

即 S_i 由 m 个序参量组成，也由 M_i、N_i 等存在 S_i 系统中的各创新主体和创新要素组成。

各子系统 S_i 通过相互作用形成 S 的复合机制，因此系统的复合方式可进一步抽象为：

$$S = f(S_1, S_2, \cdots, S_n) \qquad (6-17)$$

式（6-17）为复合因子，一般为非线性方程。复合系统的总体效能 F（S）大于各子系统效能之和，即：

$$F(S) = F[f(S_1, S_2, \cdots, S_n)] > \sum_{i=1}^{n} F(S_i) \qquad (6-18)$$

F 可以称为复合系统 S 的协同效应。式（6-18）表示在有序化的协同状态下，系统整体的创新效益大于在无序化状态下子系统之间的简单加总。

下面以协同学中的序参量原理为基础，建立整体协同度模型。首先提出系统的有序度概念，对于城市群创新生态系统单体城市的创新生态系统 S_i（i ∈ ［1， n］），设每个子系统演化发展中的序参量为 X = $\{x_{ij}$（i = 1，2，…，n；j = 1，2，…，m）$\}$。在系统有序状态下，序参量的子变量 x_{ij} 的上限和下限分别为 α_{ij}、β_{ij}，即：

$$x_{ij} \in [\alpha_{ij}, \beta_{ij}]$$

若序参量为正向指标，则其指标值越大，系统有序程度就越高；反之，若序参量为逆向指标，则取值越大，有序程度越低。据此，可以定义 S_i 序参量的子变量 x_{ij} 的系统有序度为：

$$e_{ij}(x_{ij}) = \begin{cases} \dfrac{x_{ij} - \beta_{ij}}{\alpha_{ij} - \beta_{ij}}, & j \in [1, k] \\[2mm] \dfrac{\alpha_{ij} - x_{ij}}{\alpha_{ij} - \beta_{ij}}, & j \in [k+1, m] \end{cases} \tag{6-19}$$

其中，k 为临界值，$e_{ij}(x_{ij})$ 值越大，表明序参量分量 x_{ij} 对系统有序度贡献越大。进而对序参量贡献度进行算术加权，指标权重 ω_{ij} 通过熵权法计算得到，其含义是 x_{ij} 在保持系统有序运行中所起的作用和贡献大小。由此可得城市群创新生态系统中各单体城市子系统的有序度 $e_i(X)$：

$$e_i(X) = \sum_{j=1}^{n} \omega_{ij} \times e_{ij}(x_{ij}) \tag{6-20}$$

其中，$\omega_{ij} \in [0, 1]$，$\sum_{j=1}^{n} \omega_{ij} = 1$，且 ω_{ij} 的值越大，表明其对子系统的有序度贡献越大。

下面建立城市群整体创新生态系统的协同度测算模型。借鉴刘静（2019）的研究，设 $e_i^0(X)$ 为第 i 个单体城市创新生态系统序参量在初始时刻 t_0 的有序度，之后某一时刻 t_1 的有序度为 $e_i^1(X)$，则定义城市群整体创新生态系统的协同度 LWS（Level of Whole Synergy）为：

$$LWS = \sum_{i=1}^{n} \theta \times \omega_i [|e_i^1(X) - e_i^0(X)|] \tag{6-21}$$

其中，参数 θ 反映城市群创新生态系统在 $t_0 \rightarrow t_1$ 时刻变化的发展方向，体现各单体城市对城市群协同度的贡献程度。将参数 θ 定义为：

$$\theta = \frac{\min_i [e_i^1(X) - e_i^0(X) \neq 0]}{|\min_i [e_i^1(X) - e_i^0(X) \neq 0]|}, \quad i \in [1, n] \tag{6-22}$$

若 $e_i^1(X) - e_i^0(X) > 0$，即参数 $\theta > 0$，则城市群创新协同度 LWS > 0，表示

城市群创新生态系统存在"协同剩余"，单体城市使城市群创新生态系统向有序化、协同化的方向发展；反之，若 $e_i^1(X) - e_i^0(X) < 0$，即参数 $\theta < 0$，城市群创新协同度 LWS < 0，表示城市群创新生态系统竞争过度，单体城市使城市群创新生态系统向无序化、非协同化的方向发展。

根据式（6-21）和式（6-22）可知，城市群整体创新生态系统的协同度 LWS 取值为 [-1，1]，其值越接近 1，说明整个创新系统在 $t_0 \to t_1$ 时刻的有序化程度越高，协同效应越好，城市群协同创新能力越强。因此，通过相对于基期的协同度 LWS 的测量，能够评价城市群整体创新生态系统的协同性。

（二）实证分析

根据式（6-19）和式（6-20）以及表 6-2、表 6-3、表 6-4 长三角和珠三角各种群的指标权重，求解单体城市子系统和两个城市群的系统有序度，如表 6-9 所示。

表 6-9　长三角和珠三角区域创新生态系统有序度

城市/城市群	2010 年	2012 年	2014 年	2016 年	2018 年	均值
上海	0.1812	0.2364	0.3742	0.6615	0.8856	0.4571
南京	0.1116	0.2433	0.4583	0.6073	0.9280	0.4609
杭州	0.0591	0.2116	0.4025	0.6273	0.9536	0.4435
苏州	0.1652	0.3117	0.4044	0.6238	0.9069	0.4733
宁波	0.0767	0.2087	0.3852	0.5576	0.9537	0.4396
合肥	0.1081	0.2780	0.4357	0.7243	0.9434	0.4807
长三角	0.1152	0.2444	0.3937	0.6053	0.9171	0.4470
深圳	0.1016	0.1787	0.3949	0.7393	0.8660	0.4563
广州	0.1488	0.2107	0.3740	0.5638	0.9164	0.4427
东莞	0.0472	0.2063	0.2281	0.4761	0.9752	0.3609
佛山	0.0554	0.1741	0.3830	0.5962	0.9336	0.4105
珠海	0.1931	0.2250	0.4146	0.5852	0.8760	0.4323
珠三角	0.0822	0.1714	0.3141	0.5938	0.8505	0.3940

资料来源：笔者整理。

总体来看，长三角和珠三角城市群的有序度均达到高水平，长三角城市群2010~2018 年均值为 0.4470，略高于珠三角的 0.3940，说明两个城市群的区域创新生态系统运行都处于良好状态。其中，上海、南京、苏州、合肥、深圳 5 座城市的有序度 2010~2018 年均值均超过 0.4500，为第一梯队；杭州、宁波、广州、珠海 4 座城市的有序度 2010~2018 年均值处于 0.4200~0.4500，为第二梯队；东莞、佛山在 0.4200 以下，为第三梯队。但是，从 2018 年的数据看，东莞、佛山的系统有序度分别达到 0.9752 和 0.9336，位居 11 座城市前列，表明这两座城市主动融入城市群协同创新的步伐明显加快；深圳、上海 2018 年的系统有序度分别为 0.8660 和 0.8856，位列 11 座城市靠后的位置，这从一个侧面表明深圳和上海这两座创新源头中心城市创新协同的步伐有所放缓，协同创新的主动性还有待加强。

根据表 6-9 的数据和式（6-21），可以计算得出长三角和珠三角城市群整体创新生态系统的协同度 LWS，如表 6-10 和图 6-4 所示。

从图 6-4 可以看出，2010~2018 年，长三角和珠三角城市群整体创新生态系统的协同度均实现了大幅上升，其中，长三角城市群创新生态系统协同度从 0.1032 提高到 0.9057，珠三角城市群创新生态系统协同度从 0.0627 提高到 0.8297。2018 年两个城市群的协同度都已接近 1，说明区域创新生态系统中各城市的协同度大幅提高，城市间协作大于竞争，"协同剩余"的整体效果已经显现。从两个城市群对比看，长三角协同度整体高于珠三角，但是 2016 年粤港澳大湾区正式纳入国家"十三五"规划后，区域一体化战略不断演进，珠三角城市群区域创新协同度快速提高，2018 年长三角区域一体化发展上升为国家战略，进一步提升长三角城市群的区域创新协同度。从中可以看出，区域规划的制定和实施，能够促进区域创新协同发展的体制机制问题的解决，从而促使生态系统更好运行。

表 6-10　长三角和珠三角城市群整体创新生态系统协同度

城市群	2010 年	2012 年	2014 年	2016 年	2018 年
长三角	0.1032	0.2326	0.3821	0.5937	0.9057
珠三角	0.0627	0.1517	0.2942	0.5735	0.8297

资料来源：笔者整理。

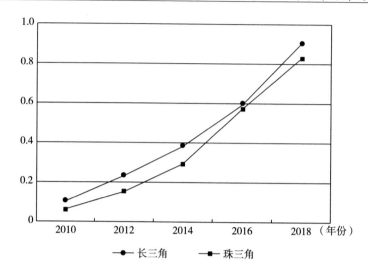

图6-4　长三角和珠三角城市群创新生态系统协同度

资料来源：笔者整理。

五、区域创新生态系统的运行：自组织演化

有别于线性的创新发展模式和静态化、机械式的"区域创新系统"，"区域创新生态系统"是一个动态革新的系统，具有演化和迭代的功能，随着时间的推移，在自组织性和基于遗传、变异等生态演化机理作用下，整个系统由低级向高级不断演化。

前文提出区域创新生态系统是一个复合系统，可以说区域创新生态系统是内部机制自发推动和外部机制人为拉动共同形成的，正是内生动力和外生动力决定了区域创新生态系统的演化路径。

（一）区域创新生态系统演化的内生动力与外生动力

1. 内生动力

区域创新生态系统演化的内生动力主要源于自组织行为。这种自组织行为既能够产生和集聚一定的创新主体形成"种群"，又能够通过变异、选择、演化形成新的组织形式，具有自我适应、自我修复、自我迭代的特征。以自组织为代表的生态系统应该是一个开放系统，系统在与外界交换物质、信息和能量的过程中降低熵含量（无序度），使得系统在自身运行中耗散的能量得到恢复，并从无序向有序演进。区域创新生态系统的演化是一种自发性自然形成的过程，能够推动系统实现结构的有序化。

根据达尔文进化理论，系统的自组织和进化是以生物间以及生物与非生物环境间适应和互动为基础的，这种生物间随时间和环境而产生的共生演化以基因的遗传、变异和自然选择为基本规律。首先，种群通过遗传保留了原始特质；其次，种群存在变异，否则就不会产生演化；最后，自然选择通过对种群遗传和变异发生的作用，导致新种群的产生和旧种群的消亡。

Nelson 和 Winter（1982）指出，经济社会中的"惯例"发挥了与"基因"相似的作用，具有"记忆""遗传"等功能。在创新生态系统演化过程中，惯例是一种相对稳定的特征，能够向其他主体和种群传播复制，与遗传相对应地，变异增强生物的适应能力。区域创新生态系统的变异主要有两个方面：一是创新主体的惯例"基因"自我发生变化，二是颠覆式创新的出现。在创新发展过程中，变异意味着通过全方位创新打破了原有的惯例，摆脱"路径依赖"，形成新的惯例。区域创新生态系统中的创新活动，尤其是"颠覆式创新活动"，能够改变传统创新范式，促进"惯例"基因的变异与更新，增加多样化，有利于更好地释放技术创新能力和活力。

生物体的变异经过环境的选择和适应，具有优势"基因"的种群稳固发展，并朝着适应环境的良性方向不断进化。在区域创新生态系统中，只有创新种群与外部环境相适应、相匹配时，创新物种才得以"被选择"，并得到稳固，系统开始进入新一轮的自发式筛选，使更能适应环境的优势惯例脱颖而出。

2. 外生动力

区域创新生态系统演化的外生动力包括政策引导、市场需求变化和外部技术革新等方面。不同发展阶段的系统所需要的外生动力是不同的。通常而言，区域创新生态系统在起步阶段，政策导向和扶持是首位要素；步入成长期和成熟期，技术、市场、信息等成为系统重要的外生动力来源。

在区域创新生态系统建设的初期，政府的各种导向性、扶持性政策发挥了最重要、最直接的作用。这种系统的外部力量能够推动创新环境的改变，优化创新要素的配置，吸引创新主体的聚集，只有当这一外部力量达到一定的"阈值"后，系统才能出现自组织的内生动力，形成共生协同演化，政府的主要作用是搭建区域创新平台，汇聚创新主体、要素，创建、优化创新环境。政府的支持机制主要包括政策扶持机制、资金支持机制以及服务配套机制。

在区域创新生态系统的成长期和成熟期，市场需求和外部技术革新将成为系统演化的主导外生动力。一方面，市场需求是推动系统演化最直接的外部动力。用户的需求是创新活动最本源的基础，市场需求发生变化，将促使系统要素结构发生变化，形成种群间协同交互的内在驱动力。另一方面，来自系统外界的技术革新是区域创新系统的重要变量，可能导致区域内一个产业、一座城市甚至一片区域的兴衰。

值得强调的是，在区域创新生态系统的成长期和成熟期，系统的自组织演化功能得以实现后，政府直接的导向性、扶持性政策应逐步退出，转向间接的服务型、支撑型政策，重在营造有利于创新的"软硬环境"，推动区域创新生态系统的良性运转，并避免发生系统性风险。政府政策和资金的支持从直接作用于创新主体和创新要素，转向更加普惠的基础设施和公共服务，把提升创新环境的友好程度作为衡量政策质量与效益好坏的标尺。

（二）区域创新生态系统演化四阶段

一般而言，随着技术进步、各产业融合、各类要素集聚以及制度的变迁和创新，区域创新生态系统总体会沿着"初始建立→快速成长→稳定运行→优化重构"的路径演化发展，随着技术产业周期的兴衰循环往复。通过内生和外生动力的双重作用，构建良性循环，实现创新主体互惠共荣和价值共创共享，促进创新的可持续式发展，是整个系统演化的目标。

用 Logistic 模型可以诠释区域创新生态系统的演化阶段：

$$\frac{dN}{dt} = rN \times \frac{K-N}{K} \tag{6-23}$$

其中，N 表示 t 时刻区域创新生态系统的整体价值量，K 表示在现有外部条件下，系统价值量所能达到的极限规模，r 为系统价值量的自然增长率，初始时刻（t=0）的价值量为 N_0。对上式求解，可得：

$$N = \frac{K}{1 + C \times e^{-rt}} \tag{6-24}$$

其中，C 为一个常量，

$$C = \frac{K - N_0}{N_0} \tag{6-25}$$

变换可得，

$$N = \frac{K}{1 + \left(\dfrac{K}{N_0} - 1 \right) \times e^{-rt}} \tag{6-26}$$

式（6-26）表示区域创新生态系统价值量演变的状态和轨迹，式（6-23）为价值规模增长的速度。对式（6-23）求导数，可以得到系统价值量增长的加速度方程：

$$\frac{d^2 N}{dt^2} = r^2 N \times \frac{K - N}{K} \times \frac{K - 2N}{K} \tag{6-27}$$

基于以上信息可知，区域创新生态系统价值量随着时间的推移而发生变化，增长速度先递增，达到极值后递减，区域创新生态系统价值量演化呈 S 形。根据所处阶段不同，与基于创新生命周期的企业创新价值曲线类似（见图 5-2），可将其演化过程对应划分为四个阶段，如图 6-5 所示。

1. 孕育阶段

系统的成长速度 $\dfrac{dN}{dt}$ 及其加速度 $\dfrac{d^2 N}{dt^2}$ 以及 $\dfrac{d^3 N}{dt^3}$ 均大于 0，系统价值规模呈指数型增长。当演化到 t_1 时期，系统价值规模达到 $\dfrac{K}{3 + \sqrt{3}}$ 时，成长速度为 $\dfrac{rK}{6}$，系统的加速度达到最大值，但此时市场发育还不完善，随着创新主体规模的逐渐扩大，系统开始逐渐孕育形成并进入成长期。

2. 成长阶段

这一阶段系统的成长速度 $\dfrac{dN}{dt}$ 及其加速度 $\dfrac{d^2 N}{dt^2}$ 均大于 0，$\dfrac{d^3 N}{dt^3}$ 小于 0，系统价值规模仍然快速增长，但加速度趋缓。当演化到 t_2 时期，系统价值规模达到 $\dfrac{K}{2}$ 时，成长速度为 $\dfrac{rK}{4}$ 且达到最大值，系统的创新能力和市场转化能力不断提升，区域创

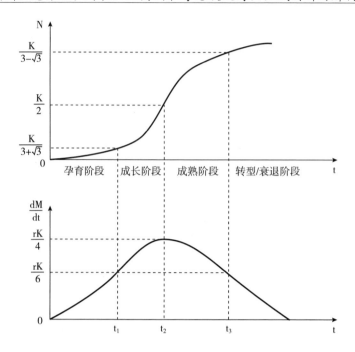

图 6-5　区域创新生态系统演化四阶段

资料来源：笔者自绘。

新生态系统进入良性运转时期。

3. **成熟阶段**

这一阶段系统的成长速度 $\dfrac{dN}{dt}$ 大于 0，系统成长加速度 $\dfrac{d^2N}{dt^2}$ 以及 $\dfrac{d^3N}{dt^3}$ 小于 0，系统价值成长速度下降。当演化到 t_3 时期，系统价值规模达到 $\dfrac{K}{3-\sqrt{3}}$ 时，成长速度为 $\dfrac{rK}{6}$，加速度均为负且达到最小。这一阶段系统的运行能力达到最佳状态，也是孕育新技术、新业态的时期。

4. **转型/衰退阶段**

这一阶段，系统的成长速度 $\dfrac{dN}{dt}$ 仍然大于 0，但系统成长加速度 $\dfrac{d^2N}{dt^2}$ 小于 0，$\dfrac{d^3N}{dt^3}$ 大于 0，系统价值成长速度递减，系统价值规模呈负指数增长。这一阶段系统的运行能力下降，竞争大于合作，如果抓住新技术的转型趋势，则可以享受新一轮成长红利，不然就陷入衰退陷阱。

影响系统进入不同发展阶段最重要的因素是创新"基因"（创新惯例）的遗传和传播。具有优势创新"基因"的创新主体在形成和聚集过程中，通过遗传、传播、学习、复制、模仿，会逐渐取代其他创新主体的创新"基因"，并成为系统中主导性优势"基因"，使生态系统进入成长和成熟阶段；在此之后，创新种群容易形成路径依赖，对环境的适应能力减弱，加之复制模仿后创新竞争加剧，稀释了创新主体的单体价值量，创新"基因"的优势逐渐消失，创新群落进入发展的停滞或衰退状态，此时需要激发"基因变异"，或在系统外部寻找新的优势"基因"来改变创新路径，发挥"鲶鱼效应"作用，推动系统的变革与进化。

（三）两大城市群演化路径分析

城市群创新生态系统是目前最具代表性的区域创新生态系统，能够实现城市间区域创新协作从无序到有序、从低级到高级状态的发展。城市群在建立区域创新生态系统过程中，具有明显的自组织特性：城市群在结构形态、相互影响、发展模式方面呈现出来的自发行为机制，形成路径依赖和路径创造兼具的演化特征。

一方面，在创新"基因"遗传和复制的作用下，城市群创新生态系统可能会陷入路径锁定，表现出发展模式固化的特征；另一方面，政策引导、市场需求和外部技术革新，将促进"基因变异"，带来新的优势"基因"，摆脱路径依赖，实现路径创造。在城市群各城市间，技术差距使得知识和技术从先进地区向落后地区迁移，这种知识和技术的空间溢出效应是城市间在产业链、创新链、价值链实现分工协作、共生共荣的基础。随着创新主体、创新要素在不同城市的自由流动，城市群能够逐渐形成自组织化程度高、运行良好的区域创新生态系统。

为刻画城市群内主要城市之间创新活动的空间关联，选取长三角与珠三角城市群城市间高技术产业、高新技术产业企业技术交易和高新技术产业企业股权投资等指标进行实证分析。本书采用主成分分析法，以城市关联度作为城市间关联发展水平的综合评价指标值，即通过因子分析将所有指标所代表的信息综合成城市间创新关联度指数，城市间创新关联度取值在 [0，100]，其高低综合反映了城市之间技术、资本等创新要素流转程度及协调程度。利用 Mapinfo 等 GIS 作图软件将评价结果在空间上进行可视化处理，以主要城市为"创新节点"，以空间关联为"创新轴带"，构建城市群区域创新生态系统空间结构演化图。

图 6-6 模拟了长三角城市群重点城市①不同时点区域创新生态系统空间结构演化状况。

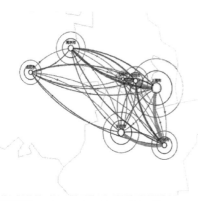

关联度 0~10 — 10~20 — 20~30 —
30~40 ▬ 40~50 ▬ 50及以上 ▬

（a）2008年长三角城市群区域创新
生态系统空间结构演化

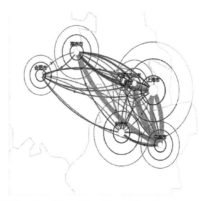

关联度 0~10 — 10~20 — 20~30 —
30~40 ▬ 40~50 ▬ 50及以上 ▬

（b）2012年长三角城市群区域创新
生态系统空间结构演化

关联度 0~10 — 10~20 — 20~30 —
30~40 ▬ 40~50 ▬ 50及以上 ▬

（c）2015年长三角城市群区域创新
生态系统空间结构演化

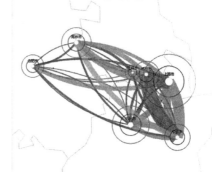

关联度 0~10 — 10~20 — 20~30 —
30~40 ▬ 40~50 ▬ 50及以上 ▬

（d）2018年长三角城市群区域创新
生态系统空间结构演化

图 6-6　长三角城市群区域创新生态系统空间结构演化

资料来源：笔者根据数据用 Mapinfo 软件编绘。

---

① 囿于数据可得性，这里仅选取长三角城市群中具有典型代表性的上海、南京、杭州、合肥、苏州、无锡、宁波 7 市。

整体上看，长三角城市群区域创新生态系统是以上海为网络核心节点的，其中上海—苏州、上海—南京、上海—杭州的城市间创新关联度较高。从不同时点演化状况看：

（1）2008年，长三角代表城市间的创新关联度均不超过15，其中，上海→苏州（表示上海技术、资本流向苏州，下同）城市间创新关联度为14，是所有两两城市中最高的；第二是上海→南京，城市间创新关联度为7，第三是无锡→苏州，城市间创新关联度为5。总体来看，2008年长三角创新合作主要体现在上海和苏南城市之间以及苏南内部城市之间，主干创新关联轴带是上海—苏州、上海—南京、苏州—无锡，浙江、安徽的城市间创新关联度较低，均没有超过3。

（2）2012年，长三角创新网络联系有所加强，但是主干创新关联轴带仍然是上海和苏南城市之间以及苏南内部城市之间。上海→苏州仍然是所有两两城市中最高的，城市间创新关联度为34；第二是上海→南京，城市间创新关联度为12，第三是南京→苏州，城市间创新关联度为10；杭州和南京的创新合作有所提升，杭州→南京城市间创新关联度为7。

（3）2015年，长三角创新网络联系继续增强，上海对周围城市的辐射带动作用进一步显现。主干创新关联轴带仍然是上海和苏南城市之间以及苏南内部城市之间，杭州和南京、上海的关联度明显提升，合肥与上海、江苏、浙江的创新关联度仍然偏低。上海→苏州仍然是所有两两城市中最高的，城市间创新关联度为36；第二是上海→南京，城市间创新关联度大幅提升至22，第三是上海→无锡，城市间创新关联度为16；杭州和南京、上海的创新合作有所加强，杭州→南京、上海→杭州城市间创新关联度提升为9，合肥和其他城市的创新关联度仍然在3以下。

（4）2018年，长三角区域一体化高质量发展上升为国家战略，长三角创新网络效应开始显现，上海的龙头作用凸显。主干创新关联轴带变成了上海—苏州、上海—南京、上海—杭州，在G60科创走廊建设的带动下，杭州和上海的创新关联度明显增强，安徽也积极主动融入，合肥与上海、江苏、浙江的创新关联度大幅提升。这一时间，上海→苏州、上海→南京、上海→杭州的创新关联度位居前三，凸显了上海在长三角区域创新合作中的龙头地位。

综上所述，2008~2018年，长三角城市间的创新联系不断加强，创新网络密度明显提高。上海作为城市群区域创新生态系统的中心，始终处于长三角创新网络核心位置，上海与其他城市的创新联系更加紧密，呈现出空间溢出特征。南京、杭州、苏州的网络中心度在上升，浙江、安徽正在积极融入长三角一体化区域创新发展大局。结合前文关于长三角城市群协同度的分析可以得出，在政策引导、规划设计等城市群外部力量的推动下，城市群内部创新组织之间自发性的动态竞争合作作用逐渐发挥出来，整个空间系统正在向结构有序化迈进。

接下来分析粤港澳大湾区城市群区域创新生态系统的演化路径。根据城市间关联度数据绘制出图 6-7，反映了粤港澳大湾区重点城市[①]不同时点区域创新生态系统空间结构演化状况。

整体上看，粤港澳大湾区空间结构演化与长三角类似，随着时间的推移，城市群区域创新生态系统网络密度明显提高。与长三角城市群以上海作为"单核"不同，粤港澳大湾区表现出明显的以广州、深圳为中心节点城市的"双核"结构，而主要的创新轴带是广州—深圳，其次是以广州为核心的伞状格局，深圳与周边城市的创新联结，在此基础上形成了多节点网络化空间结构。从不同时点演化状况看：

（1）2008 年，深圳是珠三角[②]城市群最早将建设创新型城市作为主导战略的城市，这一时间，珠三角城市群城市间的创新关联度均不超过 20，区域创新生态系统是以深圳向周边城市辐射开始的，其中，深圳→东莞城市间创新关联度为 20，是所有两两城市中最高的；其次是深圳→广州、深圳→惠州，城市间创新关联度为 10。广州虽然对佛山、东莞、珠海也有辐射，但总体不如深圳关联度高。

（2）2012 年，珠三角[③]创新网络联系有所加强，深圳和广州的关联度明显提升。这一时间，深圳→东莞仍然是所有两两城市中最高的，城市间创新关联度为 39；但排第二的是广州→深圳，城市间创新关联度为 26，可以解读为广州具有优势的高校科研资源能够在深圳快速转化成市场产品，两地协同创新步伐明显加快；深圳—珠海、广州—佛山的创新合作也呈现快速加强趋势。

（3）2015 年，深圳、东莞、广州三座城市彼此之间的创新合作关联明显高

---

① 囿于数据可得性，这里仅选取珠三角城市群中具有典型代表性的广州、深圳、东莞、佛山、珠海、惠州 6 市来代表粤港澳大湾区。

②③ 粤港澳大湾区是在 2017 年 7 月 1 日香港特别行政区回归 20 周年之际提出的，且囿于数据可得性，这里用珠三角城市群中具有典型代表性的广州、深圳、东莞、佛山、珠海、惠州 6 市来代表粤港澳大湾区。

于其他两两城市。深圳→东莞、广州→深圳、东莞→深圳城市间创新关联度分别达到53、38、31。这一时间，深圳和珠海的联系度明显增强，深圳创新中心的辐射度也达到了惠州、佛山，体现出了很好的创新溢出效应。

（4）2018年，随着粤港澳大湾区升级为国家战略，粤港澳大湾区创新网络初步形成，生态效应开始显现，广州对周边的辐射带动效应有所增强，广州同佛山、珠海、东莞的关联度明显增强，其他城市珠海—东莞、东莞—佛山等连接度也有所增加，区域创新生态系统的空间网络化结构基本形成。

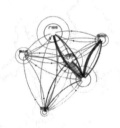

关联度 0～10 — 10～20 — 20～30 —
30～40 40～50 50及以上

（a）2008年区域创新生态系统空间结构演化

关联度 0～10 — 10～20 — 20～30 —
30～40 40～50 50及以上

（b）2012年区域创新生态系统空间结构演化

关联度 0～10 — 10～20 — 20～30 —
30～40 40～50 50及以上

（c）2015年区域创新生态系统空间结构演化

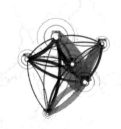

关联度 0～10 — 10～20 — 20～30 —
30～40 40～50 50及以上

（d）2018年区域创新生态系统空间结构演化

图6-7　粤港澳大湾区区域创新生态系统空间结构演化

资料来源：笔者根据数据用 Mapinfo 软件编绘。

总之，时空两个维度的分析说明，我国两大城市群创新网络密度整体上呈现上升趋势，创新网络的空间结构基本形成"核心引领、多点集聚、多维度关联"的团簇式空间格局。区域创新以强中心城市为主要辐射带动，遵循邻近与等级扩散规律。在区域创新生态系统的演化过程中，系统内单体城市与外界进行物质、信息和能量交换的内生动力先于外生动力，然而政策规划、技术进步等外生动力的介入，会加速形成一个区域创新生态系统，从而使创新"惯例基因"发挥"记忆和遗传""变异"的功能得以显现，形成一个具有自组织行为、运行良好的城市群创新生态圈。

本章小结

本章从多样性共生、开放式协同、自组织演化三大特性入手，探索性研究了区域创新生态系统的运行机制，建立了一个比较完整的区域创新生态系统运行机制分析框架。从区域创新生态系统所具备的三大功能（创新循环、价值流动、知识传播）出发，本章创造性地提出将共生、协同和演化作为区域创新生态系统运行机制的三大主要内容。然后，本章根据长三角和粤港澳大湾区城市群 11 个区域中心或次中心城市的数据进行实证分析，先构建区域创新生态系统运行的评价指标体系并进行描述性分析，进而从共生、协同和演化三个维度解构两大城市群区域创新生态系统，对其运行机制进行总体画像。为了体现"生态系统"所蕴含的生物性、开放性和自组织性特征，本章依据创新链上游、中游、下游的划分，将创新主体种群划分为研发创新种群、应用生产种群和市场活动种群三大类；为了体现宏观指标和微观指标的全面性，每一类均选取了 4 个有代表性的指标，分别通过查找统计年鉴和大数据技术爬取获得。

本章建立了基于生态学常用的 Lotka-Volterra 模型、复合系统协同度模型以及演化影响因素的分析框架。在基于共生性的实证检验中发现：两大城市群内存在较好的共生互动关系。观察的 11 座城市均没有出现反向抗生的情况，其中，上海、杭州、宁波、合肥、广州、东莞、佛山、珠海 8 市三大类创新种群间均呈现出互惠、共生、共荣的正向关系。在基于协同性的实证检验中发现：2010~2018 年，长三角和珠三角城市群整体创新生态系统的协同度均实现了大幅上升，

2018 年两个城市群的协同度都已接近 1，说明区域创新生态系统中各城市的协同度大幅提高，城市间协作大于竞争，"协同剩余"的整体效果已经显现。从两个城市群对比看，长三角协同度整体高于粤港澳大湾区，从城市创新的有序度看，上海、南京、苏州、合肥、深圳为第一梯队；杭州、宁波、广州、珠海为第二梯队；东莞、佛山为第三梯队。

本章探讨了区域创新生态系统运行演化的内生与外生动力，提出区域创新生态系统演化的内生动力主要源于自组织行为，外生动力包括政策引导、市场需求、外部技术革新等。区域创新生态系统在起步阶段，政策导向和扶持是首位要素；在区域创新生态系统的成长期和成熟期，系统的自组织演化功能得以实现后，政府直接的导向性、扶持性政策应逐步退出，转向间接的服务型、支撑型政策，重在营造有利于创新的"软硬环境"。本章用 Logistic 模型对两大城市群演化路径在空间上进行可视化模拟，2008~2018 年，长三角和珠三角城市间的创新联系不断加强，创新网络密度明显提高。上海作为长三角的"单核"，与城市群其他中心城市的创新联系越来越紧密，呈现出空间溢出特征；粤港澳大湾区城市群表现出以广州、深圳为中心节点城市的"双核"结构，在此基础上形成了多节点网络化空间结构。总体而言，在政策引导、规划设计等城市群外部力量的推动下，城市群内部创新组织之间自发性的动态竞争合作作用逐渐发挥出来，整个空间系统正在向结构有序化迈进。

第七章

区域创新生态系统的运行效果

对创新效率的影响分析

区域创新生态系统是区域创新发展模式的高级形态，本章在第六章的基础上，验证区域创新生态系统的形成和建立，通过生态化属性机制，是否能够提高区域创新效率。本章主要建立三阶段 DEA 模型，测度长三角城市群、珠三角城市群的创新效率，并运用前沿的研究方法对其进行分析，探讨区域创新生态系统的建立，尤其是多样化共生和开放式协同等生态化属性，对创新效率的影响。进一步地，本章还将分析两大城市群创新效率的共性和差异化特征，需要如何进一步改进。

一、研究对象与基本假设

一个城市群或区域用较少的创新投入获得了较多的产出，或者达到创新投入的最优生产边界，就可以认为这个地区具有较高的创新效率。区域创新效率作为一个投入产出的比例变量，能够反映一个地区的创新能力与质量，这符合区域创新高质量发展的方向，也是观察区域创新是否优化投入产出结构、提升创新发展质量的有效途径。有学者认为，在区域创新生态系统建立后，创新要素实现自由流动和优化配置，企业、高校、科研机构和社会用户等创新主体之间的交流与合作更为频繁，区域创新生态系统通过产学研知识协同创新能够提升区域创新绩效（邹晓东和王凯，2016）。

前文关于区域创新系统理论框架和内生运行机制的阐述表明，许多研究将良好的区域创新系统能够提升区域创新效率作为基本假设，即区域创新生态系统的形成提高了整个区域的资源配合效率，尤其是创新资源的配置效率（例如，白俊红和蒋伏心，2015；张贵和吕长青，2017；李晓娣和张小燕，2018；Gamidullaeva et al.，2020；Ruiz，2020；王淑英，2021），并且假设环境因素能够影响创新效率。白俊红（2016）运用三阶段 DEA 的方法，以省级创新数据为基础，对创新效率进行了测度，其研究假设基础设施、政府干预、金融支持、经济发展水平、劳动者素质等环境因素会对创新效率产生影响，并在研究的过程中控制了环境变量。刘伟（2015）的研究假设中考虑了企业规模、市场结构、所有制结构、政府支持等影响高新技术产业研发效率的外生环境因素。刘满凤和李圣宏（2016）测度了我国高新区 2012 年的创新效率，研究假设宏观经济与政策、产业结构、市场开放等环境因素对创新效率产生影响。魏谷等（2021）研究中假设经济实力、产业结构、对外贸易和人才环境等外生因素对我国高新技术产业开发区内的创新型产业集群的创新效率产生影响。方大春和曾志彪（2021）的研究中假设经济水平、市场开放、科技创新潜力、劳动者素质影响高新区创新效率。另外，Cai 和 Huang（2018）、李晓娣和张小燕（2019）、刘兰剑等（2020）、Harmaakorpi 和 Rinkinen（2020）认为创新生态系统的共生与协同特征会影响创新效率。

基于对相关理论和文献的整理，本章提出如下假说：

假说 7-1：区域创新生态系统的建立对区域创新效率具有显著影响作用，创新生态系统的生态属性（共生与协同程度）能够对区域创新效率产生同向影响，并且使得创新效率的测度结果更能够反映区域创新的实际水平。一方面，区域创新生态系统内的创新主体、创新要素作为区域创新的主要参与方，决定着创新产出水平的高低；另一方面，区域创新生态系统的共生程度、协同程度影响创新效率，共生程度、协同程度越高，区域创新效率越高，反之则越低。

二、区域创新生态系统对区域创新效率影响的测度与分析

（一）研究方法的确定

目前，学术界关于创新效率的研究方法主要分为两类：第一类为算术比例的

方法，用产出与投入的比例关系来衡量创新效率水平的高低；第二类为参数法和非参数法，两种方法基于随机前沿理论而产生，即通过分析某一测度单位与效率前沿单位的偏离程度来衡量效率。其中，参数法主要是修正的线性回归和随机前沿方法（SFA）。SFA方法通过设立随机前沿生产函数、随机误差分布以及其他相关假设条件，估计创新投入参数，测算创新效率。非参数方法分为指数法和数据包络分析法（DEA）两大类。指数方法主要采用聚类分析、主成分分析以及生态位评价等方法构建效率评价指数。DEA方法主要用于投入和产出的相对效率评价，根据客观数据进行量化，相对客观。

一些国内学者采用传统的DEA模型和两阶段DEA模型，从投入产出角度研究了地区和国家层面上的经济活动效率。然而，传统的DEA模型和两阶段DEA模型存在一定的局限性。传统的DEA模型只能度量效率，而不能度量影响效率的因素。两阶段DEA模型可以分析影响效率的因素，但不能排除环境因素和统计噪声对效率值的影响。这些限制往往会导致高估/低估实际效率，因此这两种方法都需要进一步改进。从近年来国内外研究来看，许多学者采用三阶段DEA的方法对创新效率进行测度，如白俊红（2016）、方大春和曾志彪（2021）等。

三阶段DEA方法由三个阶段组成：第一阶段，利用经典DEA模型测算要素投入效率。第二阶段，将要素投入指标的松弛变量作为因变量，创新生态特征变量为环境变量，构造SFA模型，以修正环境变量以及统计误差带来的效率测度偏误。第三阶段，将调整后的创新要素投入重新代入DEA模型计算最终的创新效率。三阶段DEA方法的优点是考虑了创新过程中的要素投入和要素产出，而且将系统的特征性因素及随机因素纳入分析框架，使得创新效率的评估结果更接近经济现实。

我们根据Fried等（2002）提出的三阶段DEA模型，将系统特征因素及随机因素剥离来分析创新效率。

1. 第一阶段：经典的DEA模型

DEA方法是评价效率的主要方法之一。经典的DEA模型共包括CCR模型和BBC模型，两者的区别主要在于CCR模型测度的是规模报酬不变的技术效率（TE），而BBC模型能够测度规模报酬可变情况下的效率分解。BBC模型将综合技术效率（TE）分解为纯技术效率（PTE）和规模效率（SE）。基于BBC模型的方法，可以分析区域创新效率的因素中，纯技术效率因素与规模因素哪个影响更大。分解公式如下：

$$TE = PTE \times SE \tag{7-1}$$

其中，TE 衡量的是决策单元的投入是否得到有效利用，即能否实现产出最大化或投入最小化，反映了决策单元的管理水平；PTE 衡量的是投入转化产出的技术水平；SE 反映的是决策单元投入产出比例是否适当，该值越高表明生产规模结构越适合。

BBC 模型的表达式如下：

$$s.t. \begin{cases} \min\left[\theta - \varepsilon(e^T S^- + e^T S^+)\right] \\ \sum_{i=1}^{n} X_i \lambda_i + S^- = \theta X_0 \\ \sum_{i=1}^{n} Y_i \lambda_i - S^+ = Y_0 \\ \lambda_i \geqslant 0, \ S^-, \ S^+ \geqslant 0 \end{cases} \tag{7-2}$$

其中，S^- 和 S^+ 分别代表投入、产出松弛变量（原始值与目标值之间的差额）；θ 为决策单元的效率值；X 为投入量；Y 为产出量；λ_i 为权重变量；设定 $\sum_{i=1}^{n} \lambda_i = 1$ 就变成了 BBC 模型。

2. 第二阶段：构造随机前沿模型（SFA）

Fried 等（2002）认为第一阶段的松弛是由于环境等外部特征化因素以及随机误差造成，通过构建 SFA 模型，可以排除外部特征化因素和随机误差对投入松弛的影响，仅保留由于管理无效率造成的影响。SFA 模型如下：

$$\overline{s_{ik}} = f^k(z_i \beta^i) + w_{ik} + \mu_{ik} \tag{7-3}$$

其中，$\overline{s_{ik}}$ 为投入松弛变量；$f^k(z_i, \beta^i)$ 为随机前沿函数，z_i 选取区域创新生态系统中的生态化指标作为特征化因素变量值，β^i 为生态化指标因素的系数；$w_{ik} + \mu_{ik}$ 为混合误差项，w_{ik} 为随机干扰项，并且服从 $N(0, \sigma_k^2)$ 分布，μ_{ik} 为管理非效率项，服从半正态分布，即 $N^+(\mu^k, \sigma_k^2)$，w_{ik} 和 μ_{ik} 独立不相关。

为了测度随机扰动项的影响，需要得到 SFA 模型的回归估计值（$\hat{\beta}^i$，$\hat{\mu}^i$，$\hat{\sigma}_{wk}^2$，$\hat{\sigma}_{\mu k}^2$）和 $E(\mu|\varepsilon)$。进一步地需要从管理非效率中将随机干扰项分离出来，公式为：

$$E\ (\mu\,|\,\varepsilon) = \frac{\lambda\sigma}{1+\lambda^2}\left[\frac{\psi\left(\lambda\,\dfrac{\varepsilon}{\sigma}\right)}{\varphi\left(\lambda\,\dfrac{\varepsilon}{\sigma}\right)}+\frac{\lambda\varepsilon}{\sigma}\right] \tag{7-4}$$

其中，ψ（x）为密度函数，φ（x）为累计分布函数。进一步地，根据 SFA 模型的估计结果，对决策单元的初始投入值进行调整。调整的公式为：

$$x'_{ik} = x_{ik} + \left[\,\max(z_k,\ \hat{\beta}^i) - z_k\hat{\beta}^k\,\right] + \left[\,\max(\hat{w}_{ik}) - \hat{w}_{ik}\,\right] \tag{7-5}$$

$$i = 1,\ 2\cdots,\ I;\ k = 1,\ 2\cdots$$

其中，x'_{ik} 和 x_{ik} 分别为调整后与调整前的投入量；$\left[\,\max(z_k,\ \hat{\beta}^i) - z_k\beta^{\hat{k}}\,\right]$ 是对环境因素进行调整；$\left[\,\max(\hat{w}_{ik}) - \hat{w}_{ik}\,\right]$ 是对随机因素的调整。

3. 第三阶段：调整后的 DEA 模型

根据第二阶段得到的投入数据的调整值，将其重新代入 BBC 模型中，对效率进行核算。此时的投入数据剥离了环境因素与随机扰动对效率值的影响，能够更为客观真实地反映效率值。

（二）指标的选择

选择合适的指标是全面、客观地评价区域创新生态效率的关键。作为一个遵从投入产出分析方法的体系，区域创新生态系统的投入表现为各类创新要素，包括人才、资本、技术、数据等；产出表现为创新成果，包括专利、高技术产品产值等，其最终目的是促进区域创新的可持续发展。指标设计情况如表 7-1 所示。

表 7-1　三阶段 DEA 模型投入产出变量和环境变量

类型	指标		单位
投入变量	人才要素	科研综合技术服务业从业人员数	人
	技术要素	科学技术支出	万元
	资本要素	战略性新兴产业规模	亿元
	数据要素	工业互联网产业规模	亿元
产出变量	技术产出	专利授权数量	个
	产业产出	高新技术产业增加值占 GDP 比重	%
环境变量	生态属性	区域创新生态系统共生度和系统有序度	—
	发展水平	人均 GDP	万元/人

资料来源：笔者整理。

1. 投入与产出变量

投入指标包括各类创新要素，本章选取人才要素的投入变量为科研综合技术服务业从业人员数，技术要素的投入变量为科学技术支出，资本要素的投入变量为战略性新兴产业规模[①]，数据要素的投入变量运用工业互联网产业规模进行模拟[②]。产出指标包括技术产出和产业产出两类，分别选取专利授权数量和高新技术产业增加值占 GDP 比重两个指标。

2. 环境变量

环境变量是指既不是投入因素，又不是产出因素，但会影响区域创新效率，且不为相应主体所控制的因素。Simar 和 Wilson（2007）认为环境变量应满足"分离假设"，也就是环境变量应考虑不为样本主观可控范围内的因素。多数学者倾向于从经济或社会的角度来研究环境变量。区域创新效率除了受创新要素投入和产出结构等内部因素的影响外，还受到区域创新生态系统生态属性以及区域经济发展水平的影响。本章设置两个环境变量：区域创新生态系统的生态属性和经济发展水平。

区域创新生态系统的生态属性：利用第五章构建的共生度（共生粘度指数，SVI）和系统有序度（衡量单一城市的协同效应）作为环境变量，考察区域创新生态系统的生态属性对区域创新效率的影响。其中，前者反映单体城市子系统各创新群落的共生互动程度；后者反映城市间相互促进的系统协同程度。根据测算，两者相关度较高，Pearson 相关系数约为 1，后续分析将其加总后单独作为一个环境变量处理。

经济发展水平：一般认为经济越强的地区，越具备有利于创新效率提升的基本条件；然而，经济较强的地区也可能产生过度投资和浪费的风险，导致创新效率的下降。本书采用人均 GDP 来表征经济发展水平。

DEA 模型要求投入和产出变量是正相关的，即输入变量的增加不会导致输出变量的减少。本节采用 SPSS 22.0 软件对输入输出变量进行 Pearson 相关检验，结果如表 7-2 所示。可以看出，投入和产出变量之间的相关系数是正的，统计上

[①] 我们考虑运用创新企业风险投资总额作为资本变量，但这一变量更多体现为增量，作为资本实际上是一个存量值，因此把战略性新兴产业规模作为替代。

[②] 数据要素难以用一个单一指标衡量，考虑到产业数字化是区域创新生态系统中数据要素的重要体现，因此将衡量产业数字化的工业互联网产业规模作为数据要素的模拟指标。

显著（p<0.01），表明选择的变量是合适的。创新投入产出指标的 Pearson 相关性检验如表 7-2 所示。

表 7-2 创新投入产出指标的 Pearson 相关性检验

指标	科研综合技术服务业从业人员数	科学技术支出	战略性新兴产业规模	工业互联网产业规模
专利授权数量	0.524** (0.0002)	0.739** (0.0002)	0.868** (0.0002)	0.738** (0.0002)
高新技术产业增加值占 GDP 比重	0.342** (0.0002)	0.435** (0.0002)	0.490** (0.0002)	0.431** (0.0002)

注：*代表 p<0.1，**代表 p<0.05，***代表 p<0.01。

资料来源：笔者整理。

（三）一阶段 DEA 模型分析

本节采用 DEAP 2.1 软件包对包括 11 座长三角城市和 9 座珠三角城市[①]在内的创新综合效率、纯技术效率和规模效率进行了测算，时间为 2009~2018 年。在第一阶段经典 DEA 中，20 座城市 2009~2018 年的创新综合效率如表 7-3 所示。根据经典 DEA 的输出结果，在不考虑区域创新生态系统共生度、系统有序度等生态属性和人均 GDP 等经济发展环境变量的情况下，投入、产出总量较高的城市，如上海、广州等地，其创新综合效率整体偏低，离效率前沿面还有较大的差距，上海创新综合效率最高的年份为 2010 年，尚有超过 25% 的提升空间。从时间序列来看，部分城市的创新综合效率并没有明显上升，如上海的创新综合效率，不仅呈逐年下降的趋势，2018 年数值仅为 0.39，与效率前沿面的差距呈现扩大态势。从城市对比来看，上海的创新综合效率远低于其他 19 座城市。然而广州的创新综合效率介于 0.4~0.6，与长三角、珠三角其他城市相比，还有较大差距，与效率前沿面差距明显。上海、广州等城市创新综合效率与其经济发展水平并不一致，这也意味着提高创新效率并没有明显的经济意义，不能够促进经济增长，这明显有悖于内生经济发展理论。同时，从现实的视角看，只有实现经济增长，地区才会有动力及实力开展创新活动，才能更好地投入创新资源、改善

---

① 代表性城市的选取与第六章相同。

创新生态，促进创新效率提升。

经济发展与创新活动是相互促进的关系。基于这样的考虑，我们认为第一阶段经典 DEA 模型的计算结果未能充分反映城市创新效率的真实情况，可能存在偏误。我们认为，引起第一阶段 DEA 结果偏误的原因可能未考虑各地区的环境差异，长三角、珠三角城市群之间及城市群内部各城市的经济发展水平不同、创新生态系统的协同程度及共生程度均存在差异，而第一阶段经典的 DEA 模型未考虑到这些差异。因此，需要进一步考虑环境变量，而运用三阶段 DEA 模型能够克服以上的不足。

表 7-3　第一阶段结果：2009~2018 年相关城市创新综合效率

年份 城市	2009	2010	2011	2012	2013	2014	2015	2016	2017	2018	变动 趋势
上海	0.70	0.72	0.57	0.52	0.52	0.45	0.39	0.38	0.36	0.39	～
南京	0.55	0.52	0.49	0.57	0.71	0.70	0.45	0.41	0.36	0.42	～
杭州	0.84	0.78	0.63	0.88	0.92	0.78	0.64	0.60	0.52	0.47	～
合肥	0.30	0.44	0.43	0.43	0.66	0.75	0.68	0.62	0.60	0.38	⌢
苏州	1.00	1.00	1.00	1.00	1.00	1.00	0.99	0.84	0.72	0.74	―
宁波	0.59	0.60	0.63	0.79	0.85	0.91	0.78	0.77	0.73	0.63	⌢
芜湖	0.64	0.68	0.38	0.71	1.00	1.00	0.89	0.74	0.64	0.47	～
无锡	0.63	0.64	0.60	0.75	0.74	0.73	0.65	0.75	0.56	0.55	⌢
嘉兴	0.53	0.52	0.53	0.59	0.70	0.96	1.00	1.00	1.00	1.00	―
南通	0.39	0.50	0.26	0.33	0.46	0.56	0.42	0.80	0.35	0.91	～
温州	0.41	0.40	0.45	0.51	0.59	0.79	0.81	0.94	0.74	0.61	⌃
佛山	0.88	0.83	0.87	0.94	1.00	1.00	1.00	1.00	1.00	0.94	―
肇庆	0.83	1.00	1.00	0.96	1.00	1.00	1.00	1.00	1.00	1.00	―
东莞	1.00	1.00	1.00	1.00	0.93	0.95	0.92	1.00	1.00	1.00	―
惠州	0.40	0.73	0.67	0.66	0.73	0.80	0.70	0.72			―
珠海	1.00	1.00	1.00	1.00	1.00	1.00	1.00	1.00	1.00	0.90	―
中山	0.91	1.00	1.00	1.00	1.00	1.00	1.00	1.00	1.00	1.00	―
江门	0.39	0.47	0.52	0.45	0.63	0.58	0.75	0.87	1.00	0.98	―
广州	0.44	0.55	0.41	0.43	0.43	0.46	0.44	0.53	0.46	0.45	～
深圳	1.00	1.00	1.00	1.00	0.94	0.79	0.99	0.74	0.66	0.70	―

资料来源：笔者计算整理。

在进行第二阶段分析（SFA 回归）前，我们分别对区域创新生态系统的有序度、共生度进行 OLS 回归分析，判断其对区域创新效率的影响是否显著，结果如表7-4所示。表7-4反映了以有序度、共生度为核心解释变量的回归结果，列示的控制变量分别为投入变量、产出变量、投入和产出变量。其中，投入变量、产出变量对应表7-1的变量设置。根据表7-4，可以得出两点结论：一是根据回归模型Ⅰ和回归模型Ⅲ，在控制投入变量的情况下（即剔除科技创新投入对创新效率的影响），人均 GDP 越高的城市，其创新效率通常越高。二是根据回归模型Ⅰ至回归模型Ⅲ，区域创新生态系统的生态属性（共生度或有序度）能够显著促进创新效率的提升。由此可判断，人均 GDP、区域创新生态系统的共生度和有序度是影响区域创新效率的重要环境变量，应在 DEA 模型中予以考虑。

表 7-4　对环境变量的 OLS 回归分析结果

变量		回归模型Ⅰ		回归模型Ⅱ		回归模型Ⅲ	
		编号 1	编号 2	编号 1	编号 2	编号 1	编号 2
常数		0.75***	0.74***	0.75***	0.75***	0.73***	0.73***
共生度		—	0.88***	—	0.42**	—	0.86***
有序度		0.29***	—	0.13**	—	0.28***	—
人均 GDP		2.84e-07*	2.90e-07**	−1.93e-08	−1.65e-08	2.64e-07**	2.66e-07**
控制变量	投入变量	√	√	—	—	√	√
	产出变量	—	—	√	√	√	√

注：＊代表 p<0.1，＊＊代表 p<0.05，＊＊＊代表 p<0.01；"√"表示模型中是否引入该变量。

资料来源：笔者整理。

考虑到 SFA 回归在以下情形时，还会面临两种不同的选择：一是在调整投入和产出变量时，是同时调整投入和产出两个变量，还是只调整投入、产出中的一个变量。对此，Fried 等（2002）指出，根据第一阶段的导向类型进行选择：如果第一阶段是投入导向，则仅对投入松弛变量进行 SFA 回归分解，并调整投入变量；二是进行 SFA 回归时，是估计 N 个单独的 SFA 回归，还是将所有松弛变量堆叠从而只估计一个单独的 SFA 回归。前一种估计方法的优点是允许环境变量对不同的松弛变量有不同的影响，后一种方法的优势是自由度更高。对此，Fried 等（2002）认为牺牲自由度而保持灵活性更加有效。鉴于此，本节采取的分析策略是仅对投入松弛变量进行 SFA 回归分解，并估计 N 个单独的 SFA 回归。考虑到投入变量涉及人才、技术、资本、数据等 4 个变量，时间跨度为 10 年，因此共需进行 40 次 SFA 回归分析。在以上分析策略的基础上，我们通过第一阶段分析，计算出四个投入松弛变量的相关结果。由于计算结果过多，为避免篇幅冗长，表 7-5 仅列出了 2018 年度的计算结果。

表 7-5　第一阶段 DEA 投入松弛变量后的计算结果

城市 \ 投入松弛变量	科研综合技术服务业从业人员数_S	科学技术支出_S	战略性新兴产业规模_S	工业互联网产业规模_S
上海	108318.72	2403488.75	12690.81	0
南京	28938.20	0	0	1.78
杭州	44026.20	1911.51	0	0
合肥	11473.08	0	1929.42	1.53
苏州	0	0	0	0
宁波	0	457393.24	0	1.53
芜湖	0	0	0	1.53
无锡	775.22	0	0	2.32
嘉兴	0	0	0	0
南通	2598.66	0	0	0.88
温州	0	408274.61	0	0.48
佛山	0	0	0	0
肇庆	0	0	0	0
东莞	0	0	0	0
惠州	0	0	0	0
珠海	5357.86	0	2946.05	0.12
中山	0	0	0	0
江门	0	0	0	0
广州	87441.42	2004044.03	29908.60	0
深圳	0	0	0	0

注：_S 表示为该投入变量对应的松弛变量。

资料来源：笔者整理。

（四）二阶段 DEA 模型分析

在 DEA 模型分析的第二阶段，需引入第一阶段分析中的松弛变量作为因变量，引入人均 GDP、有序度和共生粘度指数作为自变量。为保证计算的准确性，采用了截面回归技术。应用软件 Frontier 4.1 进行随机前沿分析（SFA）。由于计算结果过多，为避免篇幅冗长，表 7-6 只列出了 2018 年的结果。

共生度和有序度：共生度和有序度与部分投入松弛变量（科研综合技术服务业从业人员数_S、科学技术支出_S、工业互联网产业规模_S）的回归系数为负，且在统计上显著。这表明在区域创新生态系统中，生态系统所表现的共生、协同等生态属性能够促进创新效率的提高：在创新产出一定的条件下，城市的创新种群共生粘度指数和系统有序度越高，越能减少人才、技术、数据等创新要素的投入，从而有利于提高整个城市群的创新效率。

人均 GDP：人均 GDP 与四个投入松弛变量的回归系数均为正且在统计上显著，表明经济水平的提高会导致科技创新投入冗余度的增加，从而对创新效率的提高产生负面影响。

表 7-6　第二阶段 SFA 回归结果系数

变量	人才要素	技术要素	资本要素	数据要素
	科研综合技术服务业从业人员数_S	科学技术支出_S	战略性新兴产业规模_S	工业互联网产业规模_S
常数	−58149.63***	−1105591.70***	−13103.42***	0.02***
人均 GDP	0.25**	4.66**	0.06***	0.01***
共生度和有序度	−18670.88***	−398268.77***	2590.33	−0.11***
σ^2	2065540600.00***	1054963200000.00***	113286520.00***	0.82***
γ	0.9959	0.9999	0.9999	0.9999
Log Likelihood	−229.07	−288.78	−197.63	−12.66
One-sided LR Test	9.03	14.31	13.85	19.11

注：*代表 p<0.1，**代表 p<0.05，***代表 p<0.01；_S 表示为松弛变量。

资料来源：笔者整理。

（五）三阶段 DEA 模型分析

第二阶段的 SFA 模型消除了环境因素和统计噪声对效率的影响。本节将调整后的投入值引入分析模型，替换原有的投入值，重新用 DEAP 2.1 软件计算得到各城市的创新效率，如表 7-7 所示。

综合效率（Crste）分析：综合效率用于衡量各城市在人才、技术、资本、数据投入、使用和管理方面的整体效率。对比运用三阶段 DEA 模型和第一阶段 DEA 模型测算的结果可以看出，长三角城市群大部分城市的 Crste 均值有一定程度的提高，均值由 0.65 上升到了 0.68，珠三角城市群大部分城市的 Crste 均值有一定程度的下降，均值由 0.85 下降到了 0.83。其中，苏州、佛山、珠海、中山等地的综合效率始终处于较高水平，处于效率前沿（达到 1）。上海、杭州、宁波、温州等地的效率在模型调整后发生了显著变化，说明引入的环境因素对这些城市的效率影响较大。此外，模型调整后肇庆、江门等地效率下降较为明显。

纯技术效率（Vrste）分析：纯技术效率反映了各城市在资源配置和创新管理方面的情况。可以看到，长三角、珠三角地区 Vrste 均值均有一定程度提高。其中，无锡提升的最为明显，由原来的 0.70 上升到现在的 0.83，提升了 0.13。长三角城市群创新纯技术效率提升的城市依次为南通（0.06）、南京（0.04）、嘉兴（0.04）、合肥（0.03）、杭州（0.02），珠三角城市群纯技术效率提升的城市依次为惠州（0.08）、佛山（0.02）、广州（0.01）。相对而言，温州（-0.03）、江门（-0.02）、东莞（-0.01）的纯技术效率出现一定程度的下降。

规模效率（Scale）分析：规模效率反映了各城市当前创新规模与最优规模之间的差距。在考虑环境因素后，大部分城市的规模效率有所下降。其中，长三角地区的规模效率均值下降了 0.01，珠三角地区的规模效率均值下降了 0.03。区别于其他城市，上海、杭州、苏州、广州、深圳、宁波的规模效率有所提升，分别提高了 0.09、0.08、0.07、0.05、0.07 和 0.06。

表 7-7　调整前后 20 个城市的 DEA 效率

城市	第一阶段 DEA			第三阶段 DEA			变化值		
	Crste	Vrste	Scale	Crste	Vrste	Scale	ΔCrste	ΔVrste	ΔScale
上海	0.49	0.95	0.51	0.57	0.95	0.60	0.08	0.00	0.09

续表

城市	第一阶段 DEA			第三阶段 DEA			变化值		
	Crste	Vrste	Scale	Crste	Vrste	Scale	ΔCrste	ΔVrste	ΔScale
南京	0.52	0.55	0.95	0.55	0.59	0.93	0.03	0.04	−0.02
杭州	0.71	0.92	0.77	0.79	0.94	0.85	0.08	0.02	0.08
合肥	0.53	0.58	0.91	0.54	0.61	0.88	0.01	0.03	−0.03
苏州	0.93	1.00	0.93	1.00	1.00	1.00	0.07	0.00	0.07
宁波	0.73	0.83	0.88	0.82	0.87	0.94	0.09	0.04	0.06
芜湖	0.71	0.95	0.75	0.65	0.99	0.66	−0.06	0.04	−0.09
无锡	0.66	0.70	0.94	0.72	0.83	0.87	0.06	0.13	−0.07
嘉兴	0.78	0.83	0.94	0.77	0.87	0.87	−0.01	0.04	−0.07
南通	0.50	0.70	0.69	0.51	0.76	0.65	0.01	0.06	−0.04
温州	0.63	0.66	0.96	0.55	0.63	0.87	−0.08	−0.03	−0.09
长三角	0.65	0.79	0.84	0.68	0.82	0.83	0.03	0.03	−0.01
佛山	0.94	0.98	0.96	1.00	1.00	1.00	0.06	0.02	0.04
肇庆	0.98	1.00	0.98	0.84	1.00	0.84	−0.14	0.00	−0.14
东莞	0.98	0.99	0.99	0.95	0.98	0.98	−0.03	−0.01	−0.01
惠州	0.74	0.86	0.86	0.69	0.94	0.73	−0.05	0.08	−0.13
珠海	0.99	0.99	1.00	1.00	1.00	1.00	0.01	0.01	0.00
中山	0.99	1.00	0.99	0.98	1.00	0.98	−0.01	0.00	−0.01
江门	0.66	0.99	0.67	0.52	0.97	0.54	−0.14	−0.02	−0.13
广州	0.46	0.60	0.81	0.50	0.61	0.86	0.04	0.01	0.05
深圳	0.88	1.00	0.88	0.95	1.00	0.95	0.07	0.00	0.07
珠三角	0.85	0.93	0.91	0.83	0.94	0.88	−0.02	0.01	−0.03

注：Crste 表示综合效率，Vrste 表示纯技术效率，Scale 表示规模效率，Crste ＝ Vrste×Scale。

资料来源：笔者整理。

为进一步分析各城市效率情况，我们以纯技术效率（Vrste）为横坐标，以规模效率（Scale）为纵坐标，绘制如图 7-1 所示的散点图。以纯技术效率和规模效率的均值为界，设置 0.8 为阈值，可将其分成四组。其中，高纯技术效率（Vrste）且高规模效率（Scale）（高-高模式）的城市有杭州、苏州、宁波、无锡、嘉兴、佛山、肇庆、东莞、珠海、中山、深圳，该模式为高效率的创新发展模式。高纯技术效率（Vrste）且低规模效率（Scale）（高-低模式）的城市有上海、芜湖、惠州、江门，这些城市未来应注重挖掘创新的规模效率来促进整体创新效率的提升。低纯技术效率（Vrste）且高规模效率（Scale）（低–高模式）的城市有南京、合肥、温州、广州，这些城市未来应更加重视基础技术的研发创新，从规模化扩张转向技术纵深的效率提升。南通为低规模效率（Scale）且低纯技术效率（Vrste）（低–低模式）组中的唯一城市，该城市的规模效率（Scale）均值为0.65，技术效率（Vrste）均值为0.76，两者均有较大改进空间，并且在两者均低的情况下当务之急是提升创新的产出规模。

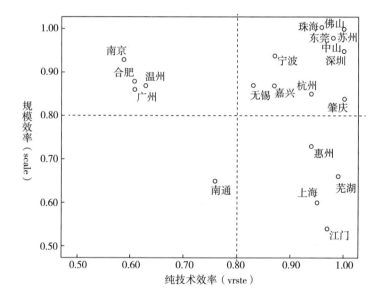

图7-1 三阶段DEA分析中各城市纯技术效率和规模效率散点分布情况
资料来源：笔者自绘。

三、进一步分析

（一）两个城市群的共同特征

从城市群层面来看，三阶段DEA的模型结果存在共同特征，同时也存在较大差异。

第一，区域创新生态系统的生态属性有助于提升两大城市群的纯技术效率，但一定程度抑制了规模效率。

为了更直观地比较两大城市群在引入区域创新生态系统的生态属性和经济发展水平等环境变量前后的创新效率，我们绘制了调整前后综合效率、纯技术效率、规模效率的雷达图（见图7-2）。由图7-2可知，三阶段DEA的结果显示两大城市群整体的纯技术效率（Vrste）均有所提高，长三角城市群的技术效率（Vrste）由0.79提升至0.82，提升了3个百分点，珠三角城市群的技术效率（Vrste）由0.93提升至0.94，提升1个百分点，说明第一阶段DEA的纯技术效率（Vrste）被低估，考虑区域创新生态系统的生态属性等环境因素后，两大城市群的纯技术效率均有所提升。这说明，区域创新生态系统的建构，有利于提升区域创新效率。

同时，三阶段DEA的结果显示两大城市群规模效率（Scale）有所降低，长三角城市群的规模效率（Scale）由0.84下降至0.83，降低1个百分点，珠三角城市群的规模效率（Scale）由0.91下降至0.88，降低3个百分点。这可以解释为第一阶段DEA的规模效率（Scale）被高估，也从一定侧面验证了两大城市群区域创新生态系统自组织运行等功能尚未发挥，当前虽然对技术效率存在促进作用，但对规模效率的提升甚至存在负面作用。因此，未来两大城市群在保持创新规模发展的同时，应着力提高区域创新生态系统中创新种群的多样性共生局面，发挥城市间的创新协同作用，着力提高创新的规模管理效率，提升城市群综合区域创新效率。

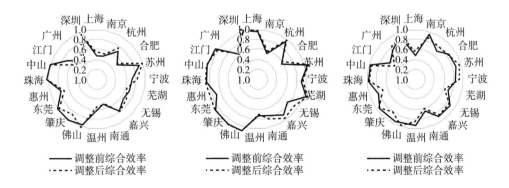

图7-2　调整前后各城市创新效率变化

资料来源：笔者自绘。

第二，两大城市群中较有效率的创新模式（高-高模式）城市与其经济规模无必然关系。

从表7-7和图7-2来看，对于长三角城市群、珠三角城市群，具有高效率创新模式（高纯技术效率且高规模效率）的城市，并非都是经济规模大的城市。例如，佛山、中山、东莞、珠海、苏州、宁波等均为高-高模式城市，但这些城市在城市群中并非是经济发展的中心城市。对比来看，上海、广州为两大城市群的经济中心，经济规模虽大，创新效率却不是最优，上海具有较高纯技术效率但规模效率较低，广州具有较高规模效率但纯技术效率较低。可见，有效率的创新模式（高-高模式）城市与其经济规模没有必然关联。具体来看，区域创新不仅与各城市的创新资源规模有关，也与创新生态系统发展水平和创新资源配置效率有关。例如，上海经济规模最大，创新投入最高，但未形成最优创新规模，表明上海自身创新群落的发展、与周边城市区域创新合作的效果还不够理想，隐含了部分创新投入是低效率的事实；广州区域创新的规模效率是较优的，但纯技术效率不高，这一方面表明广州的技术研发效率还有待加强，同时也表明创新生态的建设和创新资源配置效率等方面还需进一步提升。

（二）两个城市群的差异化特征

第一，珠三角城市群创新效率总体高于长三角城市群，长三角规模效率更高，珠三角的纯技术效率更高。

从城市群总体来看，无论是综合效率（Crste）、纯技术效率（Vrste），还是规模效率（scale），珠三角均高于长三角，引入环境因素调整前三个效率值分别高20个百分点、16个百分点、7个百分点，调整后三个效率值分别高15个百分点、12个百分点、5个百分点，表明珠三角城市群的整体创新效率高于长三角城市群，且考虑区域创新生态系统的生态属性等环境因素后，珠三角仍在创新综合效率（Crste）、纯技术效率（Vrste）、规模效率（Scale）上全面超过长三角。导致城市群创新效率差异的原因可能是珠三角各城市均来自广东省内，城市间创新协同程度更高，创新活动更有效率。

从城市群内部来看，珠三角城市群的纯技术效率（Vrste）高于规模效率（Scale），调整前后纯技术效率（Vrste）分别为0.93和0.94、规模效率（Scale）分别为0.91和0.88，纯技术效率（Vrste）更接近效率前沿，表明纯技术效率

（Vrste）在提升区域创新效率中发挥了更重要的作用，也表明区域创新生态系统的共生度和协同度是珠三角提升创新效率的重要工具。长三角城市群的规模效率（Scale）高于纯技术效率（Vrste），调整前后规模效率（Scale）分别为 0.84 和 0.83，纯技术效率（Vrste）分别为 0.79 和 0.82。未来，长三角应进一步加强城市群创新生态系统的生态化建设，着力提升技术效率，同时增强创新资源配置及管理，改善规模效率。

第二，引入区域创新生态系统的生态属性后，长三角城市群综合效率总体有所上升。

从综合效率来看，三阶段 DEA 调整后的结果，长三角城市群上升的城市多，宁波上升 9 个百分点、上海和杭州上升 8 个百分点、苏州上升 7 个百分点、无锡上升 6 个百分点、南京上升 3 个百分点、合肥上升 1 个百分点，说明考虑区域创新生态系统的生态属性等环境因素前，这些城市的一阶段 DEA 结果被低估。其中，上升幅度较大的宁波、上海、杭州、苏州的经济水平较高，且由第五章可知，这些城市反映区域创新生态系统生态属性的共生度和系统有序度较高，表明纳入生态属性因素后，三阶段 DEA 结果更能反映各城市真实的创新效率水平，而上海、杭州、宁波、苏州这四个城市的区域创新生态系统发展程度也是相对较高的。长三角的温州、芜湖、嘉兴分别下降 8 个百分点、6 个百分点和 1 个百分点，说明三个城市调整前的创新效率被高估。从珠三角来看，肇庆、江门、惠州、东莞、中山有所下降，说明考虑环境因素前，这些城市的一阶段 DEA 结果被高估。其中，考虑环境因素后，三阶段 DEA 结果与区域创新生态建设和地区的经济发展水平结果相符合。三阶段 DEA 调整后综合效率上升的城市有深圳（上升 7 个百分点）、佛山（上升 6 个百分点）、广州（上升 4 个百分点）、珠海（上升 1 个百分点），说明这些城市第一阶段 DEA 结果被低估，深圳、广州、佛山、珠海这四个城市的区域创新生态系统发展程度也是相对较高的。

第三，城市群内的中心城市创新效率高低不同，长三角的上海低，珠三角的深圳高。

从两大城市群的中心城市来看，创新效率存在较大差异。上海是长三角城市群的中心城市，虽然调整后三阶段 DEA 结果有改善，综合效率（Crste）、纯技术效率（Vrste）、规模效率（Scale）分别提高了 8 个百分点、0 个百分点、9 个百分点，但综合效率仍然较低为 0.57，主要是上海创新的规模效率（Scale）低

（0.60），说明上海虽然纯技术效率（Vrste）接近效率前沿（0.95），但创新存在着规模非效率。然而深圳的创新效率情况有着较大不同，深圳作为珠三角的中心城市，调整后的综合效率（Crste）、纯技术效率（Vrste）、规模效率（Scale）分别为0.95、1.00、0.95，纯技术效率（Vrste）处于效率前沿，规模效率（Scale）接近效率前沿，形成了较有效率的创新模式。深圳的综合效率（Crste）显著高于上海，并且在两大城市群所有城市中名列前茅，说明深圳不仅在发挥创新规模效应方面具有比较优势，而且具有较高的创新资源配置及管理能力，这实际上验证了我们在第三章情况分析中提出的深圳区域创新生态系统建设良好，创新群落的多样化共生、创新资源的协同发展形成了良性循环。相比而言，上海应在建设区域创新生态系统中下大功夫，进一步优化创新规模，提高创新效率和可持续发展能力。

本章小结

本章以区域创新效率为研究对象，测度区域创新生态系统的建立、尤其是多样化共生和开放式协同等生态化属性对区域创新效率产生的影响，并进一步分析两大城市群创新效率呈现的共性和差异化特征。本章运用三阶段DEA模型对2009～2018年长三角和珠三角地区20个城市的创新效率进行分析，特别是通过在二阶段引入区域创新生态系统生态属性特征因素，构造相似SFA模型对创新投入松弛变量进行修正，一方面使得对区域创新效率的测评更贴近实际，另一方面也检验了两个城市群区域创新生态系统的建立，对区域创新效率的影响作用。三阶段DEA模型将区域创新系统的共生度和有序度纳入环境变量，对拓展研究区域创新生态系统的运行效果以及研究区域创新效率具有重要意义。

第一，实证研究表明，如果剔除科技创新投入因素的影响，人均GDP越高的城市，其创新效率通常越高。然而，经济水平的提高可能导致科技创新投入冗余度的增加，从而对创新效率的提高产生负面影响。例如，上海、广州科技创新投入高，但创新效率与效率前沿仍有较大差距。

第二，区域创新生态系统的生态属性对长三角和珠三角地区的创新效率有显著影响。如果不考虑这个生态属性因素，将低估两个城市群的综合创新效率，同时低估长三角地区的综合创新效率、高估珠三角地区的综合创新效率。尤其是会低估上海、杭州、苏州、广州、深圳、宁波等地的规模效率。创新生态系统的环境因素对投入松弛有显著的影响，与实际对比来看，三阶段 DEA 的测算结果更符合经济现实。

第三，通过三阶段 DEA 分析，两大城市群创新效率存在着共性特征：一是调整后两大城市群整体三阶段纯技术效率均有所提高，但规模效率有所降低，说明考虑共生度和有序度等生态因素后，能够真实反映两大城市群创新效率，也从一定侧面验证了两大城市群区域创新生态系统发育尚未成熟，尚未达到自组织运行状态，目前虽然对技术效率存在促进作用，但不能提升规模效率。二是两大城市群中较有效率的创新模式（高-高模式）城市与其经济规模无必然关系，具有高效率创新模式（高纯技术效率且高规模效率）的城市，并非都是经济规模大的城市，上海、广州经济规模虽大，但不具有最有效的创新模式。

第四，通过三阶段 DEA 分析，两大城市群创新效率存在差异化特征：一是珠三角城市群创新效率总体高于长三角城市群，长三角规模效率更高，珠三角的纯技术效率更高。可能由于珠三角各城市均来自广东省内，城市间创新协同程度更高，创新活动更有效率。二是长三角城市群综合效率上升的城市多，区域创新生态系统共生度和有序度较高的城市综合创新效率上升幅度较大。三是城市群内的中心城市创新效率高低不同，长三角的上海低，珠三角的深圳高。深圳的纯技术效率处于效率前沿，规模效率接近效率前沿，是较有效率的创新模式，而上海的创新存在着规模非效率，需要进一步优化创新结构，提升区域创新生态系统效能。

第八章

区域创新生态系统、创新绩效及空间溢出效应

除了关注区域创新效率这类结构性指标，还应关注区域创新生态系统能否促进创新绩效这类整体性指标的提升。通过前文理论分析可知，区域创新绩效是指相应区域创新活动所带来的创新产出与经济效益。那么，以创新主体、创新要素和创新环境组成区域创新生态系统对区域创新绩效有何影响？区域创新生态系统是否可以通过自身的共生、协同和演化等内生运行机制提高区域创新绩效？现有的关于区域创新生态系统与区域创新绩效的文献往往仅从创新主体、创新要素和创新环境等创新系统的组成部分出发，忽视了区域创新生态系统所包含的共生和协同等生态属性的作用。为此，本章结合第五章提出的理论分析框架，通过面板回归等实证分析方法，检验区域创新生态系统对区域创新绩效的影响以及生态系统的多样性共生和开放式协同两种生态属性在其中的作用。本章分别以长三角和粤港澳大湾区（以珠三角为例）两个城市群内部城市 2009~2018 年的数据为样本，测度区域创新生态系统对区域创新绩效的影响以及生态系统的多样性共生和开放式协同对这种影响的调节效应。进一步地，本章突破样本空间独立性假设，考虑空间溢出作用的情况下，采用面板数据空间杜宾模型（SDM），检验区域创新生态系统对区域创新绩效的影响及其空间溢出效应。

一、研究假说

区域创新生态对创新绩效的作用体现在多个方面和层次，且突出表现在正向作用上（李晓娣和张小燕，2019）。作为高度一体化和系统化的区域创新生态系统作用机制分别在创新主体、创新资源与创新绩效间起部分中介作用，在创新环境与创新绩效间起完全中介作用，区域创新生态系统通过平台生态、创新网络和商业生态等路径促进创新绩效的提升（李晓娣和张小燕，2019）。从表现形式的角度看，区域创新生态系统主要以技术创新、生态创新、制度创新、知识转移、区位聚集等形式提升创新绩效（张贵等，2018）。

我们结合实践经验总结认为，从创新主体对创新绩效的作用看，主要体现在两个方面：一是区域创新主体利用本身拥有的创新能力，参与区域创新活动并实现创新产出；二是区域创新主体的多样性共生满足了跨界式、融通式创新的需求，可以提升区域内的创新产出、创新速度以及创新转化率。从创新要素对创新绩效的作用看，创新要素是区域创新生态系统的"能量流"和"循环系统"，异质化的创新要素通过城市间的协同式合作以及创新要素的优化配置，是完成区域创新活动并实现创新绩效的基础。从创新环境对创新绩效的作用看，适宜的区域创新环境通过引导和建立自组织演化的机制，不断修正区域创新发展方向，推动区域创新成果的转化和市场价值的实现。

基于以上分析，本章提出假说8-1。

假说8-1：由区域创新主体、创新要素和创新环境所构成的区域创新生态系统是提升区域创新绩效的重要途径，区域创新生态系统的发展和改善可以提高区域创新绩效。

区域创新生态的诸多功能机制也在提升地区的创新绩效，这些功能机制在某种程度上重新整合了区域的创新资源，提升创新资源的利用效率从而促进区域创新绩效提升。区域创新生态系统更强调各创新主体间建立良好的互动机制，发挥区域创新生态系统的整体功能和系统集成作用（陈畴镛等，2010）。郝连才等（2022）认为，在特定区域创新生态系统中，政府公共机构和产业创新合作平台组织等在区域创新中发挥引导、协调和载体功能，大型企业则在产业链协同创新中发挥主导和扶持中小企业的作用，是区域创新的主要动力和源泉。区域生态系统的治理机制也对区域创新绩效起到重要作用，具体而言，区域创新生态的治理可分为协同治理机制、外部生态链治理机制和国家治理机制等三种治理机制（王庆金等，2018），三种治理机制的建立和完善能够促进区域一体化进程，加快要素在特定区域的流动，减少创新的交易成本，从而提升整个区域的创新绩效。

我们认为，区域创新生态系统为企业、高校和科研机构等创新主体提供了适宜的创新环境，通过共生和协同机制提升了企业创新能力，从而改善了区域创新绩效。这种创新生态系统对于创新绩效的提升作用主要体现在两个方面：①作为区域创新生态系统的重要特征，多样性共生体现了创新活动的空间溢出效应，即在特定区域的创新主体之间的共生关系是在经济地理上体现的是一种空间溢出效应；具体而言，共生基质、共生平台和共生环境始终都对区域创新绩效具有正向驱动作用，且随着时间的变化，这种正向的驱动作用更强（李晓娣和张小燕，2019）。②跨区域的政府科技资助、企业与高等院校的合作，或者区域之间的企业与科研机构合作等各类协同机制都能够促进创新水平，从而改善区域的创新绩效（白俊红和蒋伏心，2015）；区域创新生态系统通过开放式的协同机制畅通了创新要素的流动，人才、技术、组织模式和资金等生产要素都能够实现自由流动，进而为企业获得创新必要的要素提供便利的条件，降低了企业创新的成本，进而促进整个区域的创新绩效。

　　基于以上分析，本章进一步提出假说8-2。

　　假说8-2：区域创新生态系统的多样性共生机制和开放式协同机制能够进一步促进创新主体、创新要素和创新环境对区域创新绩效的改善作用。

二、实证研究设计

（一）计量模型设定

　　为实证检验由区域创新主体、创新要素和创新环境所构成的区域创新生态系统对区域创新绩效的影响，以及生态系统的多样性共生和开放式协同两种生态属性对这种影响的调节效应，本章构建如下回归模型：

$$IP_{it} = \alpha_0 + \alpha ISubject_{it} + \beta IElement_{it} + \gamma IEnvironment_{it} + EcoAttr_{it} + EcoAttr_{it} \times$$

$$(\alpha' ISubject_{it} + \beta' IElement_{it} + \gamma' IEnvironment_{it}) + \sum_{n=i}^{N} \lambda_n Control_{nit} + u_i + v_t + \varepsilon_{it}$$

$$(8-1)$$

其中，下标 i 代表城市，t 代表时间维度。IP_{it} 为被解释变量，即区域创新绩效（Innovation Performance）。$ISubject_{it}$、$IElement_{it}$ 和 $IEnvironment_{it}$ 为核心解释变量，分别表示城市 i 在第 t 年的创新主体（Innovation Subject）、创新要素（Innovative Elements）和创新环境（Innovation Environment），其系数 α、β 和 γ 分别为创新主体、创新环境和创新要素影响区域创新绩效的边际效应。$EcoAttr_{it}$ 为区域创新系统的生态属性（Ecologicalattribute），具体包括共生（$Symb_{it}$）和协同（$Syne_{it}$）两个变量，$EcoAttr_{it} \times ISubject_{it}$、$EcoAttr_{it} \times IElement_{it}$ 和 $EcoAttr_{it} \times IEnvironment_{it}$ 则分别为创新主体、创新要素和创新环境同创新生态属性（共生性和协同性）的交互项，其系数 α'、β' 和 γ' 分别表示创新生态属性（共生性和协同性）对创新主体、创新要素和创新环境影响区域创新绩效的调节效应。如果 α'、β' 和 γ' 显著为正，则表明区域创新生态系统的多样性共生和开放式协同能够进一步促进创新主体、创新要素和创新环境对区域创新绩效的改善作用。$Control_{nit}$ 为 n 个控制变量，主要涉及非创新类的外部环境指标，具体包括经济发展水平、对外开放水平和市场化水平等。u_i 和 v_t 分别表示个体固定效应和时间固定效应，ε_{it} 为随机误差项。被解释变量、解释变量、调节变量以及控制变量的详细定义见下文。

（二）核心变量的界定

1. 被解释变量：区域创新绩效

模型的被解释变量为区域创新绩效（Innovation Performance），用符号 IP 表示。现有的文献普遍用专利申请和授权数量来反映一个地区的创新绩效水平，但与现实的生产力相比，专利还存在着转化落地的环节，一些技术革新虽然不申请专利，但也实际产生了创新的结果，而且由于专利类别的不同，在体现创新成果的经济价值上也会存在缺陷（吴延兵，2006）。我们采用高技术产业发展水平作为被解释变量，具体用某城市每年高技术产业增加值的对数值来计算。

2. 解释变量：区域创新生态系统的创新主体、创新要素、创新环境

根据前文对区域创新生态系统的架构，区域创新生态系统包括创新主体、创新要素和创新环境三部分。为了有效度量区域创新生态系统，我们构建了如下包含创新主体、创新要素和创新环境三大类别的指标体系，其中每一类别又由多个要素组成。具体来讲：

创新主体（ISubject）主要包括创新企业和高校。其中，创新型企业数量的

符号表示为 Enterprise，在目前我国的产业发展政策和相关统计口径下，创新型企业主要分布在战略新兴产业领域，一个城市战略性产业的企业数量可以很好地反应该城市创新型企业的数量，本章采用战略新兴产业的企业数量的对数值来计算某一城市的创新型企业指标；高校的符号表示为 Colleges，由于高校数量不能很好地反映大学的规模和整体科研实力，因此我们采用某一城市普通高等学校专任教师数量的对数值来计算。

创新要素（IElements）主要包括科研人才、资本要素以及数据要素。其中，资本要素的符号表示为 Capital，用该城市高技术产业股权融资额的对数来计算；科研人才的符号表示为 Talents，用该城市科研综合技术服务业从业人员数的对数值来计算。此外，数据是区域创新生态系统的新兴要素，我们以某一城市互联网宽带接入用户数作为数据要素的代理变量，符号表示为 Data。

创新环境（IEnvironment）包括"硬环境"和"软环境"两部分。我们采用基础设施建设水平（Facility）作为基础设施（"硬环境"）的代理变量，具体地，我们采用各地区每平方千米内的公路里程来度量；软环境主要包括融资环境、信息基础设施发展水平等。较好的融资环境（"软环境"）可以有效促进本地企业的发展，吸引创新团队和人才，有助于本地创新绩效的提升，融资环境的符号表示为 FE（Financing Environment），以该城市贷款总额与地区生产总值的比重来表示；与第六章类似，我们强调新型基础设施在推动产业升级中的创新环境作用，用符号 NI（New Infrastructure）来表示，以某一城市工业互联网产值的对数来计算。

由于创新主体、创新要素和创新环境三大类别中分别包含不同的细分指标，为降低数据维度，我们采用主成分分析法（Principal Component Analysis，PCA）对上述指标体系进行降维处理，进而得到创新主体、创新要素和创新环境三个指标。主成分分析法（Principal Component Analysis，PCA）是一种常用的降维算法，其核心目标是通过某种线性映射，将高位数据映射到低维数据，同时保证在所投影的维度上数据的方差最大。通过主成分分析方法降维得到的数据，极大保留了原有变量绝大部分信息。

3. 调节变量：共生度和协同度

共生度（Symbiosis）：多样性共生理论揭示了生物种群间的相互联系以及生物与环境间的适应与协调关系，也被用于刻画创新主体之间及与创新要素、创新环境间所形成的共生共存、相互影响、相互作用关系。第六章建立 LV 三维扩展模型对长三角和珠三角各个城市的共生性进行了量化分析，并以此衡量区域多样性共生水平。本章采用第五章的测算结果［共生粘度指数（SVI）］来度量区域创新生态系统的多样性共生水平。

协同度（Synergy）：城市群协同创新构建的生态系统，是城市群内按照城市间内部联系和一定秩序组合而成的系统，意在进行跨城市、跨区域资源整合，发挥协同效应。第六章通过构建区域创新生态系统城市间协同模型，对长三角和珠三角的城市群的协同性进行量化，并以此衡量区域创新生态的协同水平。本章采用第五章的测算结果（单体城市系统有序度）来度量城市群内某一城市区域创新生态系统的开放式协同水平。

4. 控制变量

对于控制变量，本章参考现有的文献，并考虑数据的可得性，进行如下设置：①经济发展水平（PGDP），我们选取各地区的人均地区生产总值对其进行衡量；②对外开放水平（Open），考虑到部分地级市进出口总额数据存在较为严重的缺失，我们参考现有文献的做法，采用实际使用外资余额占 GDP 的比重来衡量地区对外开放水平；③市场化水平（Market），参考已有文献的做法，本章采用非国有经济单位职工数比重与全国均值之比来衡量市场化水平。模型主要变量及其定义如表 8-1 所示。

表 8-1 模型主要变量及其定义

变量类型		变量名称	变量符号	变量定义
被解释变量		创新绩效水平	IP	高技术产业增加值的对数
解释变量	创新主体	创新企业数量	Enterprise	战略新兴产业的企业数量的对数
		高校发展水平	Colleges	普通高等学校专任教师数的对数
	创新要素	资本要素数量	Capital	高新技术企业股权融资金额对数
		科研人才数量	Talents	科研综合技术服务从业人员对数
		数据要素	Data	互联网宽带接入用户数的对数
	创新环境	基础设施建设水平	Facility	每平方千米内的公路里程
		融资环境水平	FE	贷款总额与地区生产总值比值
		新产业发展水平	NI	工业互联网产业产值的对数

续表

变量类型		变量名称	变量符号	变量定义
调节变量	生态属性	共生性	Symb	共生粘度指数（SVI）
		协同性	Syne	单体城市系统有序度
控制变量		经济发展水平	PGDP	人均地区生产总值
		对外开放水平	Open	实际使用外资余额占 GDP 的比重
		市场化水平	Market	非国有经济单位职工数比重与全国均值之比

资料来源：笔者设计整理。

（三）样本选择与数据来源

我们分别依托 2009~2018 年长三角城市群 11 个代表性城市①和珠三角城市群 9 个城市②的面板数据展开实证研究，数据来源分为统计年鉴和大数据技术获取两大类。其中，高技术产业产值、普通高等学校教师数量、贷款总额、互联网宽带接入户数等指标来自相应年份的《中国城市年鉴》和各城市的统计年鉴；战略新兴产业企业数量、高技术产业股权融资额、科研综合技术服务从业人员、工业互联网产值等指标则是通过大数据技术获取，具体方法与第五章相同。

（四）描述性统计

长三角城市群和珠三角城市群相关变量的描述性统计如表 8-2 所示。

表 8-2　长三角和珠三角城市群各变量样本描述性统计

城市群	变量类型	变量	均值	标准差	最小值	中位数	最大值	观测值
长三角	被解释变量	IP	5.160	1.888	1.300	4.760	10.863	110
	核心解释变量	ISubject	0.000	1.172	−1.168	−0.395	4.776	110
		IElements	0.000	1.006	−0.855	−0.364	3.889	110
		IEnvironment	0.000	1.086	−0.917	−0.413	4.787	110

---

① 包括上海、南京、苏州、无锡、南通、杭州、宁波、嘉兴、温州、合肥和芜湖，由于这 11 个代表性城市是长三角科技创新和产业发展实力相对较强的城市，其他长三角城市大多数据缺失严重，缺乏连贯性和完整性数据，故本章的研究与前文保持一致，仅选取这 11 个代表性城市进行实证检验。

② 珠三角城市群 9 个城市包括广州、深圳、珠海、佛山、惠州、东莞、中山、江门、肇庆。

续表

城市群	变量类型	变量	均值	标准差	最小值	中位数	最大值	观测值
长三角	调节变量	Symb	0.413	0.284	0.012	0.354	0.971	110
		Syne	0.403	0.280	0.030	0.350	0.956	110
	控制变量	PGDP	8.772	0.704	6.983	8.802	10.492	110
		Open	0.201	0.168	0.017	0.161	0.609	110
		Market	7.025	0.317	5.962	6.986	7.810	110
珠三角	被解释变量	IP	5.798	1.419	2.877	5.636	8.923	90
	核心解释变量	ISubject	0.000	1.106	−0.751	−0.498	4.308	90
		IElements	−0.000	0.958	−1.078	−0.332	3.909	90
		IEnvironment	0.000	1.030	−1.257	−0.346	3.833	90
	调节变量	Symb	0.385	0.278	0.015	0.338	0.976	90
		Syne	0.333	0.266	0.010	0.247	0.971	90
	控制变量	PGDP	8.324	0.906	6.676	8.030	10.095	90
		Open	0.244	0.159	0.085	0.186	0.797	90
		Market	6.976	0.317	6.310	6.988	7.678	90

资料来源：笔者根据原始数据整理。

三、区域创新生态系统对区域创新绩效影响机制的实证检验

（一）基准模型回归结果

表8-3报告了模型（8-1）关于长三角城市群内，以创新主体、创新要素和创新环境构成的区域创新生态系统影响区域创新绩效的回归结果，以及以共生性和协同性为代表的区域创新生态属性对创新主体、创新要素和创新环境影响区域创新绩效的调节效应。其中，第（1）列和第（2）列长三角城市群创新主体、创新要素和创新环境构成的区域创新生态系统影响区域创新绩效的回归结果，以及多样性共生对创新主体、创新要素和创新环境影响区域创新绩效的调节效应的

回归结果。第（1）列不加入控制变量，但控制地区固定效应和时间固定效应，同时将标准误聚类到城市层面以消除面板数据可能存在的自相关问题，可以发现ISubject、IElements 和 IEnvironment 的回归系数分别为 0.8438、1.3396 和 1.1538，且均显著为正；第（2）列为在第（1）列的基础上，加入地区人均 GDP、对外开放水平以及市场化程度等控制变量后的回归结果，可以发现 ISubject、IElements 和 IEnvironment 的回归系数依然显著为正，这表明，创新主体、创新要素和创新环境均是提升区域创新绩效的重要途径，以创新主体、创新要素和创新环境构成的区域创新生态系统的发展和改善可以提高区域创新绩效。然而共生度（Symb）同创新主体、创新要素和创新环境的交互项 Symb×ISubject、Symb×IElements 和 Symb×IEnvironment 的回归系数分别为 3.1161、4.4957、4.4255，也均显著为正，这表明，区域创新生态系统的多样性共生机制能够进一步促进创新主体、创新要素和创新环境对区域创新绩效的改善作用。

第（3）列和第（4）列为长三角城市群创新主体、创新要素和创新环境构成的区域创新生态系统影响区域创新绩效的回归结果，以及开放式协同对创新主体、创新要素和创新环境影响区域创新绩效的调节效应。第（3）列不加入控制变量，但控制地区固定效应和时间固定效应，同时将标准误聚类到城市层面以消除面板数据可能存在的自相关问题，第（4）列则在第（3）列的基础上加入人均 GDP、对外开放水平以及市场化程度等控制变量。同样可以发现，协同度（Syne）同创新主体、创新要素和创新环境的交互项 Syne×ISubject、Syne×IElements 和 Syne×IEnvironment 的回归结果也均显著为正，这表明，区域创新生态系统的开放式协同机制也能够进一步促进创新主体、创新要素和创新环境对区域创新绩效的改善作用。

表 8-3　区域创新生态系统与区域创新绩效：创新生态属性的调节效应（长三角）

变量	(1)	(2)	(3)	(4)
	共生性		协同性	
ISubject	0.8438* (0.4865)	0.9213* (0.5130)	0.8846* (0.4965)	0.8512* (0.5110)
IElements	1.3396** (0.6645)	1.3109* (0.6698)	1.1451* (0.6793)	1.1443* (0.6828)

续表

变量	（1）	（2）	（3）	（4）
	共生性		协同性	
IEnvironment	1.1538 **	1.1347 **	0.9909 *	0.9883 *
	（0.5627）	（0.56638）	（0.5740）	（0.5770）
Symb	12.0452 **	12.6131 **		
	（5.7876）	（6.1077）		
Symb×ISubject	2.9532 **	3.1161 **		
	（1.1483）	（1.1991）		
Symb×IElements	4.3129 ***	4.4957 ***		
	（1.5286）	（1.5788）		
Symb×IEnvironment	4.2279 ***	4.4255 ***		
	（1.4695）	（1.5286）		
Syne			10.9002 *	11.5640 *
			（5.7833）	（6.2068）
Syne×ISubject			2.9477 **	2.8713 **
			（1.1958）	（1.2277）
Syne×IElements			4.4789 ***	4.6769 ***
			（1.5710）	（1.6223）
Syne×IEnvironment			4.3804 ***	4.5975 ***
			（1.5157）	（1.5777）
控制变量	未控制	控制	未控制	控制
城市固定效应	是	是	是	是
时间固定效应	是	是	是	是
Constant	4.8204 ***	7.1900	4.7436 ***	3.1675
	（0.4245）	（4.8063）	（0.4288）	（5.1854）
Observations	110	110	110	110
R^2	0.5581	0.5593	0.5632	0.5637

注：括号内为聚类到城市层面的稳健标准误；＊＊＊、＊＊、＊分别表示系数在1%、5%、10%的水平下显著。

资料来源：笔者根据原始数据整理。

表8-4报告了模型（8-1）关于珠三角城市群内，以创新主体、创新要素和创新环境构成的区域创新生态系统影响区域创新绩效的回归结果，以及以共生性和协同性为代表的区域创新生态属性对创新主体、创新要素和创新环境影响区域

创新绩效的调节效应。可以发现，以珠三角城市群为样本的实证研究也表明，创新主体、创新要素和创新环境均是提升区域创新绩效的重要途径，以创新主体、创新要素和创新环境构成的区域创新生态系统的发展和改善可以提高区域创新绩效。以共生性和协同性为代表的区域创新生态属性，能够进一步促进创新主体、创新要素和创新环境对区域创新绩效的改善作用。至此，本章的假说8-1和假说8-2在以珠三角城市群为样本的情况下得到初步验证。

表8-4 区域创新生态系统与区域创新绩效：创新生态属性的调节效应（珠三角）

变量	（1）	（2）	（3）	（4）
	共生性		协同性	
ISubject	3.9215** (1.4660)	4.4120*** (1.4912)	2.7265 (1.7837)	3.2052* (1.8454)
IElements	1.4021*** (0.3757)	1.0593** (0.4448)	1.2206** (0.4968)	0.9778* (0.5519)
IEnvironment	1.0223*** (0.33048)	0.7148* (0.3936)	0.9894** (0.4292)	0.6281** (0.3061)
Symb	4.4334** (1.6779)	4.4787** (1.7958)		
Symb×ISubject	1.3240** (0.5544)	1.5671*** (0.5750)		
Symb×IElements	2.3005*** (0.6588)	2.6341*** (0.6936)		
Symb×IEnvironment	3.0652*** (0.7693)	3.4197*** (0.8017)		
Syne			5.4667** (2.6587)	5.6045** (2.6306)
Syne×ISubject			3.7532*** (0.9054)	4.1791*** (0.9454)
Syne×IElements			4.1548*** (1.0441)	4.5776*** (1.0756)
Syne×IEnvironment			4.7925*** (1.3211)	5.3135*** (1.3582)
控制变量	未控制	控制	未控制	控制
城市固定效应	是	是	是	是

续表

变量	（1）	（2）	（3）	（4）
	共生性		协同性	
时间固定效应	是	是	是	是
Constant	8.7722***	8.5228**	6.9482***	4.5507
	（0.8869）	（3.3923）	（0.8190）	（3.6402）
Observations	90	90	90	90
R^2	0.6720	0.6720	0.6059	0.6095

注：括号内为聚类到城市层面的稳健标准误；***、**、*分别表示系数在1%、5%、10%的水平下显著。

资料来源：笔者根据原始数据整理。

（二）稳健性检验

为检验模型（8-1）回归结果的稳健性，本章参考Anselin等（1997）、温军和冯根福（2012）的做法，选择地区专利数量作为区域创新绩效的备选被解释变量。以长三角城市群为样本，采用专利数量度量区域创新绩效的回归结果见表8-5，可以发现，ISubject、IElements和IEnvironment以及Symb×ISubject、Symb×IElements和Symb×IEnvironment的回归系数依然显著为正，因此本章的假说8-1和假说8-2依然成立。

表8-5 区域创新生态系统与区域创新绩效：稳健性检验（长三角）

变量	（1）	（2）	（3）	（4）
	共生性		协同性	
ISubject	0.5164**	0.5714**	0.4411**	0.5325**
	（0.2193）	（0.2308）	（0.2168）	（0.2292）
IElements	0.7181**	0.8559***	0.8230***	0.8933***
	（0.3149）	（0.3192）	（0.2928）	（0.2895）
IEnvironment	0.9118**	1.0777***	1.0397***	1.1059***
	（0.3810）	（0.3861）	（0.3580）	（0.3529）
Symb	2.9727***	3.0688***		
	（0.4002）	（0.4196）		

续表

变量	（1）	（2）	（3）	（4）
	共生性		协同性	
Symb×ISubject	0.8876 * （0.4757）	1.1029 ** （0.4831）		
Symb×IElements	0.5394 ** （0.2183）	0.7141 *** （0.2308）		
Symb×IEnvironment	0.5664 ** （0.2193）	0.7242 *** （0.2324）		
Syne			2.9532 *** （0.4106）	3.1404 *** （0.4382）
Syne×ISubject			1.0347 ** （0.4565）	1.1166 ** （0.4499）
Syne×IElements			1.1129 * （0.5683）	1.2421 ** （0.5614）
Syne×IEnvironment			1.3384 * （0.7356）	1.4390 * （0.7237）
控制变量	未控制	控制	未控制	控制
城市固定效应	是	是	是	是
时间固定效应	是	是	是	是
Constant	8.2062 *** （0.1913）	9.8870 *** （2.1617）	8.2633 *** （0.1899）	10.9197 *** （2.2151）
Observations	110	110	110	110
R^2	0.7836	0.7850	0.7786	0.7821

注：括号内为聚类到城市层面的稳健标准误；***、**、*分别表示系数在1%、5%、10%的水平下显著。

资料来源：笔者根据原始数据整理。

表8-6以珠三角城市群为样本，采用专利数量度量区域创新绩效的回归结果。可见，ISubject、IElements和IEnvironment以及Symb×ISubject、Symb×IElements和Symb×IEnvironment的回归系数也依然显著为正。本章的研究假说在更换被解释变量的度量方法后依然成立，这表明前文的实证结果具有一定的稳健性。

表 8-6　区域创新生态系统与区域创新绩效：稳健性检验（珠三角）

变量	（1）	（2）	（3）	（4）
	共生性		协同性	
ISubject	0.3384**	0.2111*	0.2567**	0.1540*
	(0.1414)	(0.1204)	(0.1057)	(0.0914)
IElements	0.4408***	0.3231***	0.3476*	0.3667*
	(0.1164)	(0.0925)	(0.1993)	(0.1844)
IEnvironment	0.5715**	0.1658	0.6393***	0.5688***
	(0.2624)	(0.2443)	(0.1671)	(0.1682)
Symb	3.6363*	3.8049**		
	(2.0939)	(1.8522)		
Symb×ISubject	1.2397**	1.5177**		
	(0.5518)	(0.5875)		
Symb×IElements	0.9457***	1.2201***		
	(0.31664)	(0.3783)		
Symb×IEnvironment	0.9276*	1.1685**		
	(0.5221)	(0.5500)		
Syne			1.7415***	1.6198***
			(0.3869)	(0.4593)
Syne×ISubject			0.6822**	0.7704**
			(0.2799)	(0.2771)
Syne×IElements			1.4940**	1.6585**
			(0.6837)	(0.7177)
Syne×IEnvironment			1.2696*	1.4298**
			(0.6420)	(0.6761)
控制变量	未控制	控制	未控制	控制
城市固定效应	是	是	是	是
时间固定效应	是	是	是	是
Constant	4.8204***	7.1900	4.8685***	7.4407
	(0.4245)	(4.8063)	(0.4215)	(4.9479)
Observations	90	90	90	90
R^2	0.8664	0.8980	0.8467	0.8630

注：括号内为聚类到城市层面的稳健标准误；***、**、*分别表示系数在1%、5%、10%的水平下显著。

资料来源：笔者根据原始数据整理。

（三）内生性问题讨论

不同地区的创新绩效除了受本地的创新主体、创新要素、创新环境、经济发展水平、对外开放水平以及市场化程度等主要可观测变量的影响外，还受到城市的地理资源禀赋、历史背景、市场环境以及企业结构造成的制度性差异等众多不可观测的因素影响。为降低模型可能存在的内生性问题，我们将模型 8-1 中的解释变量做滞后一期处理，并采用系统广义矩估计（系统 GMM）对动态面板进行回归拟合。表 8-7 报告了采用系统 GMM 方法估计长三角地区和珠三角地区区域创新生态系统对区域创新绩效的影响，回归结果显示，ISubject、IElements 和 IEnvironment 以及 Symb×ISubject、Symb×IElements 和 Symb×IEnvironment 的回归系数依然显著为正。因此，我们有理由认为，以创新主体、创新要素和创新环境组成区域创新生态系统能够显著提升本地区的创新绩效，并且区域创新生态系统的多样性共生和开放式协同能够显著提升对区域创新绩效的改善作用。

表 8-7　区域创新生态系统与区域创新绩效：系统 GMM 法

变量	（1）	（2）	（3）	（4）
	共生性	协同性	共生性	协同性
	长三角		珠三角	
ISubject	0.9003 * （-0.5020）	0.9834 * （-0.4660）	4.2344 *** （-1.4212）	3.0257 * （-1.7852）
IElements	1.2165 * （-0.6098）	1.0921 * （-0.6215）	1.1235 ** （-0.4127）	0.8452 * （-0.5985）
IEnvironment	1.1092 ** （-0.5787）	0.9156 * （-0.5333）	0.5678 * （-0.3543）	0.6845 ** （-0.5428）
Symb	11.1231 ** （-5.6012）		4.2367 ** （-1.2234）	
Symb×ISubject	3.0090 ** （-1.1089）		1.1354 *** （-0.2346）	
Symb×IElements	4.3252 *** （-1.4567）		2.2689 *** （-0.6753）	
Symb×IEnvironment	4.3675 *** （-1.5134）		3.2347 *** （-0.9864）	

续表

变量	（1）	（2）	（3）	（4）
	共生性	协同性	共生性	协同性
	长三角		珠三角	
Syne		11.3324* （-6.2345）		5.6548** （-2.4366）
Syne×ISubject		2.2346** （-1.2315）		4.1256*** （-0.9234）
Syne×IElements		4.1256*** （-1.3634）		4.5124*** （-1.0333）
Syne×IEnvironment		4.3257*** （-1.2346）		5.2353*** （-1.2574）
控制变量	控制	控制	控制	控制
城市固定效应	是	是	是	是
时间固定效应	是	是	是	是
Constant	7.2100 （-4.7864）	3.2235 （-5.2368）	8.2479** （-3.1267）	4.6353 （-3.2354）
Observations	110	110	90	90
R^2	0.6456	0.4684	0.6120	0.6432

注：括号内为聚类到城市层面的稳健标准误；***、**、*分别表示系数在1%、5%、10%的水平下显著。

资料来源：笔者根据原始数据整理。

四、进一步分析：区域创新生态系统、空间溢出与区域创新绩效

（一）区域创新生态系统的空间溢出效应

在第五章中分析过，区域创新生态系统的空间溢出效应本质上是一种"正外部性"，空间溢出效应的存在是区域创新生态能够促进创新绩效的重要原因之一，

特别是对于创新环境要求较高的高科技型企业，区域创新生态提升创新绩效的效应明显，根据美国硅谷的经验，高科技企业都喜欢在特定区域"扎堆"，形成一个区域创新生态系统，并从这个区域创新生态系统中获益（Moretti，2021）。

本书聚焦城市群创新生态系统，城市之间的协同效应是这种空间溢出效应的一个表现形式。在第六章本书提出了创新协同效应分为创新主体之间的协同和创新要素之间的协同两种基本类型，区域创新生态系统中的开放式协同机制正是利用外部知识补充本地知识、使区域创新走出"舒适圈"的基础。不同创新主体仅依靠本地知识网络交换知识流，容易导致区域创新的路径锁定，难以实现创造性突破。在区域创新生态系统的开放式协同机制中，通过加深不同城市间合作，引入外界新知识，促进区域内创新系统的知识流、信息流、技术流的自我更新、自我进化，不同创新主体通过交换更新后的知识流、技术流，构建新的创新价值和运行秩序，提升区域创新系统的整体创新能力。

长三角城市群是我国经济发展水平和一体化程度较高的城市群之一，内部各城市之间的联系密切，在创新领域的协同合作较多。具体而言，存在点与点的协同，即城市间创新主体之间的协同；存在线与线的协同，即城市创新链之间的协同；存在面与面的协同，即城市之间创新活动的综合协同。因此，区域创新生态的发展会存在空间溢出效应，即某个城市区域创新生态的发展会影响其他城市创新生态的发展。空间溢出效应除了来自看得见的协同效应以外，另外一个很重要的来源是看不见的溢出效应，即处于特定区域的市场主体之间相互交流思想，互相学习与模仿，加速了科学技术的扩散，基于新的科学技术，市场主体又有了新的创新（Comin et al.，2012），也就是说，一个地区的创新绩效受益于另外一个地区的无形的知识溢出效应，并且互相影响、互相增强。

基于以上分析，本章进一步提出假说 8-3。

假说 8-3：区域创新生态系统对区域创新绩效的影响具有空间溢出效应，也即区域创新生态系统除了对本地区创新绩效产生正向影响外，区域创新生态系统还能对邻近地区的区域创新绩效产生正向影响。

（二）空间计量模型的设定

传统的面板数据回归模型的前提假设是样本之间相互独立，而空间计量模型则考虑了不同地区之间由于相对位置或绝对位置所造成的空间依赖性（Spatial

Dependence，Anselin，1988）。为此，本章突破两大城市群内部不同城市之间的空间独立性假设，采用空间面板模型来研究区域创新生态系统对区域创新绩效的影响及其空间溢出效应。

空间面板模型分为"空间自回归模型"（Spatial Auto Regression，SAR）、"空间误差模型"（Spatial Error Model，SEM）和"空间杜宾模型"（Spatial Durbin Model，SDM）。空间自回归模型主要用于研究某一地区的经济行为对其相邻地区的该经济行为产生的影响，也即空间溢出效应。相较于 SAR 和 SEM，SDM 不仅包含了被解释变量的空间滞后项，而且还包含了解释变量的空间滞后项，能够较好地缓解遗漏变量导致的回归偏误，是更加精准的一类空间计量模型。此外，如果数据生成过程是 SAR 或者 SEM，SDM 模型回归系数依然是无偏估计（Lesage and Pace，2009）。因此，为研究区域创新生态系统对区域创新绩效的影响及其空间溢出效应，本书参考 Lesage 和 Pace（2009）的方法，构建如下空间杜宾面板固定效应回归模型：

$$\text{IP}_{it} = \alpha_0 + \rho\omega\text{IP}_{it} + \alpha\text{ISubject}_{it} + \beta\text{IElement}_{it} + \gamma\text{IEnvironment}_{it} + \omega(\alpha'\text{ISubject}_{it} +$$

$$\beta'\text{IElement}_{it} + \gamma'\text{IEnvironment}_{it}) + \sum_{n=i}^{N} \lambda_n\text{Control}_{nit} + u_i + v_t + \varepsilon_{it} \quad (8\text{-}2)$$

其中，ω 为空间权重矩阵。ρ 为被解释变量的空间滞后项系数，也即空间自回归系数，直接反映不同地区创新绩效是否存在空间相互影响：若 $\rho>0$，则表明区域创新绩效存在正向相互作用，若 $\rho<0$，则表明存在负向的相互作用。$\omega\text{ISubject}_{it}$、$\omega\text{IElement}_{it}$ 和 $\omega\text{IEnvironment}_{it}$ 分别为创新主体、创新要素和创新环境的空间滞后项。α'、β' 和 γ' 分别表示创新主体、创新要素和创新环境的空间滞后项系数，反映了其他地区创新主体、创新要素和创新环境对本地区域创新绩效的影响：如果 α'、β' 和 γ' 显著为正，则表明其他创新主体、创新要素和创新环境对本地区的区域创新绩效存在显著的正向外溢效应；反之，如果 α'、β' 和 γ' 显著为负，则说明其他创新主体、创新要素和创新环境对本地区的区域创新绩效存在显著的负向外溢效应；如果 γ 和 δ 不显著，则表明其他创新主体、创新要素和创新环境对本地区的区域创新绩效不存在显著的空间外溢效应。

（三）空间自相关检验

检验区域创新绩效是否具有空间自相关性（Spatial Autocorrelation）是采用空间计量模型的前提，我们采用全局莫兰指数值（Global Moran's I）来检验空间自相关是否存在，其表达式如下：

$$I = \frac{\sum\limits_{i=1}^{n}\sum\limits_{j=1}^{n} w_{ij}(x_i - \overline{x})(x_j - \overline{x})}{S^2 \sum\limits_{i=1}^{n}\sum\limits_{j=1}^{n} w_{ij}} \tag{8-3}$$

其中，$\overline{x} = \frac{1}{n}\sum\limits_{i=1}^{n} x_i$，$s^2 = \frac{1}{n}\sum\limits_{i=1}^{n}(x_i - \overline{x})^2$，$x_i$ 表示 i 城市的区域创新生态发展程度，n 为地区城市数量，w_{ij} 是空间权重矩阵，考虑以地理相邻作为权重。全局莫兰指数的取值范围是-1~1。当 I 大于 0 时，各城市之间呈现空间正相关；小于 0 时则为负相关。两个城市群全局莫兰指数的计算结果如表8-8所示。

根据表8-8可知，2009~2018年，两个城市群绝大部分年份创新绩效水平的全局莫兰指数在1%的显著水平下保持显著，表明两个城市群各城市的创新绩效水平存在显著的空间正相关性，尤其是中心城市的创新发展存在溢出效应，可以影响周边城市的创新发展。因此在建立空间计量模型时，应考虑加入空间溢出效应。

表8-8 长三角和珠三角城市群区域创新生态水平的全局莫兰指数

年份	Moran's I	统计量	P 值	Moran's I	统计量	P 值
	长三角			珠三角		
2009	0.256	2.504	0.012	0.235	2.505	0.011
2010	0.224	2.256	0.024	0.123	1.865	0.061
2011	0.203	2.071	0.038	0.136	1.714	0.084
2012	0.199	2.208	0.043	0.141	1.697	0.092
2013	0.176	1.834	0.067	0.139	1.458	0.144
2014	0.164	1.736	0.083	0.134	1.738	0.079
2015	0.154	1.652	0.099	0.128	1.723	0.082
2016	0.218	2.308	0.021	0.129	1.996	0.050
2017	0.227	2.366	0.018	0.131	1.833	0.064
2018	0.218	2.268	0.023	0.167	1.758	0.078

资料来源：笔者计算整理。

（四）空间计量模型回归结果

表8-9报告了模型8-1关于区域创新生态系统影响区域创新绩效及其空间溢

出效应的基准回归结果。其中，第（1）列和第（2）列为以长三角样本的回归结果。第（1）列控制地区固定效应和时间固定效应，但不加入控制变量，同时将标准误聚类到城市层面以消除面板数据可能存在的自相关问题。第（2）列在第（1）列的基础上，进一步加入人均GDP、对外开放水平以及市场化程度等控制变量的回归结果。可以发现，无论是否加入控制变量，被解释变量区域创新绩效的空间滞后项回归系数 ρ 显著为正，这表明，区域创新绩效是显著自相关的，邻近地区的区域创新绩效会对本地区区域创新绩效产生显著的正向影响。我们还可以发现，ISubject、IElements 和 IEnvironment 的回归系数显著为正，这表明，创新主体、创新要素和创新环境均对本地区域创新绩效有着显著的正向影响，即由区域创新主体、创新要素和创新环境所构成的区域创新生态系统是提升区域创新绩效的重要途径，区域创新生态系统的发展和改善可以提高区域创新绩效，这一结论同上文基本一致。进一步考虑解释变量对被解释变量的空间溢出效应，可以发现，空间滞后项 $\omega\times$ISubject、$\omega\times$IElements 和 $\omega\times$IEnvironment 的回归系数也显著为正，这表明，以创新主体、创新要素和创新环境构成的区域创新生态系统除了对本地区创新绩效产生正向影响外，区域创新生态系统还能对邻近地区的区域创新绩效产生正向影响。第（3）列和第（4）列是以珠三角城市群为样本的回归结果。可以发现，以珠三角城市群为样本的实证研究也表明，区域创新生态系统能对邻近地区的区域创新绩效产生正向影响。

综上，由区域创新主体、创新要素和创新环境所构成的区域创新生态系统是提升区域创新绩效的重要途径，区域创新生态系统的发展和改善可以提高本地区域创新绩效。区域创新生态系统对区域创新绩效的影响具有空间溢出效应，也即区域创新生态系统除了对本地区创新绩效产生正向影响外，区域创新生态系统还能对邻近地区的区域创新绩效产生正向影响。本章的假说8-3得到验证。

表8-9 区域创新生态系统与区域创新绩效及其空间溢出效应

变量	(1)	(2)	(3)	(4)
	长三角城市群		珠三角城市群	
ρ	0.2081 *** (0.0483)	0.2074 *** (0.0483)	0.1142 *** (0.0369)	0.1047 *** (0.0371)
ISubject	0.3031 ** (0.1512)	0.3102 ** (0.1515)	0.1552 *** (0.0200)	0.1591 *** (0.0201)

续表

变量	（1）	（2）	（3）	（4）
	长三角城市群		珠三角城市群	
ω×ISubject	0.1205 ***	0.1333 ***	0.3919 ***	0.3998 ***
	（0.0310）	（0.0320）	（0.0378）	（0.0384）
IElements	0.1847 ***	0.1794 ***	0.1899 ***	0.1852 ***
	（0.0599）	（0.0599）	（0.0283）	（0.0284）
ω×IElements	0.1328 **	0.1455 **	0.1342 **	0.1399 **
	（0.0602）	（0.0611）	（0.0549）	（0.0552）
IEnvironment	0.2961 *	0.2960 *	0.6967 **	0.6083 **
	（0.1613）	（0.1614）	（0.3082）	（0.3071）
ω×IEnvironment	0.1282 ***	0.1395 ***	0.1453 *	0.1431 *
	（0.0345）	（0.0352）	（0.0748）	（0.0747）
控制变量	未控制	控制	未控制	控制
城市固定效应	是	是	是	是
时间固定效应	是	是	是	是
$Sigma^2\_e$	0.0092 ***	0.0092 ***	0.0049 ***	0.0049 ***
	（0.0003）	（0.0003）	（0.0002）	（0.0002）
Observations	110	110	90	90
R^2	0.0023	0.0023	0.0018	0.0018

注：括号内为聚类到城市层面的稳健标准误；***、**、* 分别表示系数在1%、5%、10%的水平下显著。

资料来源：笔者整理。

本章小结

　　本章以长三角和珠三角两个城市群内部城市 2009～2018 年的面板数据为样本，实证检验以创新主体、创新要素和创新环境组成的区域创新生态系统对区域创新绩效的影响以及生态系统的多样性共生和开放式协同对这种影响的调节效应。本章经过面板回归、稳健性检验和系统 GMM 拟合，实证研究结果表明，以创新主体、创新要素和创新环境组成的区域创新生态系统能够显著提升本地区的创新绩效，并且区域创新生态系统的多样性共生和开放式协同能够显著促进系统对区域创新绩效的改善作用。具体而言，区域创新生态系统为企业、高校和科研机构等创新主体提供了适宜的创新环境，通过共生和协同机制提升了企业创新能力，从而改善了区域创新绩效。

从经济学角度看，区域创新生态系统对区域创新绩效的影响具有空间溢出效应，区域生态系统释放出正的外部性，影响其临近地区的创新绩效，并且区域创新生态系统对邻近地区的区域创新绩效的影响是正向的。进一步地，本章突破样本空间独立性假设，在空间溢出作用的情况下，采用面板数据空间杜宾模型（SDM），实证检验区域创新生态系统对区域创新绩效的影响。实证研究结果表明，区域创新生态系统对区域创新绩效的影响具有空间溢出效应，也即区域创新生态系统除了对本地区创新绩效产生正向影响外，区域创新生态系统还能对邻近地区的区域创新绩效产生正向影响。

第九章
完善中国区域创新生态系统的启示与展望

本书基于区域创新生态系统的总体视角，从不同侧面、不同维度对区域创新生态系统进行了立体分析，揭示区域创新生态系统的形成动因、组成结构、运行机理以及影响因素。本书试图构建一个既有宏观视角又有不同区域类型特征的区域创新生态系统研究框架，最终为国家培育和发展区域创新生态系统提出有针对性和可行性的建议。

一、主要结论与启示

本书以城市群作为区域创新生态系统的空间研究对象，融合经济学、管理学、科学学、生态学等多领域的研究成果，逐步刻画出一个既有理论意义又有实践意义的区域创新生态系统概况。本书运用总结归纳法对国内外实践进行了对比分析；利用知识溢出模型和系统动力学模型，构建了一个区域创新生态系统的形成机制理论模型；建立基于 Lotka-Volterra 模型、复合系统协同度模型以及演化影响因素的分析框架，对我国长三角和珠三角两大城市群区域创新生态系统的运行机制进行实证检验；考察区域创新生态对区域创新绩效和创新效率的作用机制，建立相应的空间计量模型和三阶段 DEA 模型进行实证检验，回应本书的研究目标——区域创新生态系统是如何形成、运行、发挥作用的。本书的主要结论和启示有六点。

第一，2012 年以后，我国大多数典型地区进入工业化后期阶段，长三角、珠三角等地已经逐步从传统要素驱动、投资驱动发展模式转向创新驱动发展模式。伴随创新要素加速集聚和信息技术演进升级的趋势，创新发展的空间格局越来越呈现出网络化协同、集成化创新的特点。结合我国已经形成的两个城市群——长三角城市群和粤港澳大湾区城市群的创新实践，两个城市群已经基本建立了区域创新生态系统，但又各具特色：长三角重在提升跨行政区协同创新能力，利用好科教资源丰富的优势，促进产学研用紧密融合，在产业链基础上布局创新链；粤港澳大湾区城市群企业的创新主体地位显著，创新成果产业化程度高，着力营造创新制度环境和培育创新文化，同时城市之间也基本形成了分工协作的功能定位。

第二，在极化效应和知识溢出效应的作用下，创新要素加速向以中心城市和城市群形成的创新中心集聚，催生了一大批区域创新高地，成为全球创新发展的动力源。综观全球，旧金山湾区和东京湾区已经建立了成熟的区域创新生态系统，为经济发展做出了卓越贡献。这些地区对中国区域创新生态系统的重要启示包括：地区的创新发展与创新生态环境紧密相关；建设区域创新生态系统要有必要的基础条件；建设区域创新生态系统的核心是多主体协同创新；创新系统的主要空间载体是中心城市和城市群；建设区域创新生态系统需要发挥好政府的政策引导和支撑服务功能，营造良好的创新环境。

第三，区域创新沿着"单一企业或组织封闭式创新→基于产业链合作的多企业创新→基于产业集群的开放式创新网络→多类别主体区域创新生态系统"的路径演进，这也是区域创新生态系统的形成路径。本书以 Fujita 和 Thisse（2003）提出的两区域经济内生增长模型为基础，构建了一个 R&D 部门空间集聚模型，揭示了"知识空间集聚→形成知识溢出效应→创新成本降低→知识资本增长率提高→创新高地形成"的循环累积因果机制，这种循环累积因果机制就是区域创新生态系统的形成机制。根据生态学对物种、资源、环境三大要素的划分，区域创新生态系统主要由三部分构成，包括创新主体（企业、高等学校、研发机构、政府、用户等）、创新要素（人才、技术、资本、数据等）、创新环境（公共服务、基础设施、法治环境、文化以及市场环境等）。

第四，区域创新生态系统具有创新循环、价值流动、知识传播三大功能，还具有多样性共生、开放式协同、适应性演化三大特性。共生、协同和演化可以认为是区域创新生态系统运行机制的主要内容，是有别于过去线性创新和机械式区域创新系统的主要特点。基于长三角和珠三角城市群的共生性、协同性以及演化格局的分析检验，城市群内各城市具有多元协作和协同演化的特性，通过建立区域创新生态系统，能够实现创新主体、创新要素、创新环境的协调配合，实现创新要素在各创新主体间的流动、循环、传播和共享，释放创新潜能，最终实现城市群科技创新效益的最大化。

第五，区域创新生态系统是一个典型的投入产出过程，提升创新效率，是区域创新生态系统的核心作用。本书通过构建三阶段 DEA 模型，验证了区域创新生态系统的建立对区域创新效率具有显著影响作用，同时，协同与共生程度能够对区域创新效率产生同向影响。进一步分析表明，区域创新生态系统的生态属性有助于提升两大城市群的纯技术效率，但一定程度抑制了规模效率，这也从侧面验证了两大城市群区域创新生态系统自组织运行等功能尚未发挥，系统尚未达到成熟阶段。研究还发现，两大城市群中较有效率的创新模式（高—高模式）城市与其经济规模无必然关系，珠三角城市群创新效率总体高于长三角城市群，长三角规模效率更高，珠三角的纯技术效率更高。总体而言，区域创新生态系统共生度和有序度较高的城市综合创新效率上升幅度较大，应着力提升创新种群的多样性，发挥城市间的创新协同作用，以提升对创新的精细化管理效率。

第六，区域创新绩效代表相应区域创新活动所带来的创新产出与经济效益，本书实证检验了两大城市群区域创新生态系统对区域创新绩效的影响，发现由区域创新主体、创新要素和创新环境所构成的区域创新生态系统是提升区域创新绩效的重要途径，而区域创新生态系统的多样性共生机制和开放式协同机制均能够进一步促进对区域创新绩效的改善作用。本书还构建了空间杜宾面板固定效应回归模型（SDM），结果显示，区域创新生态系统对区域创新绩效的影响具有空间溢出效应，即区域创新生态系统除了对本地区创新绩效产生正向影响外，还能对邻近地区的创新绩效产生正向影响。

二、完善我国区域创新生态系统的构想与建议

根据前文的结论和启示，我们可以进一步形成建设我国区域创新生态系统的

构想——我们需要构建什么样的区域创新生态系统？如何构建这个区域创新生态系统？总体来看，建议以城市群为重点，顺应创新发展系统化生态化趋势，推动产业链、创新链、价值链向网络化系统化生态化结构布局，发挥城市群创新生态系统内生作用机制，促进创新群落的共生协同演化，发挥区域创新生态对创新效率和创新绩效的影响作用，提升区域创新潜力和效能。

（一）重视创新的"生态化系统化"发展趋势，加强规划设计，推动建构数字时代的区域创新生态系统

充分借鉴旧金山湾区和日本东京湾区的典型经验，把握区域创新"系统化和生态化"思维，抓住数字时代集成式融通式创新机会，构建与数字技术驱动相契合的区域创新生态体系框架。以建设具有世界影响力的科技创新中心为目标，提出建设区域创新生态系统的目标定位、原则方法、主要重点和实施路径，研究制定推动创新生态系统发展的制度政策，完善相关法律法规，加强创新生态系统的顶层设计和实施管理，实时跟踪运行情况，推动区域创新生态系统在建构中发展，在发展中完善。

（二）聚焦产业链价值链创新链网络化发展，促进区域创新生态系统的形成发展

1. 健全产业链价值链创新链协调机制，建立区域创新生态网

围绕数字经济、战略性新兴产业等国家产业发展战略部署，坚持以产业链布局创新链、以创新链提升价值链，推进"三链"向产业网络、创新网络、价值网络的"三网"迈进。通过对创新环境与创新主体、创新要素的协调配合，实现各产业创新链多主体协同共生，实现渐进式创新、颠覆式创新和协同创新，促进经济高质量发展和区域创新生态系统的升级完善。

2. 形成创新企业为主体、政产学研用共生融合的局面

积极引导企业、高校、科研机构等创新主体参与区域创新生态系统建设。发挥创新企业有效串联"研发群落"、"生产群落"和"市场群落"的中枢主体作用，尤其发挥创新平台型企业网络连接和生态构建的作用，通过创新主体与创新要素、创新环境的协调配合，实现各产业创新链多主体协同共生，推动跨领域、跨行业的协同创新。

3. 促进创新要素的空间集聚和高效配置

发挥区域创新生态系统的创新循环、价值流动、知识传播等功能，促进人才、技术、资本、数据等各类创新要素的集聚，培育和引进区域创新人才，引导资本和技术要素协同共演，重视数据要素与其他创新要素的深度结合，促使物质流、人才流、技术流和资金流的合理高效配置，形成更为畅通的区域创新生态系统要素集聚、循环和配置体系。

4. 营造创新"软硬"环境，培育创新生态土壤

创新环境是土壤，需要有与国际接轨、与世界融合的基础设施、公共服务等"硬环境"和法治环境、文化环境、市场环境等"软环境"作为支撑，进一步释放政策红利和改革动能。着眼于发挥创新企业的自主性和创造力，构筑多元要素、多元主体共同发展的创新土壤，形成自我驱动、自我循环、自我演化的共生共荣生态系统。

（三）发挥城市群创新生态系统功能，促进创新种群的共生协同演化

1. 提升创新种群间共生互动粘度

创新型企业、高校和科研院所、政府机构等创新主体在城市内部的集合和协同，能够极大促进城市群涵养创新生态和提高创新能力，为区域创新提供强大的动力源。多元化共生相对不足，是我国两大城市群的共性短板。今后，应将促进城市内部群落间共生互动作为政策引导的主要方向之一，借鉴发达国家创新主体多元化策略，支持国有、民营、外资等不同属性的创新企业共同发展，进一步提升区域创新生态系统群落间的共生互动粘度。

2. 促进城市群内城市系统有序度和城市间的协同度

城市群是区域创新生态系统的主要空间载体，城市间开放协同度的提高，能够促进协同城市间协作大于竞争，形成"协同剩余"。今后，应根据城市群内各城市的主体功能，提升区域创新生态系统的运行秩序，强调知识扩散性、技术辐射性、人才溢出性，形成对周边城市和地区的辐射与带动作用，提升区域创新跨城市、跨区域资源整合的能力。

3. 在不同阶段用好内生和外生动力，推动城市群创新生态系统有序演化

持续发挥政府制定的各种导向性、扶持性政策的最基础作用，根据城市群发展的特征，甄别城市群创新生态系统建设所处的孕育、成长、成熟、衰退等阶

段，有针对性地不断优化人才、技术、资本、数据等创新要素配置。在系统孕育阶段，直接的补贴、税收优惠、投资引导、政府采购等"外力"政策是重点发力方向；在系统成长、成熟阶段，应转向间接的服务型、支撑型政策，以发挥系统自组织演化作用为主。

（四）提升创新绩效和创新效率的作用机制，促进空间溢出效应的发挥

1. 发挥自组织机制作用，提升区域创新效率和创新绩效

区域创新生态系统的核心在于其具有共生、协同、演化等"生态属性"和自组织机制，这对提升创新效率和改善创新绩效是有正向影响作用的。地方政府应着力培育以企业为主体、市场为纽带的区域创新活动自组织机制，广泛建立技术联盟、产业联盟、创新网络等，形成以企业为主体、市场为纽带的区域创新活动自组织机制，通过提高区域创新生态系统的生态化、协同化程度，激发系统自我循环的内生动力，提升区域创新效率和创新绩效水平。

2. 加快数字化改造提升步伐，发挥数字技术的空间溢出效应

加快数字化基础设施建设，建立区域创新信息统筹机制，结合试点局部推进等方式，构建契合区域创新生态情境的大数据驱动的创新生态体系框架，提升数字产业化、产业数字化的交叉融合应用。着力破除不利于创新要素自由流动的体制机制壁垒，促进数字时代创新链环的连接与共生，探索创新收益共享共赢，提升城市间创新活动集成、融通和共享程度，促进数字时代区域创新生态系统空间溢出效应的发挥。

三、进一步研究的方向

本书从多角度较为系统地研究了以城市群为代表的区域创新生态系统，丰富了现有区域创新生态系统的框架研究、理论和实证研究。然而，区域创新生态系统是动态开放的，随着科技革命尤其是数字技术的深化应用，区域创新生态系统也会不断演化迭代。此外，囿于篇幅和时间精力，研究有待进一步深化。未来的研究可以从区域创新动力和创新生态空间等角度进行以下三个方面的拓展：

第一，本书以城市群作为区域创新生态系统的空间分析对象，属于中观的区域研究范畴，没有涉及空间范围较小的城市创新生态系统和开发区创新生态系统。但实际上，城市群创新生态系统是由多个城市创新生态系统乃至多个开发区创新生态系统演进而来的，两者空间维度不同，创新空间的网络尺度和空间层次差异很大。城市创新生态系统和开发区创新生态系统具有很强的现实指导意义，囿于数据的可得性，本书大多立足于市级层面数据，在大数据技术的基础上，使用更微观的数据研究城市或开发区区域创新生态系统可能有更好的现实指导意义。今后相关研究也可以从微观视角出发，分析出更贴近实际的结果。

第二，对区域创新生态系统的"生态化"属性还需进一步深入研究。本书以生态学为类比，对区域创新生态系统的发展现状、国际经验、形成机制、运行机制、运行效果等进行了分析，但是区域创新生态系统的其他生态属性，如内生自组织机制、食物链掠食关系、种群的竞合博弈、系统的互馈反哺机制、系统的约束治理机制等方面还没有涉及，区域创新生态系统与创新绩效之间关系的具体作用形式也有待进一步探讨，这些研究需要花费大量的精力，需要掌握大量的数据。未来研究可以引入更先进的数据管理系统和计量方法，对区域生态系统进行仿真，提供精确细化的建议。

第三，对符合我国国情的区域创新生态系统还需进行广义化研究。区域创新生态系统是一个开放的生态系统，其组成和结构是根据研究需要界定的，除了现有体系框架外，还需进一步借鉴国际成熟区域创新生态系统的经验，立足我国国情和实际，进一步引入制度优势、生态资源、社会习俗等影响因素，从更广义的范畴剖析区域创新生态系统的特征，为建设区域生态系统提出建设性的构想和对策建议。

参考文献

[1] Agrawal A, Cockburn I, Galasso A, et al. Why are Some Regions More Innovative than Others? The Role of Small Firms in the Presence of Large Labs [J]. Journal of Urban Economics, 2014, 81 (1): 149-165.

[2] Almirall E, Lee M, Majchrzak A. Open Innovation Requires Integrated Competition – Community Ecosystems: Lessons Learned from Civic Open Innovation [J]. Kelley School of Business, 2014 (3): 391-400.

[3] Anselin L, Varga A, Acs Z. Local Geographic Spillovers between University Research and High Technology Innovations [J]. Journal of Urban Economics, 1997 (42): 422-448.

[4] Anselin L. Spatial Econometrics: Methods and Models [M]. The Netherlands: Kluwer Academic Publishers, 1988.

[5] Arrow K J. Economic Welfare and the Allocation of Resources for Invention. [M] //Nelson R. The Rate and Direction of Inventive Activity. Princeton: Princeton University Press, 1962.

[6] Asheim B T, Coenen L. Knowledge Bases and RISs: Comparing Nordic Clusters [J]. Research Policy, 2005, 34 (8): 1173-1190.

[7] Asheim B T, Isaksen A. Regional Innovation Systems: The Integration of Local Stiky and Global Ubiquitous Knowledge [J]. The Journal of Technology Transfer, 2002 (27): 77-87.

[8] Asheim B, Gerlter M. The Geography of Innovation: Regional Innovation Systems [M]. Oxford: Oxford University Press, 2005.

［9］ Audretsch D B, Feldman M P. Knowledge Spillovers and the Geography of Innovation and Production ［J］. American Economic Review, 1966, 86 (3): 630-640.

［10］ Autio E. Evaluation of RTD in Regional Systems of Innovation ［J］. European Planning Studies, 1998, 6 (2): 131-140.

［11］ Balland P A. Proximity and the Evolution of Collaboration Networks: Evidence from Research and Development Projects with the Global Navigation Satellite System (GNSS) Industry ［J］. Regional Studies, 2012, 46 (6): 741-756.

［12］ Baptista R. Geographical Clusters and Innovation Diffusion ［J］. Technological Forecasting & Social Change, 2001, 66 (1): 31-46.

［13］ Bathelt H. Temporary Clusters and Knowledge Creation: The Effects of International Trade Fairs, Conventions and Other Professional Gatherings, 2004.

［14］ Baumert P T. Regional Systems of Innovation and the Knowledge Production Function: The Spanish Case ［J］. Technovation, 2006 (26): 462-471.

［15］ Bettencourt L, Lobo J, Helbing D, et al. Growth, Innovation, Scaling, and the Pace of Life in Cities ［J］. Proceedings of the National Academy of Sciences of the United States of America, 2007, 104 (17): 7301-7306.

［16］ Blonigen B A, Ronald B D, Naughton H. FDI in Space: Spatial Autoregressive Relationship in Foreign Direct Investment ［J］. European Economic Review, 2007 (51): 1303-1325.

［17］ Bloom P N, Dees G. Cultivate Your Ecosystem ［J］. Stanford Social Innovation Review, 2008.

［18］ Cai B Q, Huang X H. Evaluating the Coordinated Development of Regional Innovation Ecosystem in China ［J］. Ekoloji, 2018, 27 (106): 1123-1132.

［19］ Cai Y, Liu C, The Roles of Universities in Fostering Knowledge-Intensive Clusters in Chinese Regional Innovation Systems ［J］. Science and Public Policy, 2014 (1): 15-29.

［20］ Cantos P, Gumbau-Albert M, Maudos J. Transport Infrastructures Spillover Effects and Regional Growth: Evidence of the Spanish Case ［J］. Transport Review, 2005, 25 (1): 25-50.

［21］Carayannis E G, Campbell D F J. "Mode 3" and "Quadruple Helix": Toward a 21st Century Fractal Innovation Ecosystem ［J］. International Journal of Technology Management, 2009, 46 (3): 201-234.

［22］Carlsson Y. Learning about Innovation through Networks: The Development of Environment-Friendly Viticulture ［J］. Technovation, 2002 (2): 233-245.

［23］Castelli L, Pesenti R, Ukovich W. A Classification of DEA Models When the Internal Structure of the Decision Making Units is Considered ［J］. Annals of Operations Research, 2010 (173): 207-235.

［24］Christiane H, Ricarda B, Bouncken B. Intellectual Property Protection in Collaborative Innovation Activities within Services ［J］. International Journal of Services Technology and Management, 2009 (3): 273-296.

［25］Collins, et al. National Factor Effects on Firm Competitiveness and Innovation ［J］. Competitiveness Review, 2015.

［26］Comin, Diego, Mikhail Dmitriev, and Esteban Rossi-Hansberg. The Spatial Diffusion of Technology ［WP］. NBER Working Paper Series, No. 18534. 2012. Cambridge, MA: National Bureau of Economic Research.

［27］Cooke P, Lauventis C D, Toedtling F, et al. Regional Innovation Systems, Clusters and the Knowledge Economy ［J］. Economic Geography, 2009 (1): 107-108.

［28］Cooke P. The New Wave of Regional Innovation Networks: Analysis, Characteristics and Strategy ［J］. Small Business Economics, 1996.

［29］Dan O, Gleave B. A Note on Methods for Measuring Industrial Agglomeration ［J］. Regional Studies, 2004, 38 (4): 419-427.

［30］Doloreux D, Parto S. Regional Innovation Systems: Current Discourse and Unresolved Issues ［J］. Technology in Society, 2005 (27): 133-153.

［31］Douglas A E. The Symbiotic Habit ［M］. Princeton: Princeton University Press, 2010.

［32］Duranton G, Puga D. Chapter 48 Micro-Foundations of Urban Agglomeration Economies ［J］. Handbook of Regional and Urban Economics, 2004 (1): 2063-2117.

［33］Elhorst J P. Applied Spatial Econometrics： Raising the Bar ［J］. Spatial Economic Analysis, 2010, 5 (1)： 9-28.

［34］Elhorst J P. Unconditional Maximum Likelihood Estimation of Linear and Log-Linear Dynamic Model for Spatial Panels ［J］. Geographical Analysis, 2005 (37)： 85-106.

［35］Etzkowitz H, Leydesdorff L. Universities and the Global Knowledge Economy： A Triple Helix of University-Industry-Government Relations ［M］. London： Cassell Academic, 1997.

［36］Etzkowitz H. The Triple Helix： University-Industry-Government Innovation in Action ［M］. New York： Routledge, 2008.

［37］Evangelista R S, Iammarino V, Mastrostefano A. Measuring the Regional Dimension of Innovation： Lessons from the Italian Innovation Survey ［J］. Technovation, 2001 (21)： 733-745.

［38］Farrell M J, Farrell J, Nolanfarrell M, et al. The Measurement of Productive Efficency ［J］. Journal of the Royal Statistical Society Series A, 1957, 120 (3)： 253-281.

［39］Feldman, et al. Innovation in Cities： Science-based Diversity, Specialization and Localized Competition ［J］. European Economic Review, 1999.

［40］Frank F G. Innovation, Regional Knowledge Spillovers and R&D Cooperation ［J］. Research Policy, 2004 (33)： 245-255.

［41］Freeman C. Japan： A New National System of Innovation ［M］. London： Pinter Publishers, 1988.

［42］Freeman C. Technology, Policy, and Economic Performance： Lessons from Japan ［M］. London： Pinter Publishers, 1987.

［43］Freitas. The Formation Mechanism of Regional Technological Innovation Ability ［J］. Journal of Management Sciences in China, 2008 (6)： 5-15.

［44］Frenken M K. Toward a Systematic Framework for Research on Dominant Designs, Technological Innovations, and Industrial Change ［J］. Research Policy, 2006.

［45］Fried H O, Lovell C A K, Schmidt S S, et al. Accounting for Environmental Effects and Statistical Noise in Data Envelopment Analysis ［J］. Journal of Productivity Analysis, 2002, 17 (1-2): 157-174.

[46] Friedmann J. Regional Development Policy: A Case Study of Venezuel [J]. Urban Studies, 1966.

[47] Fritsch M, Slavtchev V. Determinants of the Efficiency of Regional Innovation Systems [J]. Regional Studies, 2011, 45 (7): 905 -918.

[48] Fritsch M, Slavtchev V. Universities and Innovation in Space [J]. Industry and Innovation, 2007, 14 (2): 462-471.

[49] Fujita M, Krugman P R. The Spatial Economy: Cities, Regions, and International Trade [M]. Cambridge: MIT Press, 2001.

[50] Fujita M, Thisse J F. Does Geographical Agglomeration Foster Economic Growth? And Who Gains and Loses from It? [J]. Japanese Economic Review, 2003, 54 (2): 121-145.

[51] Funke M, Niebuhr A. Regional Geographic Research and Development Spillovers and Economic Growth: Evidence from West Germany [J]. Regional Studies, 2005 (39): 143-153.

[52] Furman J L, Porter M E, Stern S. The Determinants of National Innovative Capacity [J]. Research Policy, 2000, 31 (6): 899-933.

[53] Gamidullaeva L, Finogeev A, et al. Exploring Regional Innovation Systems through a Convergent Platform for Big Data [C] // 2018 International Conference on System Modeling & Advancement in Research Trends (SMART), 2018.

[54] Gamidullaeva L, Finogeev A, Lychagin K, et al. Study of Regional Innovation Ecosystem Based on the Big Data Intellectual Analysis [J] . International Journal of Business Innovation and Research, 2020, 23.

[55] Gao X, Guo X, Sylvan K J, et al. The Chinese Innovation System During Economic Transition: A Scale-Independent View [J]. Journal of Informetrics, 2010 (4): 618-628.

[56] Gerald A C, Satyajit C, Robert M. Urban Density and the Rate of Invention [J]. Journal of Urban Economics, 2007 (3): 389-419.

[57] Gilbert B A, McDougall P P, Audretsch D B. Knowlegde Spillovers and New Venture Performance: An Empirical Examination [J]. Journal of Business Ventu-

ring, 2008 (3): 405-422.

[58] Glaeser E L, Kallal H D, Scheinkman J A, et al. Growth in Cities [J]. Journal of Political Economy, 1992, 100 (6): 1126-1152.

[59] Glaeser E L. Entrepreneurship and the City [J]. NBER Working Paper, 2007 (32): 16-26.

[60] Gloor PA. Swarm Creativity: Competitive Advantage through Collaborative Innovation Networks [M]. New York: Oxford University Press, 2006.

[61] Gottmann J. Megalopolis or the Urbanization of the Northeastern Seaboard [J]. Economic Geography, 1957, 33 (3): 189.

[62] Gretschmann K, Schepers S. Revisiting Innovation: Revolutionizing European Innovation Policy by Means of an Innovation Ecosystem [M]. London: Palgrave Macmillan, 2016.

[63] Hagedoorn J, Cloodt M. Measuring Innovative Performance: Is there An Advantage in Using Multiple Indicators? [J]. Research Policy, 2003, 32 (8): 1365-1379.

[64] Harmaakorpi V, Rinkinen S. Regional Development Platforms as Incubators of Business Ecosystems. Case Study: The Lahti Urban Region, Finland [J]. Growth and Change, 2020, 51.

[65] Haske J E, Pereira S C, Slaughter M J. Does Inward Foreign Direct Investment Boost the Productivity of Domestic Firms? [J]. Review of Economics and Statistics, 2007 (89): 482-495.

[66] Henderson M, Apostolides A, Entwisle G, et al. A Study of Hypertension in a Black Urban Community: Preliminary Epidemiologic Findings [J]. Preventive Medicine, 1974, 3 (3): 334-343.

[67] Hippel E V. Democratizing Innovation: The Evolving Phenomenon of User Innovation [J]. International Journal of Innovation Science, 2009 (1): 29-40.

[68] Hollanders H. 2006 European Regional Innovation Scoreboard (2006 RIS) [J]. European Trend Chart on Innovation, 2007.

[69] Hu M C, Mathews J A. China's National Innovative Capacity [J]. Research Policy, 2008, 37 (9): 1465-1479.

［70］Isaksen A, Trippl M. Path Development in Different Regional Innovation Systems: A ConceptualAnalysis' ［D］// Fitjar R D, Rodriguez-Pose A. Innovation Drivers and Regional Innovation Strategies, London: Routledge, 2016.

［71］Jang S L, Huang G G. Public R&D and Industrial Innovations at the Project Levels: An Exploration of Taiwan's Public Research Projects ［J］. Contemporary Economic Policy, 2005, 23 (4): 637-645.

［72］Judy, Estrin. Closing the Innovation Gap: Reigniting the Spark of Creativity in a Global Economy ［J］. Industry Week, 2008, 257 (11): 62.

［73］Keller W. Geographic Localization of International Technology Diffusion ［J］. American Economic Review, 2002 (92): 120-142.

［74］Kessler E H, Chakrabarti A K. Innovation Speed: A Conceptual Model of Context, Antecedents and Outcomes ［J］. Academy of Management Review, 1996 (21): 1143-1491.

［75］Klaassen G, Miketa A, Larsen K, et al. The Impact of R&D on Innovation for Wind Energy in Denmark, Germany and the United Kingdom ［J］. Ecological Economics, 2005 (2): 227-239.

［76］Koellinger P. The Relationship between Technology, Innovation, and Firm Performance—Empirical Evidence from E-Business in Europe ［J］. Research Policy, 2008, 37 (8): 1317-1328.

［77］Koellinger P. Why are Some Entrepreneurs more Innovative than Others ［J］. Small Business Economics, 2008 (31): 20-35.

［78］Koopmans T. Activity Analysis of Production and Allocation ［M］. New York: Wiley, 1951.

［79］Krugman P. Geography and Trade ［M］. Leuven: Leuven University Press, 1991.

［80］Krugman P. Model of Innovation, Technology Transfer and the World Distribution of Income ［J］. Journal of Political Economy, 1979 (2): 253-266.

［81］Lee C M, Miller W F, Hancock M G, et al. The Silicon Valley Edge: A Habitat for Innovation and Entrepreneurship ［M］. Palo Alto: Stanford University Press, 2000.

[82] Lesage J, Pace R K. Introduction to Spatial Econometrics [M]. London: CRC Press, 2009.

[83] Lewontin R C. Sociobiology: A Caricature of Darwinism [J]. Nature, 1977 (266): 283-284.

[84] Leydesdorff L, Etzkowitz H. The Triple Helix as a Model for Innovation Studies [J]. Science and Public Policy, 1998 (3): 195-203.

[85] Lim U. The Spatial Distribution of Innovative Activity in U. S. Metropolitan Areas: Evidence from Patent Data [J]. Journal of Regional Analysis and Policy, 2003 (2): 97-126.

[86] Lucas G H. The Marketing-R&D Interface: Do Personality Factors Have an Impact? [J]. Journal of Product Innovation Management, 1988, 5 (4): 257-268.

[87] Lucas R E. On the Mechanics of Economic Development [J]. Quantitative Macroeconomics Working Papers, 1999, 22 (1): 3-42.

[88] Lundvall B. Innovation as an Interactive Process: From User-Producer Interaction to National Systems of Innovation [J] //Freeman G, Nelson C, Silverberg R, et al. Technical Change and Economic Theory. London: Pinter Publishers, 1988.

[89] Lundvall B. National Systems of Innovation: Towards a Theory of Innovation and Interactive Learning [M]. London: Pinter Publishers, 1992.

[90] Lundvall B. Product Innovation and User-Producer Interaction [M]. Aalborg: Aalborg University Press, 1985.

[91] Mansfield E. Industrial Research and Technological Innovation: An Econometric Analysis [J]. The Economic Journal, 1968, 78 (311): 676.

[92] Margulis L, Fester R. Symbiosis as a Source of Evolutionary Innovation: Speciation and Morphogenesis [M]. Cambridge: MIT Press, 1991.

[93] Marshall A. Principles of Economics [M]. London: Macmillan, 1920.

[94] Martin B, Johnston R. Technology Foresight for Wiring up the National Innovation System [J]. Technological Forecasting and Social Change, 1999 (1): 37-54.

[95] Mazzucato M. Innovation Systems: From Fixing Market Failures to Creating Markets [J]. Intereconomics, 2015 (3): 120-125.

［96］Meijers. Leading the Process of Reculturing：Roles and Actions of School Leaders ［J］. Journal of Applied Econometrics，2007（16）：347-351.

［97］Metcalfe J S. University and Business Relations：Connecting the Knowledge Economy ［J］. Minerva，2010，48（1）：5-33.

［98］Moore J F. Predators and Prey：A New Ecology of Competition ［J］. Harvard Business Review，1993，71（3）：75-86.

［99］Moreno R，Paci R，Usai S. Spatial Spillovers and Innovation Activity in European Regions ［J］. Environment and Planning，2005（10）：1793-1812.

［100］Moretti E. The Effect of High-Tech Clusters on the Productivity of Top Inventors ［J］. American Economic Review，2021，111.

［101］Myers S，Marquis D G. Successful Industrial Innovations：A Study of Factors Underlying Innovation in Selected Firms ［M］. Washington：National Science Foundation，1969.

［102］Nelson R R，Phelps E S. Investment in Humans，Technological Diffusion，and Economic Growth ［J］. Cowles Foundation Discussion Papers，1966，56（1-2）：69-75.

［103］Nelson R R. Bringing Instuitutions into Evolutionary Growth Theory ［J］. Journal of Evolutionary Economics，2002（12）：17-18.

［104］Nelson R R. Winter S G. The Schumpeterian Tradeoff Revisited ［J］. American Economic Review，1982，72（1）：114-132.

［105］Patricia C，Melo L，Graham D J. Testing for Labour Pooling as a Source of Agglomeration Economies：Evidence for Labour Markets in England and Wales ［J］. Papers in Regional Science，2014（3）：32-52.

［106］Persaud A. Enhancing Synergistic Innovative Capability in Multinational Corporations：An Empirical Investigation ［J］. Journal of Product Innovation Management，2005（22）：412-429.

［107］Pierrakis Y，Saridakis G. The Role of Venture Capitalists in the Regional Innovation Ecosystem：A Comparison of Networking Patterns between Private and Publicly Backed Venture Capital Funds ［J］. The Journal of Technology Transfer，2017，44（3）：850-873.

[108] Ponds R F, Oort V, Frenken K. Innovation, Spillovers and University Industry Collaboration: An Extended Knowledge Production Function Approach [J]. Journal of Economic Geography, 2010 (10): 231-235.

[109] Porter A L. R&D Cluster Quality Measures and Technology Maturity [J]. Technological Forecasting & Social Change, 2003, 70 (8): 735-758.

[110] Riddle M, Schwer R K. Regional Innovative Capability with Endogenous Employment: Empirical Evidence from the USA [J]. The Review of Regional Studies, 2003 (1): 73-84.

[111] Roegen N. Introduction: The Entropy Law and the Economic Process [J]. Ultra-sound in Medicine & Biology, 1971, 32 (5): P64.

[112] Romer P. Increasing Returns and Economic Growth [J]. American Economic Review, 1986.

[113] Ruiz F. A Multi-Criteria Reference Point Based Approach for Assessing Regional Innovation Performance in Spain [J]. Mathematics, 2020, 8 (5): 797.

[114] Sammarra A, Biggiero L. Heterogeneity and Specificity of Interfirm Knowledge Flows in Innovation Networks [J]. Journal of Management Studies, 2008 (45): 800-829.

[115] Sassen S. The Global City: New York, London, Tokyo [J]. Political Science Quarterly, 2001, 107 (2).

[116] Saxenian A. Regional Advantage: Culture and Competition in Silicon Valley and Route 128 [M]. Cambridge: Harvard University Press, 1996.

[117] Schumpeter J. The Theory of Economic Development [M]. Boston: Harvard University Press, 1912: 13-18.

[118] Shaw D R, Allen T. Studying Innovation Ecosystems Using Ecology Theory [J]. Technological Forecasting and Social Change, 2016: S0040162516307880.

[119] Simar L, Wilson P W. Estimation and Inference in Two-stage, Semi-parametic Models of Production Processes [J]. Journal of Econometrics, 2007, 136 (1): 31-64.

[120] Smith K. Innovation as a Systemic Phenomenon: Rethinking the Role of Policy [J]. Enterpirse Innovation Management, 2000 (1): 73-102.

［121］ Solow R M. Technical Change and the Aggregate Production Function ［J］. Review of Economics and Statistics, 1957 (3): 312-320.

［122］ Storper M, Venables A J. Buzz: Face-To-Face Contact and the Urban E-conomy ［J］. Journal of Economic Geography, 2004, 4 (4): 351-370.

［123］ Taylor C. Modern Social Imaginaries ［M］. Durham: Duke University Press, 2003.

［124］ Tian X C, Yue-Ying L V, Shi Y Q. On Empirical Research of the Relation Between Technogical Innovation and Econmic Growth ［J］. Mechanical Management and Development, 2010.

［125］ Trippl M. Innovative Cluster in Alten Industriegebieten ［M］. Wien: LIT, 2004.

［126］ Tödtling F, Trippl M. One Size Fits All? Towards a Differentiated Regional Innovation Policy Approach ［J］. Research Policy, 2005, 34 (8): 1203-1219.

［127］ Venables A J. Productivity in Cities: Self-Selection and Sorting ［J］. Journal of Economic Grography, 2011, 11 (2): 241-251.

［128］ W Christaller. Grundsatzliches zu einer Neugliedrung des Deutschen Reiches und seiner Verwaltungsbezirke. ［J］. Geographische Wochenschrift, 1933 (1).

［129］ Wang Y, Vanhaverbeke W, Roijakkers N. Exploring the Impact of Openinnovation on National Systems of Innovation—A Theoretical Analysis ［J］. Technological Forecasting and Social Change, 2012 (3): 419-428.

［130］ Whittington K B, Owen Smith, Powell W W. Networks Propinquity and Innovation in Knowledge Intensive Industries ［J］. Administrative Science Quarterly, 2009 (1): 90-122.

［131］ Wu, Yu, Wang. An Empirical Research of the Relationship between Innovation Resources and Innovation Performance in Service Enterprise ［C］ // International Conference on Information Science & Engineering. IEEE, 2011.

［132］ Yadav M S, Pavlou P A. Marketing in Computer-Mediated Environments: Research Synthesis and New Directions ［J］. Journal of Marketing, 2014, 78 (1): 20-40.

［133］ 白俊红, 蒋伏心. 协同创新、空间关联与区域创新绩效 ［J］. 经济

研究，2015（7）：174-175.

［134］白俊红．中国区域创新效率的测度与实证研究［M］．南京：南京师范大学出版社，2016.

［135］曹霞，于娟．创新驱动视角下中国省域研发创新效率研究［J］．科学学与科学技术管理，2015（4）：124-131.

［136］曹勇，苏凤娇．高技术产业技术创新投入对创新绩效影响的实证研究：基于全产业及其下属五大行业面板数据的比较分析［J］．科研管理，2012（9）：22-31.

［137］苌千里．基于生态位适宜度理论的区域创新系统评价研究［J］．经济研究导刊，2012（13）：170-171.

［138］陈畴镛，胡枭峰，周青．区域技术创新生态系统的小世界特征分析［J］．科学管理研究，2010，28（5）：17-20，30.

［139］陈关聚，张慧．创新网络交互度对区域创新的影响及地区差异研究［J］．工业技术经济，2018，37（12）：52-60.

［140］陈光．企业协同创新管理的高标准定位与审计［J］．管理学报，2005，2（3）：327.

［141］陈建军，张兴平，丁正源．长三角区域经济一体化和创新中心的创出［J］．上海经济研究，2007（4）：56-66.

［142］陈劲，李飞．基于生态系统理论的我国国家技术创新体系构建与评估分析［J］．自然辩证法通讯，2011，33（1）：61-66.

［143］陈劲，阳银娟．协同创新的理论基础与内涵［J］．科学学研究，2012，30（2）：161-164.

［144］陈劲．科技创新：中国未来30年强国之路［M］．北京：中国大百科全书出版社，2020.

［145］陈美玲．珠三角湾区城市群空间优化研究——基于生态系统的视角［M］．北京：中国社会科学出版社，2019.

［146］陈伟，冯志军，姜贺敏等．中国区域创新系统创新效率的评价研究——基于链式关联网络DEA模型的新视角［J］．情报杂志，2010，29（12）：6.

［147］陈秀山，张可云．区域经济理论［M］．北京：商务印书馆，2010.

［148］陈瑜，谢富纪．基于 Lotka-Voterra 模型的光伏产业生态创新系统演化路径的仿生学研究［J］．研究与发展管理，2012，24（3）：74-84.

［149］程中华．产业集聚对区域创新影响的空间计量分析［J］．华东经济管理，2015（11）：59-64.

［150］初大智，杨硕，崔世娟．技术合作对创新绩效的影响研究——以广东省制造业为例［J］．中国软科学，2011（8）：155-163.

［151］丛书编写组．深入实施创新驱动发展战略［M］．北京：中国计划出版社，2020.

［152］崔巍平，何伦志．中国西部地区要素支撑能力与经济增长耦合关系的实证分析［J］．开发研究，2014（6）：5-9.

［153］戴亦舒，叶丽莎，董小英．创新生态系统的价值共创机制——基于腾讯众创空间的案例研究［J］．研究与发展管理，2018，30（4）：24-36.

［154］邓金堂．区域现代产业发展：一个创新驱动战略理论视角［M］．北京：中国社会科学出版社，2015.

［155］董淑英．复杂系统的认识与系统模型［J］．系统仿真学报，2006，18（Z2）：554-558.

［156］杜传忠，刘忠京．基于创新生态系统的我国国家创新体系的构建［J］．科学管理研究，2015，33（4）：6-9.

［157］杜德斌，段德忠．全球科技创新中心的空间分布、发展类型及演化趋势［J］．上海城市规划，2015（1）：76-81.

［158］范柏乃，段忠贤，江蕾．创新政策研究述评与展望［J］．软科学，2012（11）：43-47.

［159］范恒山．"一体联动"建设粤港澳大湾区［J］．瞭望，2018（1）：42-43.

［160］范恒山．打造长三角世界级城市群要抓好五个着力点［J］．智慧中国，2020（Z1）：90-91.

［161］范恒山．大力推动城市群高质量发展［J］．中国经济导刊，2021（3）：76-80.

［162］范恒山．数字技术赋能区域经济智慧化转型［J］．中国信息界，2019（7）：40-42.

［163］范恒山．以协调发展理念谋划区域发展新格局［J］．求是，2016（6）：3.

［164］方大春，曾志彪．长三角城市群国家高新区创新效率比较分析——基于三阶段 DEA 模型［J］．华中师范大学学报（自然科学版），2021，55（5）：780-790.

［165］傅羿芳，朱斌．高技术产业集群持续创新生态体系研究［J］．科学学研究，2004（12）．

［166］高建新．区域协同创新的形成机理及影响因素研究［J］．科研管理研究，2013（10）：74-78.

［167］高丽娜，蒋伏心，熊季霞．区域协同创新的形成机理及空间特性［J］．工业技术经济，2014（3）：25-32.

［168］高丽娜，张慧东．集聚经济、创新溢出与区域创新绩效［J］．工业技术经济，2015（1）：70-72.

［169］葛春雷，裴瑞敏．德国科技计划管理机制与组织模式研究［J］．科研管理，2015，36（6）：128-136.

［170］辜胜阻，曹冬梅，杨嵋．构建粤港澳大湾区创新生态系统的战略思考［J］．中国软科学，2018（4）：1-9.

［171］官建成，何颖．基于 DEA 方法的区域创新系统的评价［J］．科学学研究，2005，23（2）：265-272.

［172］桂黄宝．我国高技术产业创新效率及其影响因素空间计量分析［J］．经济地理，2014（6）：100-107.

［173］哈肯．协同学——物理学、化学和生物学的非平衡相变和自组织［M］．北京：原子能出版社，1984.

［174］郝连才，李晓力，郝雅歌．北欧创新生态系统对山东区域创新的启示［J］．科学与管理，2022，42（1）：89-94.

［175］何舜辉等．中国地级以上城市创新能力的时空格局演变及影响因素分析［J］．地理科学，2017，37（7）：9.

［176］何向武，周文泳．区域高技术产业创新生态系统协同性分类评价［J］．科学学研究，2018，36（3）：541-549.

［177］和瑞亚，张玉喜．区域科技创新系统与公共金融系统耦合协调评价研

究——基于中国 28 个省级区域的实证分析［J］. 科技进步与对策，2014（7）：31-35.

［178］贺灿飞，潘峰华. 产业地理集中、产业集聚与产业集群：测量与辨识［J］. 地理科学进展，2007，26（2）：1-13.

［179］贺灵，单汨源，邱建华. 创新网络要素及其协同对科技创新绩效的影响研究［J］. 管理评论，2012（7）：58-68.

［180］贺灵. 区域协同创新能力测评及增进机制研究［D］. 长沙：中南大学，2013.

［181］洪群联，辜胜阻. 产业集聚结构特征及其对区域创新绩效的影响［J］. 社会科学战线，2016（1）：51-58.

［182］洪银兴. 论创新驱动经济发展战略［J］. 经济学家，2013（1）：2-11.

［183］侯爱军，夏恩君，李森. 区域人才流动知识溢出效应的实证研究［J］. 技术经济，2015，34（9）：7-13.

［184］侯鹏，刘思明，建兰宁. 创新环境对中国区域创新能力的影响及地区差异研究［J］. 经济问题探索，2015（19）：73-81.

［185］胡汉辉，金刚，于斌斌. 溢出还是集聚：我国 R&D 效率的区域关联效应［J］. 科学学与科学技术管理，2014，35（6）：67-75.

［186］胡曙虹，黄丽，杜德斌. 全球科技创新中心建构的实践——基于三螺旋和创新生态系统视角的分析：以硅谷为例［J］. 上海经济研究，2016（3）：21-28.

［187］胡中韬，曹文蕊. 区域创新生态系统——基于生态学的思考［J］. 现代商贸工业，2017（34）：23-25.

［188］黄蓓. 中国区域创新能力的空间统计研究［D］. 蚌埠：安徽财经大学，2012.

［189］黄鲁成. 区域技术创新生态系统的特征［J］. 中国科技论坛，2003（1）：23-26.

［190］黄鲁成. 区域技术创新系统研究：生态学的思考［J］. 科学学研究，2003，21（C02）：215-219.

［191］纪玉山，吴勇民，白英姿. 中国经济增长中的科技创新乘数效应：微

观机理与宏观测算 [J]. 经济学家, 2008 (1): 55-61.

[192] 蒋伏心, 华冬芳, 胡潇. 产学研协同创新对区域创新绩效影响研究 [J]. 江苏社会科学, 2015 (10): 64-65.

[193] 蒋石梅, 吕平, 陈劲. 企业创新生态系统研究综述——基于核心企业的视角 [J]. 技术经济, 2015, 34 (7): 18-23.

[194] 解学梅. 都市圈协同创新机理研究: 基于协同学的区域创新观 [J]. 科学技术哲学研究, 2011, 28 (1): 95-99.

[195] 李晨, 覃成林, 任建辉. 空间溢出、邻近性与区域创新 [J]. 中国科技论坛, 2017 (1): 47-52.

[196] 李晨光, 张永安. 区域创新政策对企业创新效率影响的实证研究 [J]. 科研管理, 2014, 35 (9): 25-35.

[197] 李恒, 范斐, 王馨竹. 区域科技资源配置能力的时空分异研究 [J]. 世界地理研究, 2013 (4): 159-161.

[198] 李佳颖. 基于密切值法的我国区域创新生态系统健康性评价 [J]. 工业技术经济, 2019, 38 (11): 7.

[199] 李进兵. 集群内部文化生态变迁与我国创新型产业集群发展 [J]. 科技进步与对策, 2016, 33 (5): 73-77.

[200] 李婧, 谭清美, 白俊红. 中国区域创新生产的空间计量分析——基于静态与动态空间面板模型的实证研究 [J]. 管理世界, 2010 (7): 43-65.

[201] 李君锐, 李万明. 企业人力资源系统、智力资本与创新能力的关系研究 [J]. 创新科技, 2016 (3): 48-51.

[202] 李琳, 戴姣兰. 中三角城市群协同创新驱动因素研究 [J]. 统计与决策, 2016 (23): 5.

[203] 李平, 黎艳. 科技基础设施对技术创新的贡献度研究——基于中国地区面板数据的实证分析 [J]. 研究与发展管理, 2013 (12): 92-95.

[204] 李小瑛, 刘夕洲, 李晋灵, 等. 粤港澳大湾区科技创新研究——宏观比较、微观实证与个案分析 [M]. 北京: 中国社会科学出版社, 2019.

[205] 李晓娣, 张小燕. 区域创新生态系统对区域创新绩效的影响机制研究 [J]. 预测, 2018, 37 (5): 22-28.

[206] 李晓娣, 张小燕. 区域创新生态系统共生对地区科技创新影响研究

［J］．科学学研究，2019a（5）：909-918.

［207］李晓娣，张小燕．我国区域创新生态系统共生及其进化研究——基于共生度模型、融合速度特征进化动量模型的实证分析［J］．科学学与科学技术管理，2019b，40（4）：48-64.

［208］李晓锋．"四链"融合提升创新生态系统能级的理论研究［J］．科研管理，2018，39（9）：113-120.

［209］李政，杨思莹．财政分权、政府创新偏好与区域创新效率［J］．管理世界，2018，34（12）：29-42.

［210］李子彪．区域创新系统：多创新极共生演化模型与实证［M］．北京：知识产权出版社，2014.

［211］理查德·R.尼尔森．国家（地区）创新体系比较分析［M］．北京：知识产权出版社，2012.

［212］林育真，付荣恕．生态学（第二版）［M］．北京：科学出版社，2001.

［213］刘爱君．城市群协同创新体系研究［M］．武汉：武汉大学出版社，2019.

［214］刘兵，赵雪，梁林，等．区域创新生态系统与人才配置协同演化路径研究——以京津冀地区为例［J］．科技管理研究，2019，39（10）：46-54.

［215］刘冬梅．科技创新与中国战略性区域发展［M］．北京：中国发展出版社，2014.

［216］刘钒，张君宇，邓明亮．基于改进生态位适宜度模型的区域创新生态系统健康评价研究［J］．科技管理研究，2019，39（16）：10.

［217］刘凤朝，杨玲，孙玉涛．创新活动空间集聚及其驱动因素国外研究进展评述［J］．管理学报，2011，8（9）：1413-1418.

［218］刘洪久，胡彦蓉，马卫民．区域创新生态系统适宜度与经济发展的关系研究［C］．第十五届中国管理科学学术年会论文集（下），2013：7.

［219］刘婧明，殷存毅．三大城市跨域合作创新形成机制差异分析［J］．科技进步与对策，2018，35（23）：34-42.

［220］刘静．城市群协同创新：机理、测度及比较［D］．成都：四川省社会科学院，2019.

［221］刘军，李廉水，王忠．产业集聚对区域创新能力的影响及其行业差异

［J］．科研管理，2010（6）：191-198.

［222］刘兰剑，项丽琳，夏青．基于创新政策的高新技术产业创新生态系统评估研究［J］．科研管理，2020，41（5）：1-9.

［223］刘满凤，李圣宏．基于三阶段 DEA 模型的我国高新技术开发区创新效率研究［J］．管理评论，2016，28（1）：42-52.

［224］刘顺忠，官建成．区域创新系统创新绩效的评价［J］．中国管理科学，2002（10）：75-78.

［225］刘思明，侯鹏，赵彦云．知识产权保护与中国工业创新能力：来自省级大中型工业企业面板数据的实证研究［J］．数量经济技术经济研究，2015（3）：40-57.

［226］刘伟．中国高新技术产业研发创新效率测算——基于三阶段 DEA 模型［J］．数理统计与管理，2015，34（1）：17-28.

［227］柳卸林．国家创新体系的引入及其对中国的意义［J］．中国科技论坛，1998（2）：176.

［228］卢奇．现代企业技术要素价格理论探讨［J］．价格理论与实践，2005（3）：2.

［229］路江涌．共演战略：重新定义企业生命周期［M］．北京：机械工业出版社，2018.

［230］吕国庆，曾刚，顾娜娜．基于地理邻近与社会邻近的创新网络动态演化分析：以我国装备制造业为例［J］．中国软科学，2014（5）：97-106.

［231］吕薇．区域创新驱动发展战略：制度与政策［M］．北京：中国发展出版社，2014.

［232］吕一博，韩少杰，苏敬勤，等．大学驱动型开放式创新生态系统的构建研究［J］．管理评论，2017，29（4）：68-82.

［233］罗国锋，林笑宜．创新生态系统的演化及其动力机制［J］．学术交流，2015（8）：119-124.

［234］马军杰，卢锐，刘春彦．中国专利产出绩效的空间计量经济分析［J］．科研管理，2013（6）：99-105.

［235］马永坤．协同创新理论模式及区域经济协同机制的构建［J］．华东经济管理，2013（2）：52-54.

［236］迈克尔·波特．国家竞争优势［M］．李明轩，邱如美，译．北京：中信出版社，2012.

［237］梅亮，陈劲，刘洋．创新生态系统：源起、知识演进和理论框架［J］．科学学研究，2014，32（12）：1171-1180.

［238］孟方琳，田增瑞，姚歆．基于 Lotka-Volterra 模型的数字经济生态系统运行机理与演化发展研究［J］．河海大学学报（哲学社会科学版），2020，22（2）：10.

［239］孟庆松，韩文秀．复合系统整体协调度模型研究［J］．河北师范大学学报，1999（2）：38-40.

［240］孟卫东，傅博．绿色创新绩效区域集聚效应与空间异质性研究［J］．统计与决策，2017（16）：93-97.

［241］牛方曲，刘卫东．中国区域科技创新资源分布及其与经济发展水平协同测度［J］．地理科学进展，2012（2）：149-155.

［242］欧忠辉，朱祖平，夏敏，等．创新生态系统共生演化模型及仿真研究［J］．科研管理，2017，38（12）：49-57.

［243］潘文卿，李子奈，刘强．中国产业间的技术溢出效应：基于 35 个工业部门的经验研究［J］．经济研究，2011（7）：18-29.

［244］彭纪生，仲为国，孙文祥．政策测量、政策协同演变与经济绩效：基于创新政策的实证研究［J］．管理世界，2008（9）：25-36.

［245］彭向，蒋传海．产业集聚、知识溢出与地区创新——基于中国工业行业的实证检验［J］．经济学，2011，10（3）：913-934.

［246］乔宇锋．区域创新体系的微观动力机制分析［J］．区域经济评论，2017（6）：79-80.

［247］邱苏楠．区域创新生态系统的现状分析［J］．科技与创新，2018（21）：71-72.

［248］上海市科学学研究所．促进上海创新生态系统发展的研究［M］．上海：上海科学技术出版社，2015.

［249］尚勇敏．绿色、创新、开放：中国区域经济发展模式的转型［M］．上海：上海社会科学院出版社，2016.

［250］邵汉华，周磊，刘耀彬．中国创新发展的空间关联网络结构及驱动因

素［J］. 科学学研究, 2018 (11): 2055-2069.

［251］邵同尧, 潘彦. 风险投资、研发投入与区域创新: 基于商标的省级面板研究［J］. 科学学研究, 2011 (5): 793-800.

［252］邵云飞, 谭劲松. 区域技术创新能力形成机理探析［J］. 管理科学学报, 2006 (8): 2-3.

［253］沈坤荣. 企业间技术溢出的测度［J］. 经济研究, 2009 (4): 77-89.

［254］沈能, 宫为天. 我国省区高校科技创新效率评价实证分析——基于三阶段 DEA 模型［J］. 科研管理, 2013 (5): 126-132.

［255］沈沁. 集聚效应、内生增长与创新型城市建设［J］. 江汉论坛, 2017 (4): 23-27.

［256］师萍, 韩先锋, 宋文飞, 等. 我国 R&D 技术效率的空间差异及变动趋势检验［J］. 统计与决策, 2011 (1): 77-79.

［257］宋河发, 穆荣平, 彭茂祥. 区域创新能力及其基于熵变计算的建设政策研究［J］. 科学学研究, 2012 (3): 372-378.

［258］宋姗姗. 创业生态系统的共生形成及演化研究［D］. 长春: 吉林大学, 2018.

［259］苏方林. 中国省域 R&D 溢出的空间模式研究［J］. 科学学研究, 2006, 24 (5): 6.

［260］苏敬勤, 许昕傲, 李晓昂. 基于层次分析的我国技术创新政策结构关系研究［J］. 科技进步与对策, 2013, 30 (9): 110-115.

［261］苏屹, 姜雪松, 雷家骕等. 区域创新系统协同演进研究［J］. 中国软科学, 2016 (3): 44-61.

［262］孙冰, 徐晓菲, 姚洪涛. 基于 MLP 框架的创新生态系统演化研究［J］. 科学学研究, 2016, 34 (8): 1244-1254.

［263］孙久文, 李华香. 内生经济理论下自主创新与区域经济增长研究——基于面板数据分析［J］. 东岳论丛, 2012, 33 (3): 116-119.

［264］孙瑜康, 李国平, 袁薇薇, 等. 创新活动空间集聚及其影响机制研究评述与展望［J］. 人文地理, 2017, 32 (5): 17-24.

［265］孙兆刚. 知识溢出效应及其经济学解释［J］. 科学学与科学技术管

理，2005（1）：87-89.

[266] 覃荔荔，王道平，周超．综合生态位适宜度在区域创新系统可持续性评价中的应用 [J] ．系统工程理论与实践，2011，31（5）：927-935.

[267] 谭成文．经济增长与集聚 [M] ．北京：商务印书馆，2009.

[268] 唐建荣，李晨瑞，倪攀．长三角城市群创新网络结构及其驱动因素研究 [J] ．上海经济研究，2018（11）：63-76.

[269] 田轩．创新的资本逻辑：用资本视角思考创新的未来 [M] ．北京：北京大学出版社，2018.

[270] 童纪新，李菲．创新型城市创新集聚效应比较研究——以上海、南京为例 [J] ．科技进步与对策，2015（10）：35-39.

[271] 童中贤，王丹丹，周海燕．城市群竞争力模型及评价体系——中部城市群竞争力实证分析 [J] ．城市发展研究，2010（5）：8.

[272] 万坤扬，陆文聪．中国技术创新区域变化及其成因分析——基于面板数据的空间计量经济学模型 [J] ．科学学研究，2010（10）：158-159.

[273] 万勇，文豪．我国区域技术创新投入的经济增长效应研究——基于中国省级区域面板数据的实证 [J] ．社会科学家，2009（5）：55-58.

[274] 万勇．创新能力的空间分布及其经济增长效应的实证研究 [J] ．上海经济研究，2011（6）：36-45.

[275] 汪彦，华钢，曾刚．人力资本对长三角城市群区域创新影响的实证研究——基于空间计量经济学模型 [J] ．南京社会科学，2018（5）：27-35.

[276] 王昌林．大众创业万众创新理论初探 [M] ．北京：人民出版社，2018.

[277] 王辑慈．创新的空间：企业集群与区域发展 [M] ．北京：北京大学出版社，2001.

[278] 王辑慈．创新及其相关概念的跟踪观察 [J] ．中国软科学，2002（12）：30-33.

[279] 王晶晶，黄繁华，于诚．服务业集聚的动态溢出效应研究——来自中国261个地级及以上城市的经验证据 [J] ．经济理论与经济管理，2014（34）：48-58.

[280] 王景荣，徐荣荣．基于自组织理论的区域创新系统演化路径分析——

以浙江省为例［J］. 科技进步与对策，2013（9）：27-32.

［281］王立军. 长三角科技创新合作：战略与路径研究［M］. 北京：企业管理出版社，2019.

［282］王立平. 我国高校 R&D 知识溢出的实证研究——以高技术产业为例［J］. 中国软科学，2005（12）：54-59.

［283］王亮. 区域创新系统的内涵及特征研究［J］. 管理观察，2013（31）：170-172.

［284］王庆金，许秀瑞，袁壮. 协同创新网络关系强度、共生行为与人才创新创业能力［J］. 软科学，2018，32（4）：7-11.

［285］王庆喜，徐维祥. 多维距离下中国省际贸易空间面板互动模型分析［J］. 中国工业经济，2014（3）：31-43.

［286］王锐淇，张宗益. 区域创新能力影响因素的空间面板数据分析［J］. 科研管理，2010（3）：17-21.

［287］王淑英，寇晶晶，卫朝蓉. 创新要素集聚对经济高质量发展的影响研究——空间视角下金融发展的调节作用［J］. 科技管理研究，2021，41（7）：8.

［288］王松，胡树华，牟仁艳. 区域创新体系理论溯源与框架［J］. 科学学研究，2013，31（3）：344-349.

［289］王喜刚. 组织创新、技术创新能力对企业绩效的影响研究［J］. 科研管理，2016（2）：107-114.

［290］王兴平. 创新型都市圈的基本特征与发展机制初探［J］. 南京社会科学，2014（4）：9.

［291］王亚伟，韩珂. 基于改进模糊综合评价模型的区域科技创新能力评估——以河南省为例［J］. 科技进步与对策，2012（13）：119-124.

［292］魏谷，汤鹏翔，杨晓非，段俊虎. 基于三阶段 DEA 的我国高新技术产业开发区内创新型产业集群创新效率研究［J］. 科技管理研究，2021，41（7）：155-163.

［293］温军，冯根福. 异质机构、企业性质与自主创新［J］. 经济研究，2012（3）：12.

［294］文魁，刘小畅. 基于三螺旋理论的科技创新系统效率研究——以北京

市为例［J］．首都经济贸易大学学报，2014（5）：99-104．

［295］邬滋．集聚结构、知识溢出与区域创新绩效——基于空间计量的分析［J］．山西财经大学学报，2010（3）：15-22．

［296］吴贵华．创新空间分布和空间溢出视角下城市群创新中心形成研究［D］．泉州：华侨大学，2020．

［297］吴洁，彭晓芳，盛永祥，等．专利创新生态系统中三主体共生关系的建模与实证分析［J］．软科学，2019，33（7）：27-33．

［298］吴金希．创新生态体系论［M］．北京：清华大学出版社，2015．

［299］吴良镛．面对城市规划"第三个春天"的冷静思考［C］//中国城市规划学会2001年会论文集，2001．

［300］吴延兵．R&D存量，知识函数与生产效率［J］．经济学（季刊），2006，5（4）：28．

［301］吴延兵．R&D与生产率——基于中国制造业的实证研究［J］．经济研究，2006，41（11）：12．

［302］吴玉鸣．中国区域研发、知识溢出与创新的空间计量经济研究［M］．北京：人民出版社，2007．

［303］武翠，谭清美．长三角一体化区域创新生态系统动态——基于创新种群异质性与共生性视角［J］．科技进步与对策，2021，38（5）：38-47．

［304］习近平．干在实处走在前列——推进浙江省新发展的思考与实践［M］．北京：中共中央党校出版社，2016．

［305］肖泽磊，朱威鹏，范斐，等．城市群创新投入的空间格局与创新绩效研究——以长江经济带所辖城市群为例［J］．人文地理，2017，32（3）：61-67．

［306］熊鸿儒．全球科技创新中心的形成与发展［J］．学习与探索，2015（9）：112-116．

［307］徐彪，李心丹，张淘．区域环境对企业创新绩效的影响机制研究［J］．科研管理，2011（9）：147-149．

［308］徐廷廷，徐长乐，司桂霞，等．时空维度下上海高技术产业创新能力评价研究［J］．华东经济管理，2013，27（7）：5-8．

［309］徐宪平．国家发展战略和宏观政策［M］．北京：北京大学出版

社，2018.

［310］徐宪平．驱散增长的迷雾——新常态下的新动能［M］．北京：中国财富出版社，2017.

［311］徐宪平．新基建——数字时代的新结构性力量［M］．北京：人民出版社，2020.

［312］徐宜青，曾刚，王秋玉．长三角城市群协同创新网络格局发展演变及优化策略［J］．经济地理，2018，38（11）：133-140.

［313］许晖，张海军．生态圈的协同创新［J］．清华管理评论，2014（11）：56-60.

［314］许培源，吴贵华．粤港澳大湾区知识创新网络的空间演化——兼论深圳科技创新中心地位［J］．中国软科学，2019（5）：68-79.

［315］阎小培，郭建国，胡宇冰．穗港澳都市连绵区的形成机制研究［J］．港澳经济，1997.

［316］阎豫桂．粤港澳大湾区打造世界一流创新人才高地的若干思考［J］．宏观经济管理，2019（9）：59-65.

［317］杨虎涛．共生演化系统的萌芽、发展与成熟——多元化战略的演化经济学解释［J］．华中农业大学学报（社会科学版），2006（2）：45-50.

［318］杨荣．创新生态系统的界定、特征及其构建［J］．科学与管理，2014（3）：12-17.

［319］姚艳虹，夏敦．协同创新动因——协同剩余：形成机理与促进策略［J］．科技进步与对策，2013，30（20）：1-5.

［320］于树江，戴大双，王云峰．集群式产业创新的空间集聚效应分析［J］．科技进步与对策，2004（12）：13-14.

［321］余泳泽，武鹏．我国高技术产业研发效率空间相关性及影响因素分析——基于省级面板数据的研究［J］．产业经济评论，2010（9）：71-75.

［322］余泳泽．中国区域创新活动的"协同效应"与"挤占效应"——基于创新价值链视角的研究［J］．中国工业经济，2015（10）：38-51.

［323］虞晓芬，李正卫，池仁勇，等．我国区域技术创新效率：现状与原因［J］．科学学研究，2005，23（2）：258-264.

［324］宇文晶，马丽华，李海霞．基于两阶段串联 DEA 的区域高技术产业

创新效率及影响因素研究［J］. 研究与发展管理，2015，27（3）：137-146.

［325］曾国屏，苟尤钊，刘磊. 从"创新系统"到"创新生态系统"［J］. 科学学研究，2013，31（1）：4-12.

［326］曾萍，邬绮虹. 政府支持与企业创新：研究述评与未来展望［J］. 研究与发展管理，2014，26（2）：98-109.

［327］曾志敏. 打造全球科技创新高地：粤港澳大湾区融合发展的战略思路与路线图［J］. 城市观察，2018（2）：5-19.

［328］邹晓东，王凯. 区域创新生态系统情境下的产学知识协同创新：现实问题、理论背景与研究议题［J］. 浙江大学学报（人文社会科学版），2016，46（6）：5-18.

［329］张贵，温科，宋新平，等. 创新生态系统：理论与实践［M］. 北京：经济管理出版社，2018.

［330］文魁等. 京津冀发展报告（2014）［M］. 北京：社会科学文献出版社，2014.

［331］张贵，吕长青. 基于生态位适宜度的区域创新生态系统与创新效率研究［J］. 工业技术经济，2017，36（10）：12-21.

［332］张可云，王裕瑾，王婧. 空间权重矩阵的设定方法研究［J］. 区域经济评论，2017（1）：19-24.

［333］张雷勇，冯锋，肖相泽，等. 产学研共生网络：概念、体系与方法论指向［J］. 研究与发展管理，2013，25（2）：37-44.

［334］张丽华，林善浪，汪达钦. 我国技术创新活动的集聚效应分析［J］. 数量经济技术经济研究，2011（1）：3-18.

［335］张淑谦，傅建敏. 区域创新生态系统组成及其结构模型探究［J］. 新西部（理论版），2014（4）：42.

［336］张天译. 中国区域创新能力比较研究［D］. 长春：吉林大学，2007.

［337］张希，罗能生，彭郁. 税收安排与区域创新——基于中国省级面板数据的实证研究［J］. 经济地理，2014（9）：33-39.

［338］张学良. 探索性空间数据分析模型研究［J］. 当代经济管理，2007，29（2）：27-29.

［339］张玉明，李凯. 中国创新产出的空间分布及空间相关性研究——基于

1996-2005 年省际专利统计数据的空间计量分析［J］. 中国软科学，2007
（11）：97-103.

［340］章韬. 经济地理外部性与城市全要素生产率差异——来自中国地级城市的证据［J］. 上海经济研究，2013（12）：31-48.

［341］赵昌文，陈春发，唐英凯. 科技金融［M］. 北京：科学出版社，2009.

［342］赵放，曾国屏. 多重视角下的创新生态系统［J］. 科学学研究，2014，32（12）：1781-1788.

［343］赵黎明，冷晓明. 城市创新系统［M］. 天津：天津大学出版社，2002.

［344］赵彦云，刘思明. 中国专利对经济增长方式影响的实证研究：1988-2008 年［J］. 数量经济技术经济研究，2011，28（4）：34-48.

［345］周灿，曾刚，必泽锋，等. 区域创新网络模式研究——以长三角城市群为例［J］. 地理科学进展，2017，36（7）：795-805.

［346］周景坤，段忠贤. 区域创新环境与创新绩效的互动关系研究［J］. 科学管理研究，2013（22）：9-13.

［347］周明，李宗植. 基于产业集聚的高技术产业创新能力研究［J］. 科研管理，2011（1）：15-21.

［348］周青，陈畴镛. 中国区域技术创新生态系统适宜度的实证研究［J］. 科学学研究，2008，26（A01）：6.

［349］周正，尹玲娜，蔡兵. 我国产学研协同创新动力机制研究［J］. 软科学，2013，27（7）：52-56.

［350］庄士成，朱洪兴. 长江三角洲区域经济一体化的制度安排与架构［J］. 当代财经，2007（6）：5.

［351］庄涛，吴洪. 基于专利数据的我国官产学研三螺旋测度研究——兼论政府在产学研合作中的作用［J］. 管理世界，2013（8）：2.

后　记

在繁花似锦的区域创新实践中，探寻一条既有国际视野又贴合中国实际的发展路径，抽丝剥茧、条分缕析，是一次犹如发现一座未知宫殿的美妙体验；在风生水起的城市群发展浪潮中，搭建一个设计完整而又运行良好的区域创新生态系统研究框架，筑基搭台、接榫和卯，是一个犹如创造一个新物件的愉快过程。这是我的心愿，也是本书写作的初心。从实地调研、资料查询、数据整理，再到框架设计、总结提炼、实证分析，历时三年之久，中间还经历了两次修改调整，但是抱持着一种完成使命般的赤诚之心，本书得以最终付梓。

做研究是一个"众里寻他千百度，蓦然回首，那人却在灯火阑珊处"的过程。回想刚考上博士时的意气风发、求知若渴，现在更能感觉到的是历经辛劳后的云淡风轻、闲庭信步。攻读博士学位不是一件容易的事情，也不是一个按部就班的事情，它宛如一次小型创业——自寻题目、自立目标、自发探索、自找资源、自我挑战，最后实现自我成长、自我超越。在这整个过程中你会进入一个罕有人至的地带，也会品尝无人知晓的孤独，但是偶尔也会看到绚丽的风景、灿烂的星斗以及巍峨的高山，而面向高山攀爬上升，进而触及山巅的过程，是这一趟旅程最艰难也是最有意义的——当感受到凌冽的山风时，会共鸣苏东坡的词句："一千顷，都镜净，倒碧峰""一点浩然气，千里快哉风"。

由衷感谢我的领导和老师徐宪平教授，徐老师豁达开朗、张弛自律，满怀对新领域、新事物孜孜不倦的探索热情，同时给我许多做人做事的哲思箴言，让我总是充满希望、充满阳光。由衷感谢我的博士生导师范恒山教授，范老师才华横溢、春风化雨，在师生研讨会上谆谆教诲的场景时时浮现在眼前，每次和范老师的交流都能给我诸多启迪，日久弥新，回味深远。

由衷感谢在我攻读博士学位期间给我关心、指导、支持的各位老师和朋友。感谢我的校内导师文余源教授，文老师精益求精，严格要求，让我能够顺利通过博士论文答辩。感谢敬爱的中国人民大学区域所老所长孙久文教授，他的睿智宽厚给了我极大的支持。感谢清华大学陈劲教授、北京大学沈体雁教授、首都经济贸易大学安树伟教授、中国社会科学院胡安俊研究员、国家发展改革委市场所欧阳慧研究员以及中国人民大学张可云教授、郑新业教授、林晨教授、吕一飞助理教授对我研究的指导和点拨。感谢灵犀科技尹佳音副总裁和她的团队提供的数据支持，感谢中央财经大学赵宣凯老师给予的技术支持，感谢刘敏副研究员、彭俊超博士、满舰远博士、唐泽地博士、左健博士、张翱博士、朱春筱博士、胡关子博士等兄弟姐妹们在我写作过程中给予的无私帮助，使我克服了边工作边学习这一难题。

感谢北京大学光华管理学院滕飞教授、张琳老师对本研究立项出版的大力支持，本书也是北京大学"光华思想力"一项课题的部分研究成果。感谢经济管理出版社赵亚荣、胡茜等老师，他们在审稿中体现出的专业和敬业让我佩服不已。

最后要特别感谢我的父亲母亲，生在这样一个家庭让我时常感到无比幸运，这本小书也是献给他们的。

阎豫桂

2022 年金秋于北京玉渊潭畔